SELECTIONS FROM
SAINTE-BEUVE

SELECTIONS FROM SAINTE-BEUVE

EDITED BY

ARTHUR TILLEY

CAMBRIDGE
AT THE UNIVERSITY PRESS
1955

CAMBRIDGE UNIVERSITY PRESS
Cambridge, New York, Melbourne, Madrid, Cape Town,
Singapore, São Paulo, Delhi, Tokyo, Mexico City

Cambridge University Press
The Edinburgh Building, Cambridge CB2 8RU, UK

Published in the United States of America by
Cambridge University Press, New York

www.cambridge.org
Information on this title: www.cambridge.org/9780521232951

© Cambridge University Press 1918

First published 1918
Reprinted 1924, 1955
First paperback edition 2011

A catalogue record for this publication is available from the British Library

ISBN 978-0-521-23295-1 Paperback

PREFACE

IN preparing for the press this selection from the work of Sainte-Beuve I have been guided in the first place by the desire to make it fairly representative of his career at its different stages of maturity. Thus the articles chosen range from 1835 to 1864. As for their subjects, they begin with Montaigne and end with Taine. For the eighteenth century I should like to have chosen something on Voltaire or Diderot, Sainte-Beuve's special favourites in this century, or even on Rousseau, but I could not find anything which seemed to me quite satisfactory. I have therefore had to satisfy myself with a portion of the brilliant *causerie* on Beaumarchais. Mme Geoffrin would in any case have found a place, as representing Sainte-Beuve's gallery of women as well as that *salon* life which he so greatly admired. Molière, Montaigne and La Bruyère were among his most cherished companions. The articles on Chateaubriand and Taine serve to illustrate his method.

The notes have been kept within very moderate limits, and they will not, I hope, interfere with the enjoyment of those who read Sainte-Beuve for pure pleasure.   As for students, whether learners or teachers, my principle has been—though I have not rigidly adhered to it—to give no information which can be found in some easily accessible book of reference. My notes, in fact, are either such as Sainte-Beuve might have added himself at the present day, or occasional comments and illustrations suggested by my own reading.

A. T.

CAMBRIDGE,
  September 17, 1918.

CONTENTS

INTRODUCTION

BRUNETIÈRE, who during the later years of his strenuous
life may be said to have worn Sainte-Beuve's mantle, declared that Sainte-Beuve's great defect as a critic and a
historian of literature was his inability to rise above the
writing of monographs. He was, he said, "the dilettante
of criticism." But it is just because Sainte-Beuve had no
hard and fast system of critical principles that now in this
fiftieth year save one since his death his fame as a critic
is undimmed. For systems come and go, but criticism
which is informed by knowledge, quickened by sympathy,
and alert with insight, endures for ever. Such criticism
was Sainte-Beuve's, and like all essentially creative facul-
ties, it was part of the man himself. To penetrate its
secrets one must study the development of his singularly
elusive personality, one must follow the shifts and changes
of his versatile and impressionable mind, and try to dis-
cover beneath the contradictory appearances the essential
and permanent elements of his character and intelligence.
This was Sainte-Beuve's own method. Keenly appreciative though he was of literature as a form of art, he was
mainly interested in it as an expression of personality, as
a revelation of the individual soul.

Charles-Augustin Sainte-Beuve was born at Boulogne
on December 23, 1804. He was the posthumous son of
a government *employé* of slender means, whose books
shewed by their annotated margins that he had a genuine
love of literature. From his mother, who was the daughter
of an Englishwoman, Sainte-Beuve inherited the love of
method and order, the care for details, which are such
marked features of his exact scholarship. In his four-
teenth year he went to Paris, where he boarded at the
Pension Landry and entered the Collège of Charlemagne

as an *externe*. When the Pension changed its quarters
in 1821, he changed with it, and attended the classes of
the Collège Bourbon, where he made his mark as a brilliant student. Among his fellow-boarders was Charles
Neate, afterwards Professor of Political Economy at Ox-
ford and member for the city. Sainte-Beuve had been
brought up as a Catholic, but he now inclined to materialism. " I was already emancipated," he says, speaking of the year 1822, "and though I studied philosophy"—the eclectic spiritualist philosophy of the day—
" I had very little belief in it." In 1823 he became a
medical student, and went to live with his mother, who
had recently come to Paris. He pursued his medical
studies for the next four years, but when M. Dubois, who
had been one of his professors at the Collège Charlemagne,
founded the *Globe* (September 1824), he joined him as
one of the contributors, and, as he always took the colour
of his immediate environment—" il est né disciple "—he
was now subjected to the double influence of the medical
school and the *Globe*. Under the influence of the first he
became fervently irreligious and an ardent admirer of the
Revolution, though he was never a Jacobin. In the office
of the *Globe*, where his colleagues were for the most part
anti-Christian but spiritualists, his materialism became
less mystical, and his republicanism more accommodating.
But it was the literary influence of the *Globe* that chiefly
affected him. The *Globe* writers agreed with the Romanticists of *La Muse française* in their opposition to pseudo-
classicism and the worn-out theories and practices of the
older generation. But for the true classics, especially for
the great writers of the seventeenth century, they had a
profound admiration. Liberals in literature as well as
in politics, they believed in individual taste as opposed
to an arbitrary universal standard. Their watchwords
were Nature and Truth. " Le romantisme," said one of
them, " est, en un mot, le protestantisme dans les lettres."
They had no sympathy with the mediævalism and the
Catholicism of *La Muse française*. They were followers

of Mme de Staël, not of Chateaubriand. Like Mme de Staël they advocated the study of foreign literatures, and there were few contemporary European writers of eminence whom they did not introduce to their readers. Sainte-Beuve's special province was English literature, and in 1825 he reviewed in three articles Amédée Pichot's *Voyage historique et littéraire en Angleterre et en Écosse.* It was probably at this time that he read the Lake poets, Wordsworth, Coleridge, and Southey.

The articles which he contributed to the *Globe* during the first three years of his connexion with it were on the whole unpretentious and impersonal. The most remarkable in his own opinion were those on Thiers' and Mignet's Histories of the French Revolution (January and March 1826). In his own words he was "learning his trade." With his review of Victor Hugo's *Odes and Ballades* (January 2 and 9, 1827) he entered on a new phase. The articles led to an acquaintance with the poet, whom he found to be his near neighbour in the Rue Vaugirard, and a warm friendship sprang up. A few months later they both moved to the Rue Notre-Dame-des-Champs, Hugo and his wife to No. 11, Sainte-Beuve and his mother to No. 19.

This new friendship and that of the other Romanticists whom Sainte-Beuve met at Hugo's house had a powerful influence on the shy, self-conscious, ugly, red-haired youth, who was absurdly sensitive about his ugliness. He quickly responded to his new environment, and for the next three years was an enthusiastic admirer of the Romantic move-ment. Looking back on this period of his criticism in 1845 he says of himself, " J'interprète, j'explique, je *professe* les poètes devant le public, et suis tant occupé à les faire valoir. Je deviens leur avocat, leur secrétaire, leur héraut d'armes, comme je me suis vanté de l'être souvent." Heine has assigned the same rôle to him so far as Victor Hugo is concerned in more picturesque terms. "Just as in Africa when the King of Darfour goes forth in public, a panegyrist goes before him crying with a loud voice, 'Here

comes the Buffalo, the veritable descendant of the Buffalo,
of the Bull of bulls; all the rest are mere oxen, this is
the sole veritable Buffalo,' so each time that Victor Hugo
came before the public with a new work, Sainte-Beuve
runs before him blowing his trumpet, and celebrating the
Buffalo of poetry." There was another service besides
that of panegyrical criticism that Sainte-Beuve performed
for his new friends. In April 1827 he began to publish
in the *Globe* a series of articles on the French writers
of the sixteenth century, which, with alterations and
additions, appeared in book form in July 1828 under the
title of *Tableau historique et critique de la Poésie française
et du Théâtre français au XVIe siècle*. The original
articles were written in a spirit which was purely historical,
and not very favourable to the Pleiad. But under the
influence of Hugo Sainte-Beuve's point of view changed,
and the *Tableau* in its book form is much more favourable
to the Pleiad and has something of the character of a
Romantic manifesto, though neither the praise of Romanticism, nor the criticism of classical literature, is carried
beyond the bounds of moderation. The new school
needed ancestors, and Sainte-Beuve found them in the
Pleiad. He has been taken to task for this; but between
the two schools there is an affinity which is more funda-
mental than the mere difference between romantic and
classic. They agree in recognising that you cannot have
great poetry without an imaginative style.

In the following year Sainte-Beuve made his first
appearance as a poet with *Vie, poésies et pensées de Joseph
Delorme*, March 1829. Joseph Delorme is a fictitious
person : but in Sainte-Beuve's words the volume repre-
sents *assez fidèlement son image en moral*. It is on the
whole a sincere expression—even in its insincerities—of
his literary ambition, his self-conscious vanity and his
sensuality during the years 1824–1827, when most of
the poems were written. A " Werther, jacobin et carabin
(medical student)," was Guizot's unkind but not untrue
verdict. From the point of view of poetry it may be

said that Sainte-Beuve attaches too great importance to form and too little to poetic expression. Written largely under the influence of the English Lake school, the volume makes its appeal as the poetry of common life, the expression of the poet's intimate thoughts, and it was well received not only by Sainte-Beuve's friends the Romanticists, but by *bourgeois* readers, whose sentiments it expressed. A second edition was published in the following year (1830) and also a new volume entitled *Consolations*. Except for the first piece, addressed to Mme Victor Hugo, there is little of merit in it. The tone is one of submission and religious melancholy, very different from that of the earlier volume. Several poems testify to his friendly intimacy with the new *Cénacle* which, succeeding to that presided over by Charles Nodier at the Arsenal, met from 1829 onwards at the house of Victor Hugo. Here came Charles Nodier, Emile and Antony Deschamps, Alfred de Vigny, Alfred de Musset, Gérard de Nerval, Alexandre Dumas, the painters Eugène Delacroix, Louis Boulanger, Achille and Eugène Devéria, and the sculptor David d'Angers. In this atmosphere, which was mainly Catholic and royalist, and especially under the personal influence of Victor Hugo and his wife, Sainte-Beuve's religious and political opinions became greatly modified. He abandoned his materialism and his sensualist philosophy in favour of Cousin's fashionable eclecticism, and " he signed, if not a definitive peace, at least a truce with the Restoration."

In April 1829 he wrote for the newly-formed *Revue de Paris* an article on Boileau, which the editor, Eugène Véron, headed *Littérature ancienne*. The tone is far from hostile, but Sainte-Beuve says boldly that Boileau "is not a poet at all, if this title is reserved for beings strongly endowed with imagination and soul." An article on Jean-Baptiste Rousseau, which appeared in June of the same year, is much more severe, and is in fact a bitter attack on him as man and poet. In a note appended to it in the *Portraits Littéraires* Sainte-Beuve says that " he has reproduced it as a pamphlet suited to give an idea of the literary paroxysm of 1829." But most significant of all the articles written in this year, chiefly for the *Revue de Paris*, is the one on Racine. Published two months only before the production of *Hernani* it repeats many of the ideas that Victor Hugo had already put forward in the famous *Preface to Cromwell*, and is evidently written with the intention of predisposing the public in favour of the new play[1]. Sainte-Beuve is blowing his trumpet and announcing the entry of the Buffalo of dramatists.

But this polemical and panegyrical criticism has a more permanent characteristic. It is largely biographical, it seeks before all things to bring out the personality of the writer whom it criticises. Sainte-Beuve had already struck this note in the opening paragraphs of the article on Corneille, which he contributed to the *Globe* in 1829[2]. It is conspicuous in that on *Regnier et Chénier*, where in a well-known passage he proposes to examine how the " four or five great ideas which are the ordinary source of a poet's inspiration—God, Nature, genius, art, love, life—have revealed themselves to these two poets." " J'ai toujours aimé les correspondances, les conversations, les pensées, tous les détails du caractère, des mœurs, de la biographie, en un mot, des grands écrivains " are the opening words of an article on Diderot, which he wrote two years later (June 1831). It is important, he notes in the article on Corneille, to study your author in his youth, especially at the moment when his genius is beginning to take its first flight[3].

The Revolution of July (1830) had a marked effect

---

1 Sainte-Beuve made ample amends later. His appreciation of Racine in *Port-Royal*, book VI. c. xi. (VI. 116 ff.), written, at least in its original form, in 1838, is the source of nearly all later appreciations, and is one of the finest pieces of literary criticism ever written.

2 In vol. I. of the *Port. Litt.* it is dated by mistake 1828.

3 The first four pages of the portrait of Corneille are very important as indicating Sainte-Beuve's method at this period. All the four portraits referred to above will be found in *Portraits Littéraires*, I.

upon the literary as well as upon the political world. It broke up the *Cénacle* of Victor Hugo, it scattered the writers for the *Globe*, and it brought literature generally into that condition of anarchy from which it had saved the state. Politically and socially the new régime was a disappointment to the generous and ardent hopes of youth. Sainte-Beuve, as he records in his article on George Farcey, a young man of promise who lost his life in the street-fighting in Paris, was among those who shared in this feeling of disillusion. But he had in addition a private source of disquietude and unrest. "My youthful imagination during the years 1831–1834 caressed indifferently many systems. I was sick and suffering at heart, a prey to passion"—he is referring to his love for Victor Hugo's wife—"and to distract or deaden my feelings, I indulged in every pastime of the intelligence[1]." He rekindled his republican sentiments, wrote occasionally for *Le National*, and was influenced by the strong personality of its editor, Armand Carrel. Still in search of a religion, he turned to Saint-Simonism, that rather grotesque system which the disciples of Saint-Simon had recently founded, with the *Globe* under the editorship of Pierre Leroux for their organ. But Sainte-Beuve's ardour quickly cooled, and the middle of the following year (1831) found him sitting at the feet of the Abbé Lamennais, who was now editing *L'Avenir* and attacking the new monarchy as *bourgeoise* and irreligious. When Lamennais went to Rome (November 1831) he wanted to take Sainte-Beuve with him. But neither in the material nor in the spiritual sense did Sainte-Beuve ever make the journey to Rome, and though he had leanings towards a liberal Catholicism throughout the years 1832 and 1833, he became more and more wavering in his allegiance to his spiritual guide, whose doctrines had been condemned by a Papal encyclical (August 1832) and whose formal declaration of obedience to the Pope (December) implied no real submission of the heart.

[1] Note to an article on Sénancour (*Port. Cont.* I. 170).

Meanwhile Sainte-Beuve continued his portraits; only they became more psychological, more truly portraits of the soul. In June 1831 he began to write for the *Revue des deux Mondes*, contributing articles on *Les feuilles d'automne* (1831), Sénancour, Lamennais, Lamartine, Béranger[1] (1832). In this latter year he published the first collected edition of his articles under the title of *Critiques et Portraits littéraires*[2]. In 1834 he was still on good terms with Lamennais, who entrusted him with the publication of his famous *Paroles d'un croyant*, but the article which he wrote on the book for the *Revue* (May 1) shewed that his admiration was fast cooling.

Eleven weeks later Sainte-Beuve published anonymously his novel of *Volupté*. " Il est très-peu un roman," he said of it later; " je peignais d'après les caractères vrais." It is in fact a wholly sincere and fairly exact confession of his moral and intellectual experiences during the years 1830–1834. "Sainte-Beuve est né confesseur —et confesseur de lui-même." The critic might have added that Sainte-Beuve's interest ceased the moment that the confession was finished. He had no wish to play the part of a spiritual director. He was like a medical specialist who prides himself on the thoroughness of his diagnosis, but who is unable to prescribe a remedy for the disease. As a work of art Sainte-Beuve's novel is far superior to his poetry, and it went through six editions in his lifetime. It belongs to a type of novel which makes little appeal to the English reader, the type of *Adolphe* and *Dominique*, in which psychological analysis plays the principal part and action is reduced to insignificance. Nor is a mystical sensualist the sort of hero to find favour in this country. But *Volupté* is valuable in giving us not only the portrait of Sainte-Beuve at a certain period of his career, but also the portrait of a typical young Frenchman of 1830. With great acumen Faguet points out the contrast between the type here

---

1 All these articles will be found in vol. I. of *Portraits Contemporains*.
2 Vols. II. and III. were published in 1836, vols. IV. and V. in 1839.

portrayed and that other type of 1830 that we get in *Le Rouge et le Noir*. While Julien Sorel is a "fanatique de la volonté...l'enfant fasciné par Napoléon Ier," Sainte-Beuve's hero is "un faible, un rêveur, un être sans volonté et à mille velléités...toujours dominé par une sensualité énervante. C'est un fils de René que hante le souvenir de Chateaubriand, comme l'autre est hanté par Napoléon."

The second part of *Volupté* is strongly religious in character and the concluding pages, which describe the hero's life in a seminary, were contributed by Lacordaire. Sainte-Beuve's leanings towards Catholicism received an additional impulse at this time from his introduction to Mme Récamier by his friend and former colleague on the *Globe*, Jean-Jacques Ampère. He was not the man to resist the potent charm exercised by his hostess, and he was among the privileged few who assembled from time to time in the famous salon of the *Abbaye-au-Bois* to listen to the reading of René's memoirs[1]. Social success was dear to him, and he must have been delighted to find himself in so select a company, rubbing shoulders with a Noailles, a La Rochefoucauld, and a Montmorency[2].

Sainte-Beuve had now entered on what he called his second manner as a critic. In 1833 he abandoned panegyrical criticism. "Je me retourne vers les poètes, je me fais en partie public, et je les juge." An important example of his criticism of non-contemporaries at this period is the long article on Molière, which appeared in January 1835 at the head of Auger's edition[3]. It is a comprehensive study of Molière's life, surroundings, and writings. Yet another departure and an even more important one is marked by the article on *Du génie critique et de Bayle* which he contributed to the *Revue des deux Mondes* on December 1 of this year[4]. Professedly a study

1 The reader was generally Ampère.
2 See his eloquent description of a *séance* in *Port. Cont.* I. 8–11 and cp. with it the account in Mrs Trollope's *Paris and the Parisians*, vol. II. letter lx. with Hervieu's interesting illustration.
3 Printed below pp. 1 ff.
4 See below pp. 62–65 for the important passages.

of Bayle on his critical side only, it is incomplete as a portrait. But it throws great light on Sainte-Beuve's conception of the ideal critic. It was to Bayle's great advantage, says his disciple and successor, that he was detached from all doctrines and systems, that he had never been touched by passion, that he was not an artist or a stylist. " Il n'avait pas d'art, de poésie, par-devers lui." "Cette indifférence du fond, cette tolérance prompte, facile, aiguisée de plaisir, est une des conditions essentielles du génie critique." Sainte-Beuve himself had not yet attained to this ideal, but he was on his way to it. His criticism was becoming more and more impersonal, more and more of an objective and disinterested study of man.

But his final developement was arrested by the lack of serenity in his soul. The years 1836 and 1837 were the most agitated and unhappy of his whole life. The breach with the Hugos became final and Hugo turned him out of his house. In July 1837 he paid a visit to Switzerland, and at the suggestion of his friend Juste Olivier he was asked to give a course of lectures at the Lausanne Academy. He eagerly accepted, and in November he delivered his inaugural lecture. The subject of his course was Port-Royal, which had been much in his thoughts since at least 1831, and upon the history of which he had been seriously engaged since 1835.

The first two parts of *Port-Royal*, which were published in 1840 and 1842 respectively, and which represent the lectures, revised indeed and amplified, but substantially as they were delivered, are in a sense the continuation of *Volupté*, that is to say they are inspired by the same vague mysticism, the same ill-defined yearning after a religion. But while in 1837 Sainte-Beuve was on the brink of Catholicism, in 1838, under the influence of another personality stronger than his own, that of Alexandre Vinet, Protestant professor at Lausanne, he was experimenting in the direction of Protestantism. But he was destined never to cross the barrier that separates

doubt from belief. Already before his lectures were
finished he was growing weary of his main subject, and
he turned for relief to digressions, such as that on Montaigne[1]. By the time he had returned to France he had
abandoned for ever all voyages of religious discovery.
But his sojourn in Port-Royal had left its mark. It had
quickened his understanding of Christianity, as it had
strengthened his critical faculty, and, as Brunetière well
points out, it had increased his sense of historical accuracy
—"there is not a date," says his secretary M. Levallois,
"a proper name or a Christian name which has not been
verified with the most scrupulous attention"—his psychological insight, and his judicial sense.

An article on La Rochefoucauld which appeared in
the *Revue des deux Mondes* of January 15, 1840, marks,
he wrote just before his death, "une date et un temps,
un retour décisif dans ma vie intellectuelle....Une grave
affection morale, un grand trouble de sensibilité était in-
tervenu vers 1829, et avait produit une vraie déviation
dans l'ordre de mes idées. Mon recueil de poésies, les
Consolations, et d'autres écrits qui suivirent, notamment
Volupté, et les premiers volumes de *Port-Royal*, temoi-
gnaient assez de cette disposition inquiète et émue qui
admettait une part notable de mysticisme. L'étude sur
La Rochefoucauld annonce la guérison et marque la fin
de cette crise, le retour à des idées plus saines," that is to
say to the unruffled scepticism which was to be his final
phase. Two months later he wrote *Dix Ans après en
littérature*[2], which marks his definite separation from the
romantic school, though already ten years earlier he had
begun to realise its faults and defects.

In the same year (1840) he was appointed by Cousin
to the post of *Conservateur* at the *Bibliothèque Mazarine*
with rooms in the *Institut*. "Je me trouvais riche ou très
à l'aise pour la première fois de ma vie." At this period
he began to frequent various Legitimist and Orleanist

---

1 See below pp. 66–87. 2 *Port. Cont.* I.

salons, and he was on very friendly terms with the distinguished statesman, Comte Molé, in one of whose *châteaux* he often spent his holidays.

From 1843 to 1845 he contributed anonymously to the *Revue Suisse* a series of letters entitled *Chroniques Parisiennes*, in which he criticised contemporary French literature with far greater freedom than would have been possible over his own name in a Paris journal. They reveal the intense bitterness of spirit which pervaded him at this period. In spite of the improvement in his financial position he could not forget that many of his friends and contemporaries, among them his associates of the *Globe* and the *Cénacle*, were better off or more famous than himself, some as ministers, others as popular and successful writers. It was this unsatisfied vanity, this craving for his share of success, as well as revenge for his baffled desires, that prompted him to commit what Alphonse Karr rightly termed "une infamie." This was the publication in November 1843—it is true for private circulation only—of his *Livre d'amour*, the nauseous poems in which he had slandered the innocent wife of his former friend. Three months later he was negotiating with Hugo about his candidature for the *Académie française*, the result being that he was elected in March 1844. His reception in the following February was invested with considerable piquancy by the fact that it fell to Hugo to deliver the customary *discours de réception*.

In 1840 he had proposed for the hand of a daughter of General Pelletier, and had been refused. It was a severe blow, for he really cared for the lady and had cherished a "dernier rêve" of conjugal love and tenderness[1]. He consoled himself in part by a close friendship with Mme d'Arbouville, grand-daughter of Mme d'Houdetot and niece of Molé, which lasted till her death ten years later. It was characteristic that after a time he should have tried to spoil their pleasant relations by demanding more than friendship.

[1] See his letter to the General (*Corr.* I. 110).

His criticism during the years 1840 to 1848 still continued on biographical and psychological lines, and he gave special attention to the study of influences and origins. M. Michaut points to the article on Rodolphe Töpffer[1], a contemporary Swiss writer, whose *Nouvelles genevoises* were once widely read but are now forgotten, as typical of his work during this period. In this article written in 1841, when Taine was still a schoolboy, we have the *race* and the *milieu* discussed at length, and even the *moment* clearly indicated. But there is no attempt to define them, still less to build upon them a scientific system. They are not even labelled, but they form a natural background to the portrait. In a long article on another and better-known Swiss writer, Benjamin Constant[2], written three years later, Sainte-Beuve insists at the outset on the interest there is in studying celebrated persons " before they have become famous, at the moment when they are being formed, or at the moment when they are already formed, but have not yet revealed themselves." From the same period date what he himself calls the *grands portraits* of Daunou (1844) and Fauriel (1845)[3]. About this time too he wrote in his journal that perhaps owing to a profounder belief in the principle that *tout revient au même* he had arrived at the consideration " that whatever he did or wrote he never ceased to read in one and the same book, the infinite undying book of the world and life." It was the study of life that underlay all his criticism.

He now returned to Port-Royal. Cousin's vehement intrusion into what he regarded as his own domain had stayed his hand for four years, but he now resumed his task, and in 1848 he published the third part, which carries on the story of Pascal[4]. In some ways it is the

1 *Port. Cont.* III.   2 *Port. Litt.* III.
3 Both in *Port. Cont.* IV.
4 The second part of the original edition ended at the close of chap. vii. of vol. III. of the definitive edition, in the middle of the account of the *Lettres Provinciales*.

best, but it differs in tone, though perhaps not very perceptibly, from that of the earlier parts. What he wrote at the conclusion of the whole work in 1859 was already true of the third part. "J'ai eu beau faire, je n'ai été et je ne suis qu'un investigateur, un observateur sincère, attentif et scrupuleux. Et même, à mesure que j'ai avancé, le charme s'en étant allé, je n'ai plus voulu être autre chose." The charm had vanished, the enthusiasm had cooled. But Sainte-Beuve still retained, as he retained to the end, his wonderful power of projecting himself into his subject. He had ceased to be even a seeker after religion, but he could still be a Jansenist in sympathy. Above all he could sympathise with the individuals whose story he was relating. Hence we have in this and the two succeeding volumes—both of which were published in 1859—that inimitable gallery of portraits—Pascal, Tillemont, Rancé (of La Trappe), La mère Angélique de Saint-Jean, Hamon, Nicole, Mme de Sablé, Tréville, Malebranche, Arnauld, Boileau, Du Guet (who had a special attraction for Sainte-Beuve), Racine—which helps to make *Port-Royal* the masterpiece of Sainte-Beuve. The third volume also contains the two striking chapters on Molière and *Tartuffe* and the fascinating account of the Schools of Port-Royal.

It has been said that there is a marked difference in style between the second and the third part. It is difficult for a foreigner to speak with confidence on this question. But there is no doubt that Romanticism had a disturbing influence on Sainte-Beuve's style. From the *Tableau* onwards the striving after a metaphorical style, which came naturally to Chateaubriand, and to the Romantic poets when they wrote in prose, often led in the more realistic Sainte-Beuve to mere affectation. He also acquired certain tricks of language, such as the use in rather a peculiar sense of the words *sentir* and *côté*— "un rôle qui *sent* son Scarron," "le *côté* vieux," "le vilain *côté* et qui fait rire[1]." Balzac, who in revenge for a not un-

[1] See below p. 22.

favourable article on his novels which Sainte-Beuve wrote in 1834[1], had the impudence to write six years later a malicious criticism on the first part of *Port-Royal*, a subject of which Balzac knew nothing, cruelly but not unskilfully parodied this style in *Un prince de la Bohème* (written between 1840 and 1845). But after 1840, if not before, Sainte-Beuve, no longer under the sway of Romanticism, began to shake off his affectations; in the second part of *Port-Royal*, though they are still there, one has to look for them, and in the third they are practically absent. Yet Sainte-Beuve's was never a *style primesautier*. It always reflected the character of its author, with his love of second thoughts, of reservations, of suggestions, of a winding approach to his subject, and with his dislike of emphasis and too confident assertion. Sometimes indeed, even in his later years, he was liable to become involved in a maze of tortuous phrases.

The revolution of February (1848) came upon Sainte-Beuve like a thunder-clap. He was a republican in theory, but he hated revolutions. "Quels événements! quel songe! je m'attendais à bien des choses, mais pas sitôt ni de la sorte," he writes in his journal on February 28, and a little later, "Je suis au fond Girondin et républicain par instinct... Mais j'ai quarante-quatre ans; je suis délicat de santé, de nerfs; raffiné en goûts littéraires et en mœurs sociales; je suis assis depuis des années, et mes habitudes sont en contradiction avec mes instincts." In his disquietude he made inquiries about the possibility of getting work in England or America, and finally in October he accepted a professorship at Liége and took for the subject of his lectures the great man of letters who had died four months previously—Chateaubriand. On his return to Paris he prepared the lectures for publication, and by September 1849 they were ready even to the preface for the press. But *Chateaubriand et son groupe littéraire* did not appear till 1860. Sainte-Beuve gives as his reason that

1 "Je me vengerai sur lui," he exclaimed, "je referai *Volupté*," and the result was *Le Lys de la Vallée*.

his whole time was occupied by his new undertaking, the weekly *Lundis*, but this is difficult to accept. The delay was really due to the hostile tone of the book, unbecoming in a man who for fourteen years had received marked kindness from Chateaubriand and his friends. Sainte-Beuve excuses himself in his preface by saying that hitherto he had never been free to speak publicly about Chateaubriand, that his judgment had been paralysed by an amiable influence (that of Mme Récamier), but that now (Mme Récamier had died in May 1849) he considered himself at liberty to say what he pleased about "the most illustrious of our modern writers." This, however, is no excuse for the rancorous malevolence of his attacks on Chateaubriand's character, especially in the footnotes which he added at the time of publication.

In dealing with Chateaubriand's writings he went more warily to work. He was too good a judge to be blind to their merits, and too honest a critic not to avow them. But he took a malicious pleasure in pointing out their defects, and he never lost an opportunity of comparing them unfavourably with other works of the same character, such as *Atala* with *Paul et Virginie*, and *René* with *Obermann*. In spite of all this *Chateaubriand et son groupe littéraire* contains some of Sainte-Beuve's most admirable pages, and the chapters (I. viii.–x.) in which he compares *Atala* with *Les Rêveries* and *Paul et Virginie* are among the most instructive and penetrating that he ever wrote.

We now come to the last phase of Sainte-Beuve's critical career, that of the *Lundis*. After his return from Liége he accepted an invitation from his friend Dr Véron to write a weekly *causerie* for his journal, *Le Constitutionnel*, which he had turned into a reactionary and Bonapartist organ. The first *causerie* appeared on Monday, October 1, 1849. The period of the *portrait* had lasted for twenty years, from 1829 to 1849; that of the *causerie* was to last for another twenty years, down to Sainte-Beuve's death in 1869. It was, he says, at

Liége that "the crisis of his second maturity[1]" had taken place, and again he says that "if he has changed completely in manner the change dates from the year 1849[2]." The change was partly due to the different conditions under which the new articles were written. The portraits were written at leisure and with plenty of space at his disposal. The *Causeries* had to be produced at short and regular intervals, and the earliest ones at any rate were confined within the limits of a single article. "Ils sont d'autant meilleurs," said a friendly critic, "qu'il n'a pas le temps de les gâter." The rate of payment was 300 francs an article, which to a bachelor of Sainte-Beuve's habits meant an easy competence. But the work absorbed all his time and energies. On his mother's death in 1850 he moved into her house in the Rue du Montparnasse, and there he led more or less the life of a hermit, seeing very few friends.

His last secretary, M. Troubat, who joined him in 1861, has given an interesting account of his method of writing a *lundi*, a method to which he adhered with wonderful regularity. Monday to Thursday were spent partly in preparation for the article of the next Monday but one, and partly in dictating the article for the following Monday. On Friday he shut himself up, and *bâtit l'article* for the next Monday but one; that is to say he made a rough draft, which when finished consisted of several pieces of paper fastened together with pins. It was then discussed with his secretary—"Lisez-moi en ennemi," he would say—and after revision it was ready for dictation on the following Monday. On Saturday and Sunday he corrected the proofs of the article for the following Monday, the work being finished about 6 p.m. On Thursdays he often went to the *Académie* but not regularly.

Besides the new conditions under which he wrote his articles there was another cause which helped to determine his final manner. He had now definitely renounced all ambition of achieving success as a poet. His last publicly

1 *Correspondance*, II. 223.   2 *ib.* I. 318.

T.   c

published volume of verse, *Pensées d'Août* (1837), had
been a complete failure, but as we have seen he had
printed for private circulation in 1843 the infamous *Livre
d'amour*, and about a year later he had printed without
title, date, place of publication, name of publisher or
author a little volume of 29 pages, consisting chiefly of
verse and apparently written for Mme d'Arbouville[1].
Moreover he not unfrequently added a little poem of
his own to a 'portrait' by way of epilogue. But now at
last he recognised that whatever view posterity might take
of his verse, he was not destined to achieve poetical fame
in his lifetime. So he gave himself up whole-heartedly
to the work of criticism, and the contents of the first
volume of the *Causeries du Lundi* magnificently justified
him. It includes articles on Villemain, Cousin, Alfred
de Musset, the rustic novels of George Sand, Anthony
Hamilton, Chaulieu, Mme Du Deffand, Adrienne Le
Couvreur, Mme Récamier (both these last of great
charm), Joubert, Philippe de Commynes, the ninth
volume of Thiers' *Histoire de l'Empire*, and Guizot's
Histoire de la Révolution d'Angleterre. The last article
is especially noteworthy, because it expresses Sainte-
Beuve's inborn dislike and distrust of all philosophies of
history. He would readily have subscribed to the opinion
of his master Montaigne: "Certes c'est un sujet merveilleusement vain, divers, et ondoyant que l'homme:
il est malaisé d'y fonder jugement constant et uni-
forme." The volume also contains three malevolent
articles on Chateaubriand, and two, hardly less malevolent, on Lamartine. Sainte-Beuve in his early days
had been a warm admirer of Lamartine's poetry, but he
could not forgive him his share in the Revolution of
February.

The third volume of the *Causeries du Lundi* is hardly
less rich in fine articles than the first. It includes the
famous *Qu'est-ce qu'un classique ?*, *Mme de Caylus et de ce*

[1] Michaut, p. 689. The volume forms part of the rich collection of
books which M. de Spoelberch de Lovenjoul bequeathed to Chantilly.

qu'on appelle Urbanité, Les Confessions de J.-J. Rousseau,
and articles on Fontenelle, Bussy-Rabutin and L'Abbé de
Choisy. An article, which appeared in August 1852, entitled *Les Regrets*[1], made, as Sainte-Beuve says, "un certain
bruit." It was a cruel attack on the Orleanists, the "men
of July," for their opposition to Napoleon III. They were
suffering, he said, from the maladies of "pouvoir perdu,"
and "parole perdue." Sainte-Beuve was the last man who
ought to have attacked them, for not only had he been
associated with many of them when he wrote for the
Globe, but he had been hospitably received for several
years in the houses of their leaders. Public sentiment
was thoroughly shocked. There was something in Sainte-
Beuve's contention that democratic principles had freest
play under a monarchy of the Napoleonic type, but time
has justified those who refused to rally to a government,
which, though it might present a fair exterior of order
and prosperity, was founded on political and social cor-
ruption. In December of this year (1852), *Le Constitutionnel*
having changed hands, Sainte-Beuve transferred his services to the *Moniteur*, which was the organ of the government. In 1854 he was appointed professor of Latin at
the *Collège de France*, and he gave his first lecture, the
subject being Virgil, on March 1, 1855. But he was
greeted by his audience with such a storm of disapproval
that after the second lecture he resigned his post. The
lectures were published two years later under the title of
Étude sur Virgile; the volume is generally regarded as
one of the author's least successful performances. From
1857 to 1861 he held the post of *maître de conférences* at the
École normale. During this period his articles appeared
at more irregular and longer intervals. Then in 1861 he
resigned his professorship and leaving the *Moniteur*
returned to the *Constitutionnel* under a five-years' engagement to write an article every Monday. He was
still paid at the old rate of 300 francs an article and he
received 20,000 francs down to compensate him for the

1 *C. du Lundi*, VI.

loss of his professorship and other sources of remuneration.

It was on September 16 that he opened the series of the *Nouveaux Lundis* with a *causerie* on the Catholic poet Victor Laprade which caused some stir. In his second article, which was on Lamennais, he pointed out that he could now write with greater freedom than was possible in the pages of the official *Moniteur*. On the whole there are fewer articles on literature, and more on history, memoirs, and biography. Sainte-Beuve had already in the earlier *causeries* shewn his sympathy with the younger generation by articles on Taine and Augier, and by the famous one on Mme Bovary which ends with "Anatomistes et physiologistes, je vous retrouve partout." He now writes appreciatively on Renan, Fromentin, and Flaubert's *Salammbô*, and a second time on Taine, and he criticises with penetration and judgment the *Idées et Sensations* of the brothers Goncourt. Like them he was greatly attracted by the women of the eighteenth century, and in a review of their book on the subject and in three separate articles he portrays Rousseau's two friends Mme de Luxembourg and Mme de Boufflers with the gusto of a Boucher and the brilliance of a Nattier. He regarded their social gifts with fascination and their frailties with indulgence. Among his latest subjects were General Jomini, Talleyrand, and Mme Desbordes-Valmore, to each of whom he devoted five articles in the *Temps*. These were published separately in book form, before they took their place in the two concluding volumes (XII. and XIII.) of the *Nouveaux Lundis*. The last volume also contains a long and interesting article on his friend J.-J. Ampère, one of those detailed notices of the writers of the period 1800–1830 which will be of the greatest service to the historian. In 1865 he contributed to the *Revue Contemporaine* three articles on Proudhon, which were afterwards collected in a book (1872). He does not profess to go deeply into his social and economic theories, but he brings out the personality of the man, doing full justice to the integrity and purity of his life.

After 1856 Sainte-Beuve began to lead less of a hermit's life. He gave select dinner-parties to his friends and went occasionally into society. In 1861 he began a correspondence with the Princesse Mathilde, the sister of Prince Napoleon (Jerome Bonaparte), who liked to collect round her distinguished men of letters. Towards the end of 1862 he and Gavarni organised the celebrated Saturday dinners at the restaurant Magny, at which besides the founders the most regular attendants were Taine, Berthelot, Gautier, Saint-Victor, the brothers De Goncourt, and, when he was in Paris, Flaubert. The De Goncourts have drawn an elaborate picture of Sainte-Beuve in their *Journal*. They represent him as a little man, short and round, with a large forehead, a shining bald cranium, a nose which denotes curiosity and sensuality, an ugly mouth, the shapelessness of which is hidden by an amiable smile, and remarkably protuberant cheeks — "You would take him for a provincial librarian." With this may be compared Taine's more psychological portrait—"L'impression dominante quand on le voit, c'est qu'il est timide; il parle doucement, bas, avec insinuation et nuances, avalant certaines syllabes trop franches. Il a quelque chose d'un chanoine ou d'un gros chat, méticuleux, prudent. Une tête irrégulière, blafarde, un peu chinoise, crâne nu, avec de petits yeux malins"—the De Goncourts say—"*gros* yeux à fleur de tête," and, judging from a photograph, they are right[1]—"et un sourire doucereux, fin. Positivement, il y a un fonds ecclésiastique, homme du monde. Puis des éclats et des éclairs, la franchise, la force de croyance font explosion."

It was Sainte-Beuve's ambition a little later than this to become a senator, and though Louis Napoleon at first made difficulties he was nominated in April 1865. It appears from his letters to Princesse Mathilde that he regarded the Emperor as the heir of the Revolution, but he belonged to "la gauche de l'Empire," a sort of semi-opposition, of which Prince Napoleon was the leader. At a sitting of the Senate in 1867 he warmly defended

[1] They were light-blue.

Renan's nomination to a professorship in the *Collège de France*, and henceforth in that assembly he assumed the rôle of a champion of liberty and freedom of thought. But his failing health did not permit him to take a frequent part in the discussions. He now for the first time in his life enjoyed the sweets of popularity; he became more and more democratic and proclaimed himself a convinced materialist. It was one more phase, possibly a pose, for less than a year before his death he declared that he was a *sceptique résolu*. On the *Moniteur* ceasing to be the official organ (January 1, 1869) he refused to write for the *Journal officiel* and sent to the *Temps* an article which the *Moniteur* had refused. This roused the indignation of the ministry and the whole imperial *entourage*. The Princesse Mathilde came in person to upbraid him and told his secretary that "Sainte-Beuve was a vassal of the Empire." It was only just before his death that she became reconciled to him. In August being unable to go to the Senate he wrote a "lettre sur le senatus-consulte," in which he attacked the whole imperial régime. "Je veux que mon enterrement soit purement civile," he wrote on September 28, and on October 13, 1869, he died. It was found that the malady from which he had been suffering for the last four years, and which the surgeon who operated on him in the spring of 1867 had failed to diagnose, was the stone.

It is difficult to believe that the last of La Harpe's lectures at the *Lycée* was only delivered thirty-two years before Sainte-Beuve wrote his first *portrait*. La Harpe is wholly indifferent to the personality of the writer whom he is discussing. He does not tell us when he was born or when he died; there is not a date in the whole *Lycée*. Nor is any account taken of the age or the society in which the writer lived. La Harpe's method is to weigh each work, regarded as an isolated production, in the balance of his critical judgment, to enumerate its beauties and its defects, and to criticise details from the point of view of a grammarian. According to his lights he is not a bad critic, but his lights are those of a rigid classicist of the close of the eighteenth century, and his outlook is exceedingly narrow. Mme de Staël was the first to realise that literature is the expression of society, and is related to race, religion, laws, manners. Moreover she protested against the tyranny of *le goût* or an accepted standard of taste. But it was Chateaubriand who by correlating literature with ideas and with the age that produced them first set the example of modern criticism, and it was left to Villemain to work out in detail the theory that literature is the expression of society. The lectures which he began to deliver at the Sorbonne in 1824 were models of eloquence; in 1827 they began to be taken down in shorthand, and a year later they were regarded as "un événement intellectuel[1]." Sainte-Beuve was among the audience and it was from Villemain that he learnt to connect literature with history and biography, but the pupil carried the process far beyond the teacher[2].

If one were asked what was Sainte-Beuve's *faculté maîtresse*, one would be tempted to answer that it was sympathetic curiosity. But one would have to couple with this the faculty of being influenced by any strong personality. He was curious about all phenomena of thought and life, but he was not content with examining these from the outside. He liked to be behind the scenes. "Le Saint-Simonisme que j'ai vu de près et *par les coulisses* m'a beaucoup servi à comprendre les religions." And with curiosity went sympathy, especially personal sympathy. Strong characters, thoroughly in earnest, carried him away, and made him for a time their disciple. Thus he followed various new intellectual movements as a neophyte, and not merely as an indifferent and impartial inquirer. But before long his critical spirit began to assert itself; he drew back and recovered his freedom. To use his own phrase, *il ne se lie pas*. Then the feeling that he had allowed himself to be duped aroused a certain

---

1 His best work *Le tableau de la littérature française au XVIIIe siècle* began to be published in 1828.

2 See *Chroniques Parisiennes*, pp. 104–106, for an excellent comparison of the three Sorbonne professors, Guizot, Villemain and Cousin.

bitterness against his former associates, and particularly against the leader to whom he had attached himself. But his initial enthusiasm was genuine, and when Faguet declares that Sainte-Beuve was always a sceptic and always a classical realist he should have added the words " at heart." Sainte-Beuve's Romantic phase was entered on in good faith, though doubtless his friendship with the Hugos and the *camaraderie* of the *Cénacle* increased the attraction. Similarly his adventures in search of a religion were not undertaken in a mere spirit of curiosity. Only he shut his eyes to the fact that not only Christianity but all religious systems worthy of the name require from their adherents something more than a vague mystical religiosity. They demand a moral and spiritual amendment, which Sainte-Beuve was not prepared to carry out. In his own words "incontinence is a powerful solvent of faith." Thus when the bloom of his first enthusiasm had been rubbed off and he began to test his religious experiments by the light of pure reason, his intellectual habits resumed their sway. Finally in middle life he settled down to what we may admit with Faguet was his natural bent, that of a sceptic in religion and of a classical realist in literature.

The same curiosity which he shewed towards intellectual and religious movements led him to read widely in literature. To his profound knowledge of the literature of his own country he added a considerable knowledge of other modern literatures, especially of English literature. His acquaintance with classical authors was greatly extended in middle life. He had a profound admiration for Goethe, speaking of him as "notre maître en art et en critique," and as "le roi de la critique[1]." He was widely read in history, especially in French history, so that Taine could say of him, "En fait d'histoire pour ce qui est de notre siècle et des trois siècles précédents aucun renseignement ne lui manquait." He had also a considerable knowledge of art, but as he explains to a correspondent with

1 For Goethe's influence on Sainte-Beuve see L. Morel in *Rev. d'hist. litt.* for 1908, pp. 286 ff. and 430 ff.

reference to his articles on Horace Vernet (*Nouveaux Lundis*, III.), "quand j'ai à sortir de mon domaine et à faire quelque excursion par delà mes frontières dans un art voisin, je ne me trouve jamais avoir pris assez de précautions ; je recours aux bons guides ; à ceux qui sont experts jurés dans la matière, et je tâche avec cela d'y joindre la vue directe des œuvres." That is an admirable lesson for all critics. Moreover, Sainte-Beuve very seldom made an excursion outside his own domain of French history and literature. He even excluded the modern drama. Thus his criticism is never thin. His knowledge is always more extensive than his immediate subject.

Yet he never presumed on his knowledge. His medical training, to which he often refers, had taught him the value of thoroughness and accuracy. In his disinterested devotion to his work, he spared no pains to collect information and to verify every statement and date. A letter to Jal, the author of the well-known *Dictionnaire critique de biographie et d'histoire*, shews how much importance he attached to accuracy in small matters[1]. Not that Sainte-Beuve was ever meticulous or neglected vital truths for unimportant details. As Faguet says, "he loved truth with the peculiar passion of a man who does not believe in it." He loved the search after truth, even though he believed in his heart that no one can attain to it.

To the wide range of his knowledge and sympathy he owed that essential quality of a great critic—catholicity. We have an admirable example of this in the well-known article, *Qu'est-ce qu'un classique?*[2] But the same article shews us that Sainte-Beuve, with all his absence of dogmatism, did not share the views of some modern critics, who hold that taste in literature is purely an affair of the individual, and that criticism should be a mere record of the critic's impressions. He calls his master, Bayle, a "véritable républicain en littérature," for it was Bayle's weakness that he read everything with equal zest, not distinguishing good from bad. Sainte-Beuve was more of an aristocrat; he had his preferences, and he had his reasons for these preferences. After his Romanticist phase he began as he says to *judge* his authors. His admiration for André Chénier is, as Faguet says, characteristic of his taste. He preferred grace to force, moderation to violence, finished workmanship to passionate improvisation. That was why he was at heart a classic, that was why he preferred Gautier to Musset, and the "esprit, élégance et observation" of Gavarni to the imaginative power of Balzac[1]. It is characteristic that in his very first review of Hugo's poems—*Odes et Ballades*—he should have warned him against a tendency to exaggeration and the abuse of force. It is equally characteristic that he should have had a special dislike of Michelet.

It is commonly charged against Sainte-Beuve that he does not judge his contemporaries with the same sympathy and leniency that he shews towards older writers, and the charge is more or less true. It must be admitted that in his relations with his brethren of the pen and even with other friends he was often detestable. He was prone to take offence, as we may see by letters to Villemain, to Cousin and to his old friend Juste Olivier, who with his wife had shewn him great kindness; he resented patronage, however well-intentioned; he was jealous of the literary or social successes of others; and he was generally unstable in friendship[2]. He behaved towards individuals much as he behaved towards movements. He threw himself into their arms, but when he found that they fell short of his high expectations, he began to draw back, and before long he regarded them with positive dislike. His breach with Hugo was due to special causes, but it was for no particular reason that he quarrelled with Vigny and Juste Olivier, both at one time warm friends. He sat at the feet of Lamennais and then drew away from him. He began by worshipping Lamartine and ended by losing

---

1 *Correspondance*, II. 93.
2 See *Les Cahiers de Sainte-Beuve*, extracts from his private note-book published in 1876.

no opportunity of pointing out his weaknesses. He enjoyed for fourteen years the hospitality of Mme Récamier and the kindness of her illustrious friend Chateaubriand, and no sooner was the breath out of the great man's body than he criticised him with bitter malevolence. He consorted for many years with the chief Orleanists and was treated with signal favour by one of their leaders, the veteran Comte Molé, but when the monarchy of July fell and the Second Empire took its place, he upbraided them, as we have seen, for remaining in dignified seclusion. If, like Zola, he had written a volume entitled *Mes Haines*, it would have been long and comprehensive.

But, on the whole, his enmities as a man did not greatly warp his judgment as a critic. It must be remembered in his favour that the criticism of contemporaries is a very difficult business, especially if you practise Sainte-Beuve's biographical and psychological method. He himself has pointed out the difficulties in his preface to the *Portraits Contemporains*. "Je les juge avec bien des ambages et des circonlocutions sans doute....Pourtant il n'est pas si malaisé d'entendre ce qu'il n'a été permis d'indiquer; et même dans cette manière, que je nomme ma première, et qui a un faux air de panégyrique, la louange n'est souvent que superficielle, la critique se retrouverait dessous[1]." It must further be remembered that in his maturity the majority of the writers of the Romantic school did not greatly appeal to him. They had defects which he particularly disliked; Hugo's violence and exaggeration, Balzac's want of taste, Musset's careless writing, were all distasteful to him. All things considered, his criticism on the great Romanticist writers, if lacking generosity, is not wanting in appreciation. He is not unjust to Musset's poetry in general and he is whole-hearted in his admiration of the "immortal *Nuits*[2]": "Tant qu'il y aura une France, et une poésie française, les flammes de Musset vivront comme

---

1 Elsewhere he says, "Dans mes portraits la louange est extérieure, et la critique intestine."
2 *Caus. du Lundi*, I. and XIII.

vivent les flammes de Sapho." In spite of his quarrel
with Balzac, in which Balzac was very much the aggressor,
his article on him after his death[1] is fair and judicial.
That on Vigny, also written just after his death[2], though
ill-natured, is far from unappreciative. He always recognised the pre-eminence of Hugo and Lamartine as
poets, however much he might criticise Hugo as a
dramatist, and Lamartine as a writer of prose. If he
abused Villemain and Cousin in the privacy of his note-
book, in public he estimated their work at its full
value. To George Sand, to whom he acted at one time
as confessor, though without preserving the secret of
the confessional, he was always generous of praise.
Finally he wrote three excellent and thoroughly appreciative articles on Théophile Gautier[3], which however failed
to satisfy the author of *Émaux et Camées*.

It would be a mistake to suppose that Sainte-Beuve
had in him no vein of generous sentiment. When there
was no question of wounded self-esteem or literary
jealousy, he could be a firm friend and a delightful com-
panion. His friendship for Ulric Guttinguer was life-long,
and to Mme Desbordes-Valmore he shewed unfailing
sympathy. His relations with his secretaries were excellent. His letters to Régis de Chantelauze, well known
for his work on Cardinal de Retz, with whom he began
a correspondence in 1866, invariably bring out the better
side of his character, while those to Taine, Baudelaire,
Verlaine, are full of kindly appreciation. The fact is
that with some reservations he was more in sympathy
with the younger generation—the realists and positivists
of 1850–1870—than with his own. We have seen that
he wrote appreciative articles on Taine and Renan, on
Flaubert and Augier. He noticed favourably Leconte
de Lisle's *Poèmes barbares* and with his usual penetration
singled out the poem of *Midi* for special praise. But on
the whole he neglected the rising school of poets and an
article on *Poesie en 1865*, in which he rapidly sentenced a
whole batch of poets after the manner of a gaol delivery,

1 *Caus. du Lundi*, II.   2 *Nouveaux Lundis*, VI.   3 *ib.* VI.

gave great offence to the Parnassians. It should not be
forgotten, however, that his unerring eye detected *Le vase
brisé* as the masterpiece of Sully-Prudhomme's volume.
But he had little sympathy with the *Art pour l'Art*
movement from which the Parnassian group had sprung.
That was Gautier's grievance against him, and that was
what led Flaubert to speak of him at times with characteristic irreverence and the Goncourts to lose no occasion of
girding at him in their journal.

"Sainte-Beuve," says Mr Harper, "abounds in ideas.
...His was eminently the fullest mind...in the nineteenth
century." But he adds further on, "Sainte-Beuve had no
fixed ideas." "There is no trace, no consistent trace, in
the *Causeries du Lundi* of any theory of æsthetics." And
we have seen that Brunetière reproaches him with having
no general principles, no critical system. All this is quite
true, but it is just this absence of fixed ideas and general
principles that is the secret of Sainte-Beuve's unique
power. "Il craindrait de froisser la vérité," says Taine
with perfect truth, "en l'enfermant dans les formules,"
but he adds, "mais on pouvait extraire de ses écrits un
système complet." That was just what Taine proceeded
to do, and when he had finished his task Sainte-Beuve
criticised it. It did not require Sainte-Beuve's penetration
to see that, useful though *la race, le milieu* and *le moment*
are as helps to the understanding of a writer's work and
developement, it is impossible to build upon them a critical
system. Any such system is liable to be overturned by
the accident of individual genius. "La critique littéraire
ne saurait devenir une science toute positive...elle restera
un art[1]." This was where he differed profoundly from
Taine. It is true that in an article on Chateaubriand,
written in 1862, Sainte-Beuve gives an account of his
method which has more or less of a scientific air[2], but it
may be questioned whether he was not led to this parade
of a quasi-system by the new edition of Taine's *La Fon-*

[1] In an important article on Deschanel's *Physiologie des Écrivains*
(*Nouv. Lundis*, IX.).

[2] See below pp. 167–182.

taine et ses fables with a new preface, which had appeared
in 1860. So too the method of the "familles naturelles
d'esprit," of which we first hear in the first volume of
Port-Royal, merely implies that Sainte-Beuve recognised
the existence of certain broad types of humanity, under
which individuals, each differing from one another, may
be roughly classified.

It was just because Sainte-Beuve had no system that
his influence has been so fruitful and so stimulating.
Taine's system died with its author, but his predecessor's
method, fluctuating, flexible, and inconclusive, is still an
inspiration to hosts of disciples. Some no doubt, as is
always the way with disciples, have been content to
caricature his more superficial characteristics, such as the
conversational and confidential tone of his *causeries*,
which degenerates in their hands into mere impertinence.
Others, of whom the most distinguished is Anatole
France, whose criticism only occupies a secondary place
in his work, have been most attracted by his habit of
not coming to any conclusion, of abstaining from any
final judgment. His saying that great writers should be
studied in their youth has borne abundant fruit. We
have M. Dupuy's *La jeunesse des Romantiques*, M. Reyssié's
La jeunesse de Lamartine, M. Rudler's *La jeunesse de
Benjamin Constant*, M. Gouin's *La jeunesse de Wordsworth*,
and latest of all, Faguet's *La jeunesse de Sainte-Beuve*.
As for his general influence, it has been, thinks
Faguet, much greater than is commonly supposed. "Rien
n'égale l'influence des forces insensibles et continues.
Sainte-Beuve a comme distillé et insinué goutte à
goutte, semaine par semaine, pendant trente ans, une
sorte de positivisme froid, de scepticisme doux et de
désenchantement tranquille. Il a glacé peu à peu son
siècle, qu'il avait trouvé tout en ébullition. Il a dissipé
d'une main lente, très active, mais qui semblait presque
nonchalante, toutes les illusions, toutes les espérances et
toutes les fois. C'était un travail long, minutieux, pré-
cautionné et presque respectueux, mais obstiné, contre
les anciennes croyances et aussi les croyances nouvelles:

christianisme, progrès, perfectibilité, optimisme, confiance de l'homme en Dieu, confiance de l'homme en soi."

This is a severe indictment. Is Sainte-Beuve really responsible for that paralysing pessimism and disbelief in the noble aspirations of humanity that was one of the causes of the collapse of France in the Franco-German War, and from which she only began to recover some fifteen years later? Let us set against Faguet's indictment the shorter summing up of Taine. "En France et dans ce siècle, Sainte-Beuve a été un des cinq ou six serviteurs les plus utiles de l'esprit humain." There is truth in this. Whatever the faults of Sainte-Beuve's character, and they were glaring, whatever the desolating effect of his scepticism, he toiled after truth with the devotion of a religious enthusiast, and he brought to bear upon the problems of life and literature and history and upon the souls of individual men and women the searching light of the most penetrating and open-minded intelligence of his day. Critics of past and future generations may borrow his methods, or drape themselves in his critical garments, but it will be long before a critic is found who will combine his learning and his exact scholarship with his open-minded catholicity and his creative sympathy.

WORKS OF SAINTE-BEUVE[1].

Tableau historique et critique de la poésie française, et du théâtre français au XVIe siècle, 1828; *revue et très augmentée*, 1843; *édition définitive*, preceded by a life of Sainte-Beuve by J. Troubat, 2 vols. 1876.

Vie, Poésies, et Pensées de Joseph Delorme, 1829; 2nd ed. 1830.

Les Consolations, 1830; 2nd ed. *augmentée*, 1834.

Volupté, 2 vols. 1834; 6th ed. *revue par l'auteur*, 1869.

Pensées d'Août, 1843.

Le Livre d'Amour (privately printed), 1840; ed. Troubat, 1904; 1906.

Poésies complètes, 2 vols. 1879.

Port-Royal, 5 vols. 1840–1859; 3rd ed. 7 vols. 1869–1871.

Étude sur Virgile, 1857.

Chateaubriand et son groupe littéraire sous l'Empire, 2 vols. 1861.

[1] A few fragmentary and unimportant works are omitted.

P.-J. Proudhon, sa vie et sa correspondance, 1872.

Premiers Lundis, 3 vols. 1874–1875.
Portraits littéraires, 3 vols. 1862–1864.
Portraits de Femmes, 1870.
Portraits contemporains, 5 vols. 1869–1871.
 The above are the latest editions of the *Portraits* that received Sainte-Beuve's modifications. The collected editions began with *Critiques et Portraits littéraires*, 1832.
Causeries du Lundi, 11 vols. 1851–1862; 3rd ed. 15 vols. 1857–1872.
Nouveaux Lundis, 13 vols. 1863–1870; 2nd ed. revised, 1864–1878.
Chroniques parisiennes (contributed to the *Revue Suisse*, 1843–1845), 1876.
Les Cahiers de Sainte-Beuve, 1876.

Lettres à la Princesse, 1873.
Correspondance de Sainte-Beuve, 2 vols. 1877–1878.
Nouvelle Correspondance, 1880.
Lettres inédites de Sainte-Beuve à Collombet, 1903.
Correspondance inédite de Sainte-Beuve avec M. et Mme *Juste Olivier*, 1904.
Le roman de Sainte-Beuve (*lettres à Victor Hugo et à M*^me^ *Hugo*), ed. G. Simon, 1906.

CHIEF SOURCES OF INFORMATION FOR SAINTE-BEUVE'S LIFE.

Port. Litt. II. and III. (*Pensée* xv.); *Nouv. Lundis*, XIII. (*Ma biographie*).
Les Cahiers (see above). Fragments from his note-books had been previously printed in *Caus. du Lundi*, XI. pp. 438–535.
Correspondance (see above), especially I. 154.
J. Levallois, *Sainte-Beuve*, 1872. A.-J. Pons, *Sainte-Beuve et ses Inconnues*, 1879. J. Troubat, *Souvenirs et indiscrétions du dernier secrétaire de Sainte-Beuve*, 1872; *Souvenirs du dernier secrétaire de Sainte-Beuve*, 1890; *Vie de Sainte-Beuve* (see above).

CHIEF CRITICISMS.

É. Faguet, *Politiques et moralistes, III*^me^ *série*, 1899; *La jeunesse de Sainte-Beuve*, 1913.
G. Michaut, *Sainte-Beuve avant les Lundis*, 1903; *Sainte-Beuve*, 1921.
G. M. Harper, *Charles-Augustin Sainte-Beuve*, Philadelphia, 1909.

I

MOLIÈRE[1]

IL y a en poésie, en littérature, une classe d'hommes hors
de ligne, même entre les premiers, très-peu nombreuse,
cinq ou six en tout, peut-être, depuis le commencement,
et dont le caractère est l'universalité, l'humanité éternelle
intimement mêlée à la peinture des mœurs ou des passions
d'une époque. Génies faciles, forts et féconds, leurs principaux traits sont dans ce mélange de fertilité, de fermeté
et de franchise; c'est la science et la richesse du fonds,
une vraie indifférence sur l'emploi des moyens et des genres convenus, tout cadre, tout point de départ leur étant
bon pour entrer en matière; c'est une production active,
multipliée à travers les obstacles, et la plénitude de l'art
fréquemment obtenue sans les appareils trop lents et les
artifices. Dans le passé grec, après la grande figure d'Homère, qui ouvre glorieusement cette famille et qui nous
donne le génie primitif de la plus belle portion de l'humanité, on est embarrassé de savoir qui y rattacher encore.
Sophocle, tout fécond qu'il semble avoir été, tout humain
qu'il se montra dans l'expression harmonieuse des sentiments et des douleurs, Sophocle demeure si parfait de
contours, si sacré pour ainsi dire, de forme et d'attitude,
qu'on ne peut guère le déplacer en idée de son piédestal
purement grec. Les fameux comiques nous manquent,
et l'on n'a que le nom de Ménandre, qui fut peut-être le
plus parfait dans la famille des génies dont nous parlons;
car chez Aristophane la fantaisie merveilleuse, si athéni-
enne, si charmante, nuit pourtant à l'universalité. A Rome
je ne vois à y ranger que Plaute, Plaute mal apprécié

---

1 Prefixed to Molière, *Œuvres*, 2 vols. 1835-36; reprinted in *Portraits
littéraires*, II.

encore, peintre profond et divers, directeur de troupe,
acteur et auteur, comme Shakespeare et comme Molière,
dont il faut le compter pour un des plus légitimes ancêtres. Mais la littérature latine fut trop directement im-
portée, trop artificielle dès l'abord et apprise des Grecs,
pour admettre beaucoup de ces libres génies. Les plus
féconds des grands écrivains de cette littérature en sont
aussi les plus *littérateurs* et rimeurs dans l'âme, Ovide et
Cicéron. Au reste, à elle l'honneur d'avoir produit les
deux plus admirables poètes des littératures d'imitation,
d'étude et de goût, ces types châtiés et achevés, Virgile,
Horace ! C'est aux temps modernes et à la renaissance
qu'il faut demander les autres hommes que nous cherchons : Shakespeare, Cervantes, Rabelais, Molière, et
deux ou trois depuis, à des rangs inégaux, les voilà tous ;
on les peut caractériser par les ressemblances. Ces
hommes ont des destinées diverses, traversées ; ils souf-
frent, ils combattent, ils aiment. Soldats, médecins,
comédiens, captifs, ils ont peine à vivre ; ils subissent la
misère, les passions, les tracas, la gêne des entreprises.
Mais leur génie surmonte les liens, et sans se ressentir
des étroitesses de la lutte, il garde le collier franc, les
coudées franches. Vous avez vu de ces beautés vraies et
naturelles qui éclatent et se font jour du milieu de la
misère, de l'air malsain, de la vie chétive ; vous avez, bien
que rarement, rencontré de ces admirables filles du
peuple, qui vous apparaissent formées et éclairées on ne
sait d'où, avec une haute perfection de l'ensemble, et dont
l'ongle même est élégant : elles empêchent de périr l'idée
de cette noble race humaine, image des Dieux. Ainsi ces
génies rares, de grande et facile beauté, de beauté native et
génuine, triomphent, d'un air d'aisance, des conditions les
plus contraires ; ils se déploient, ils s'établissent invinciblement. Ils ne se déploient pas simplement au hasard
et tout droit à la merci de la circonstance, parce qu'ils ne
sont pas seulement féconds et faciles comme ces génies
secondaires, les Ovide, les Dryden, les abbé Prévost.
Non ; leurs œuvres, aussi promptes, aussi multipliées que

celles des esprits principalement faciles, sont encore combinées, fortes, nouées quand il le faut, achevées maintes
fois et sublimes. Mais aussi cet achèvement n'est jamais
pour eux le souci quelquefois excessif, la prudence constamment châtiée des poètes de l'école studieuse et polie,
des Gray, des Pope, des Despréaux, de ces poètes que
j'admire et que je goûte autant que personne, chez qui
la correction scrupuleuse est, je le sais, une qualité indispensable, un charme, et qui paraissent avoir pour devise le
mot exquis de Vauvenargues : *La netteté est le vernis des
maîtres*. Il y a dans la perfection même des autres poëtes
supérieurs quelque chose de plus libre et hardi, de plus
irrégulièrement trouvé, d'incomparablement plus fertile et
plus dégagé des entraves ingénieuses, quelque chose qui va
de soi seul et qui se joue, qui étonne et déconcerte par sa
ressource inventive les poètes distingués d'entre les contemporains, jusque sur les moindres détails du métier.
C'est ainsi que, parmi tant de naturels motifs d'étonnement, Boileau ne peut s'empêcher de demander à Molière
où il trouve la rime. A les bien prendre, les excellents
génies dont il est question tiennent le milieu entre la
poésie des époques primitives et celle de siècles cultivés,
civilisés, entre les époques homériques et les époques
alexandrines ; ils sont les représentants glorieux, immenses
encore, les continuateurs distincts et individuels des premières époques au sein des secondes. Il est en toutes
choses une première fleur, une première et large moisson ;
ces heureux mortels y portent la main et couchent à
terre en une fois des milliers de gerbes ; après eux, autour
d'eux, les autres s'évertuent, épient et glanent. Ces
génies abondants, qui ne sont pourtant plus les divins
vieillards et les aveugles fabuleux, lisent, comparent, imitent, comme tous ceux de leur âge ; cela ne les empêche
pas de créer, comme aux âges naissants. Ils font se
succéder, en chaque journée de leur vie, des productions
inégales sans doute, mais dont quelques-unes sont le
chef-d'œuvre de la combinaison humaine et de l'art ; ils
savent l'art déjà, ils l'embrassent dans sa maturité et son

étendue, et cela sans en raisonner comme on le fait autour d'eux ; ils le pratiquent nuit et jour avec une admirable absence de toute préoccupation et fatuité littéraire. Souvent ils meurent, un peu comme aux époques primitives, avant que leurs œuvres soient toutes imprimées ou du moins recueillies et fixées, à la différence de leurs contemporains les poètes et littérateurs de cabinet, qui vaquent à ce soin de bonne heure ; mais telle est, à eux, leur négligence et leur prodigalité d'eux-mêmes. Ils ont un entier abandon surtout au bon sens général, aux décisions de la multitude, dont ils savent d'ailleurs les hasards autant que quiconque parmi les poètes dédaigneux du vulgaire. En un mot, ces grands individus me paraissent tenir au génie même de la poétique humanité, et en être la tradition vivante perpétuée, la personnification irrécusable.

Molière est un de ces illustres témoins : bien qu'il n'ait pleinement embrassé que le côté comique, les discordances de l'homme, vices, laideurs ou travers, et que le côté pathétique n'ait été qu'à peine entamé par lui et comme un rapide accessoire, il ne le cède à personne parmi les plus complets, tant il a excellé dans son genre et y est allé en tous sens depuis la plus libre fantaisie jusqu'à l'observation la plus grave, tant il a occupé en roi toutes les régions du monde qu'il s'est choisi, et qui est la moitié de l'homme, la moitié la plus fréquente et la plus activement en jeu dans la société.

Molière est du siècle où il a vécu, par la peinture de certains travers particuliers et dans l'emploi des costumes, mais il est plutôt encore de tous les temps, il est l'homme de la nature humaine. Rien ne vaut mieux, pour se donner dès l'abord la mesure de son génie, que de voir avec quelle facilité il se rattache à son siècle, et comment il s'en détache aussi ; combien il s'y adapte exactement, et combien il en ressort avec grandeur. Les hommes illustres ses contemporains, Despréaux, Racine, Bossuet, Pascal, sont bien plus spécialement les hommes de leur temps, du siècle de Louis XIV, que

Molière. Leur génie (je parle même des plus vastes) est marqué à un coin particulier qui tient du moment où ils sont venus, et qui eût été probablement bien autre en d'autres temps. Que serait Bossuet aujourd'hui ? qu'écrirait Pascal ? Racine et Despréaux accompagnent à merveille le règne de Louis XIV dans toute sa partie jeune, brillante, galante, victorieuse ou sensée. Bossuet domine ce règne à l'apogée, avant la bigoterie extrême, et dans la période déjà hautement religieuse. Molière, qu'aurait opprimé, je le crois, cette autorité religieuse de plus en plus dominante, et qui mourut à propos pour y échapper, Molière, qui appartient comme Boileau et Racine (bien que plus âgé qu'eux), à la première époque, en est pourtant beaucoup plus indépendant, en même temps qu'il l'a peinte au naturel plus que personne. Il ajoute à l'éclat de cette forme majestueuse du grand siècle ; il n'en est ni marqué, ni particularisé, ni rétréci ; il s'y proportionne, il ne s'y enferme pas.

Le XVIe siècle avait été dans son ensemble une vaste décomposition de l'ancienne société religieuse, catholique, féodale, l'avènement de la philosophie dans les esprits et de la bourgeoisie dans la société. Mais cet avènement s'était fait à travers tous les désordres, à travers l'orgie des intelligences et l'anarchie matérielle la plus sanglante, principalement en France, moyennant Rabelais et la Ligue. Le XVIIe siècle eut pour mission de réparer ce désordre, de réorganiser la société, la religion, la résistance ; à partir d'Henri IV, il s'annonce ainsi, et dans sa plus haute expression monarchique, dans Louis XIV, il couronne son but avec pompe. Nous n'essayerons pas ici d'énumérer tout ce qui se fit, dès le commencement du XVIIe siècle, de tentatives sévères au sein de la religion, par des communautés, des congrégations fondées, des réformes d'abbayes, et au sein de l'Université, de la Sorbonne, pour rallier la milice de Jésus-Christ, pour reconstituer la doctrine. En littérature cela se voit et se traduit évidemment. A la littérature gauloise, grivoise et irrévérente des Marot, des Bonaventure Des Periers, Rabelais, Regnier, etc.; à la littérature païenne, grecque, épicurienne, de Ronsard, Baïf, Jodelle, etc., philosophique et sceptique de Montaigne et de Charron, en succède une qui offre des caractères bien différents et opposés. Malherbe, homme de forme, de style, esprit caustique, cynique même, comme M. de Buffon l'était dans l'intervalle de ses nobles phrases, Malherbe, esprit fort au fond, n'a de chrétien dans ses odes que les dehors ; mais le génie de Corneille, du père de Polyeucte et de Pauline, est déjà profondément chrétien. D'Urfé l'est aussi. Balzac, bel esprit vain et fastueux, savant rhéteur occupé des mots, a les formes et les idées toutes rattachées à l'orthodoxie. L'école de Port-Royal se fonde ; l'antagoniste du doute et de Montaigne, Pascal apparaît. La détestable école poétique de Louis XIII, Boisrobert, Ménage, Costar, Conrart, d'Assoucy, Saint-Amant[1], etc., ne rentre pas sans doute dans cette voie de réforme ; elle est peu grave, peu morale, à l'italienne, et comme une répétition affadie de la littérature des Valois. Mais tout ce qui l'étouffe et lui succède sous Louis XIV se range par degrés à la foi, à la régularité : Despréaux, Racine, Bossuet. La Fontaine lui-même, au milieu de sa bonhomie et de ses fragilités, et tout du XVIᵉ siècle qu'il est, a des accès de religion lorsqu'il écrit la *Captivité de saint Malc*, l'Épître à madame de La Sablière, et qu'il finit par la pénitence. En un mot, plus on avance dans le siècle dit *de Louis XIV*, et plus la littérature, la poésie, la chaire, le théâtre, toutes les facultés mémorables de la pensée, revêtent un caractère religieux, chrétien, plus elles accusent, même dans les sentiments généraux qu'elles expriment, ce retour de croyance à la révélation, à l'humanité vue *dans* et *par* Jésus-Christ ; c'est là

---

[1] Twenty years later (*Causeries du Lundi*, XII.) Sainte-Beuve appreciated Saint-Amant more justly. See also Rémy de Gourmont, *Promenades littéraires*, III. 214 ff.

un des traits les plus caractéristiques et profonds de cette littérature immortelle. Le XVIIᵉ siècle en masse fait digue entre le XVIᵉ et le XVIIIᵉ qu'il sépare.

Mais Molière, nous le disons sans en porter ici éloge ni blâme moral, et comme simple preuve de la liberté de son génie, Molière ne rentre pas dans ce point de vue. Bien que sa figure et son œuvre apparaissent et ressortent plus qu'aucune dans ce cadre admirable du siècle de Louis le Grand, il s'étend et se prolonge au dehors, en arrière, au delà; il appartient à une pensée plus calme, plus vaste, plus indifférente, plus universelle. L'élève de Gassendi, l'ami de Bernier, de Chapelle et de Hesnault se rattache assez directement au XVIᵉ siècle philosophique, littéraire; il n'avait aucune antipathie contre ce siècle et ce qui en restait; il n'entrait dans aucune réaction religieuse ou littéraire, ainsi que firent Pascal et Bossuet, Racine et Boileau à leur manière, et les trois quarts du siècle de Louis XIV; il est, lui, de la postérité continue de Rabelais, de Montaigne, Larivey, Regnier, des auteurs de la *Satyre Ménippée*; il n'a ou n'aurait nul effort à faire pour s'entendre avec Lamothe-le-Vayer, Naudé[1] ou Guy Patin[2] même, tout docteur en médecine qu'est ce mordant personnage. Molière est naturellement du monde de Ninon, de madame de La Sablière avant sa conversion; il reçoit à Auteuil Des Barreaux et nombre de jeunes seigneurs un peu libertins. Je ne veux pas dire du tout que Molière, dans son œuvre ou dans sa pensée, fût un esprit fort décidé, qu'il eût un système là-dessus, que, malgré sa traduction de Lucrèce, son gassendisme originel et ses libres liaisons, il n'eût pas un fonds de religion modérée, sensée, d'accord avec la coutume du temps, qui reparaît à sa dernière heure, qui éclate avec tant de solidité dans le morceau de Cléante du *Tartufe*. Non; Molière, le sage, l'Ariste[3] pour les bienséances, l'ennemi de tous les excès

1 See *Port. litt.* II.
2 See *C. du Lundi*, VIII. The first volume of a critical edition of Patin's letters by Dr Paul Triare appeared in 1907.
3 Of *L'École des maris* not of *Les Femmes savantes*.

de l'esprit et des ridicules, le père de ce *Philinte* qu'eussent reconnu Lélius[1], Érasme et Atticus, ne devait rien avoir de cette forfanterie libertine et cynique des Saint-Amant, Boisrobert et Des Barreaux. Il était de bonne foi quand il s'indignait des insinuations malignes qu'à partir de l'*École des Femmes* ses ennemis allaient répandant sur sa religion. Mais ce que je veux établir, et ce qui le caractérise entre ses contemporains de génie, c'est qu'habituellement il a vu la nature humaine en elle-même, dans sa généralité de tous les temps, comme Boileau, comme La Bruyère l'ont vue et peinte souvent, je le sais, mais sans mélange, lui, d'épître *sur l'Amour de Dieu*, comme Boileau, ou de discussion sur le quiétisme comme La Bruyère[2]. Il peint l'humanité comme s'il n'y avait pas eu de venue, et cela lui était plus possible, il faut le dire, la peignant surtout dans ses vices et ses laideurs ; dans le tragique on élude moins aisément le christianisme. Il sépare l'humanité d'avec Jésus-Christ, ou plutôt il nous montre à fond l'une sans trop songer à rien autre; et il se détache par là de son siècle. C'est lui qui, dans la scène du Pauvre, a pu faire dire à don Juan, sans penser à mal, ce mot qu'il lui fallut retirer, tant il souleva d'orages : "Tu passes ta vie à prier Dieu, et tu meurs de faim ; prends cet argent, je te le donne pour l'amour de l'humanité[3]." La bienfaisance et la philanthropie du xviiie siècle, celle de d'Alembert, de Diderot, de d'Holbach, se retrouve tout entière dans ce mot-là. C'est lui qui a pu dire du pauvre qui lui rapportait le louis d'or, cet autre mot si souvent cité, mais si peu compris,

---

1 Cp. "Mitis sapientia Laeli" (Hor. *Sat.* ii. i. 72).

2 The *Dialogues sur le Quiétisme* were published, after La Bruyère's death, in 1699. The majority of his editors have denied their authenticity, but M. Servois sees no good reason for questioning it. See his edition in 3 vols. 1865–78 (*Grands Écrivains de la France*), ii. 527 ff.

3 The dialogue between Don Juan and *Le Pauvre* in the form in which it appears in modern editions was omitted from the edition of 1682, in which *Don Juan* was first printed. With the exception of the words, "Je te le donne pour l'amour de l'humanité," Sainte-Beuve gives only the general sense. Don Juan, as an atheist, substitutes *l'humanité* for *Dieu*.

ce me semble, dans son acception la plus grave, ce mot
échappé à une habitude d'esprit invinciblement philosophique: "Où la vertu va-t-elle se nicher[1]?" Jamais homme
de Port-Royal ou du voisinage (qu'on le remarque bien)
n'aurait eu pareille pensée, et c'eût été plutôt le contraire
qui eût paru naturel, le pauvre étant aux yeux du chrétien
l'objet de grâces et de vertus singulières. C'est lui aussi
qui, causant avec Chapelle de la philosophie de Gassendi,
leur maître commun, disait, tout en combattant la partie
théorique et la chimère des atomes : " Passe encore pour
la morale[2]." Molière était donc simplement, selon moi,
de la religion, je ne veux pas dire de don Juan ou
d'Épicure, mais de Chrémès dans Térence : *Homo sum*[3].
On lui a appliqué en un sens sérieux ce mot du *Tartufe*:
Un homme...un homme enfin ! Cet homme savait les
faiblesses et ne s'en étonnait pas ; il pratiquait le bien
plus qu'il n'y croyait ; il comptait sur les vices, et sa plus
ardente indignation tournait au rire. Il considérait
volontiers cette triste humanité comme une vieille enfant
et une incurable, qu'il s'agit de redresser un peu, de soulager surtout en l'amusant.

Aujourd'hui que nous jugeons les choses à distance
et par les résultats dégagés, Molière nous semble beaucoup plus radicalement agressif contre la société de son
temps qu'il ne crut l'être ; c'est un écueil dont nous
devons nous garder en le jugeant. Parmi ces illustres
contemporains que je citais tout à l'heure, il en est un,
un seul, celui qu'on serait le moins tenté de rapprocher de
notre poète, et qui pourtant, comme lui, plus que lui,
mit en question les principaux fondements de la société
d'alors, et qui envisagea sans préjugé aucun la naissance,
la qualité, la propriété ; mais Pascal (car ce fut l'auda-
cieux) ne se servit de ce peu de fondement, ou plutôt de

1 From *Carpentariana*, 1724.
2 From *La Vie de Mr de Molière*, 1705, by Jean-Leonor Le Gallois,
Sieur de Grimarest ; reprinted 1877. This life is in the main untrust-
worthy, but some of the stories, most of which Grimarest got from Molière's
protégé, the actor Baron, help to throw light on Molière's character.
3 *Heauton Timoroumenos* I. I.

cette ruine qu'il faisait de toutes les choses d'alentour, que pour s'attacher avec plus d'effroi à la colonne du temple, pour embrasser convulsivement la Croix. Tous les deux, Pascal et Molière, nous apparaissent aujourd'hui comme les plus formidables témoins de la société de leur temps ; Molière, dans un espace immense et jusqu'au pied de l'enceinte religieuse, battant, fourrageant de toutes parts avec sa troupe le champ de la vieille société, livrant pêle-mêle au rire la fatuité titrée, l'inégalité conjugale, l'hypocrisie captieuse, et allant souvent effrayer du même coup la grave subordination, la vraie piété et le mariage ; Pascal, lui, à l'intérieur et au cœur de l'orthodoxie, faisant trembler aussi à sa manière la voûte de l'édifice par les cris d'angoisse qu'il pousse et par la force de Samson avec laquelle il en embrasse le sacré pilier. Mais en accueillant ce rapprochement, qui a sa nouveauté et sa justesse, il ne faudrait pas prêter à Molière, je le crois, plus de préméditation de renversement qu'à Pascal ; il faut même lui accorder peut-être un moindre calcul de l'ensemble de la question. Plaute avait-il une arrière-pensée systématique quand il se jouait de l'usure, de la prostitution, de l'esclavage, ces vices et ces ressorts de l'ancienne société ?

Le moment où vint Molière servit tout à fait cette liberté qu'il eut et qu'il se donna. Louis XIV, jeune encore, le soutint dans ses tentatives hardies ou familières, et le protégea contre tous. En retraçant le *Tartufe*, et dans la tirade de don Juan sur l'hypocrisie qui s'avance, Molière présageait déjà de son coup d'œil divinateur la triste fin d'un si beau règne, et il se hâtait, quand c'était possible à grand'peine et que ce pouvait être utile, d'en dénoncer du doigt le vice croissant. S'il avait vécu assez pour arriver vers 1685, au règne déclaré de madame de Maintenon, ou même s'il avait seulement vécu de 1673 à 1685, durant cette période glorieuse où domine l'ascendant de Bossuet, il eût été sans doute moins efficacement protégé ; il eût été persécuté à la fin. Quoi qu'il en soit, on doit comprendre à merveille, d'après cet esprit général, libre, naturel, philosophique, indifférent au moins à ce qu'ils essayaient de restaurer, la colère des oracles religieux d'alors contre Molière, la sévérité cruelle d'expression avec laquelle Bossuet se raille et triomphe du comédien mort en riant[1], et cette indignation même du sage Bourdaloue en chaire après le *Tartufe*[2], de Bourdaloue, tout ami de Boileau qu'il était. On conçoit jusqu'à cet effroi naïf du janséniste Baillet qui, dans ses *Jugements des Savants*, commence en ces termes l'article sur Molière : "Monsieur de Molière est un des plus dangereux ennemis que le siècle ou le monde ait suscités à l'Église de Jésus-Christ, etc." Il est vrai que des religieux plus aimables, plus mondains, se montraient pour lui moins sévères. Le père Rapin louait au long Molière dans ses *Réflexions sur la Poétique*, et ne le chicanait que sur la négligence de ses dénouements ; Bouhours lui fit une épitaphe en vers français agréables et judicieux.

Molière au reste est tellement *homme* dans le libre sens, qu'il obtint plus tard les anathèmes de la philosophie altière et prétendue réformatrice, autant qu'il avait mérité ceux de l'épiscopat dominateur. Sur quatre chefs différents, à propos de *l'Avare*, du *Misanthrope*, de *Georges Dandin* et du *Bourgeois Gentilhomme*, Jean-Jacques n'entend pas raillerie et ne l'épargne guère plus que n'avait fait Bossuet[3].

Tout ceci est pour dire que, comme Shakespeare et Cervantes, comme trois ou quatre génies supérieurs dans

---

1 "La postérité saura peut-être la fin de ce Poète comédien, qui en jouant son malade imaginaire ou son médecin par force, reçut la dernière atteinte de la maladie dont il mourut peu d'heures après, et passa des plaisanteries au théâtre, parmi lesquelles il rendit presque le dernier soupir, au tribunal de celui qui dit : *Malheur à vous qui riez, car vous pleurerez.*" *Maximes et réflexions sur la comédie.*

2 "Voilà ce qu'ils ont prétendu, exposant sur le théâtre et à la risée publique un hypocrite imaginaire, ou, si vous voulez, un hypocrite réel, et tournant dans sa personne les choses les plus saintes en ridicule, la crainte des jugements de Dieu, l'horreur du péché, les pratiques les plus louables en elles-mêmes et les plus chrétiennes." *Sermon sur l'Hypocrisie.* We do not know the date of this sermon ; it is not the sermon on Hypocrisy which Bourdaloue preached before the king on December 16, 1691.

3 In *Lettre à M. d'Alembert sur les spectacles.*

la suite des âges, Molière est peintre de la nature humaine au fond, sans acception ni préoccupation de culte, de dogme fixe, d'interprétation formelle ; qu'en s'attaquant à la société de son temps, il a représenté la vie qui est partout celle du grand nombre, et qu'au sein de mœurs déterminées qu'il châtiait au vif, il s'est trouvé avoir écrit pour tous les hommes.

Jean-Baptiste Poquelin naquit à Paris le 15 janvier 1622[1], non pas, comme on l'a cru longtemps, sous les piliers des halles, mais, d'après la découverte qu'en a faite M. Beffara[2], dans une maison de la rue Saint-Honoré, au coin de la rue des Vieilles-Étuves[3]. Il était par sa mère et par son père d'une famille de tapissiers. Son père, qui, outre son état, avait la charge de valet-de-chambre-tapissier du roi, destinait son fils à lui succéder, et le jeune Poquelin, mis de bonne heure en apprentissage dans la boutique, ne savait guère à quatorze ans que lire, écrire, compter, enfin les éléments utiles à sa profession. Son grand-père maternel pourtant, qui aimait fort la comédie, le menait quelquefois à l'hôtel de Bourgogne, où jouaient Bellerose dans le haut comique, Gautier-Garguille, Gros-Guillaume et Turlupin dans la farce. Chaque fois qu'il revenait de la comédie, le jeune Poquelin était plus triste, plus distrait du travail de la boutique, plus dé-goûté de la perspective de sa profession. Qu'on se figure ces matinées rêveuses d'un lendemain de comédie pour le génie adolescent devant qui, dans la nouveauté de l'ap-parition, la vie humaine se déroulait déjà comme une scène perpétuelle. Il s'en ouvrit enfin à son père, et, appuyé de son aïeul qui le *gâtait*, il obtint de faire des études. On le mit dans une pension, à ce qu'il paraît, d'où il suivit,

---

1 This is the date of his baptism, and the presumption is that he was born on the same day.

2 Louis-François Beffara, an ex-commissioner of police, who held Molière in peculiar veneration.

3 Now the rue Sauval. In a note here Sainte-Beuve acknowledges his debt to Jules Taschereau's *Histoire de la Vie et des Ouvrages de Molière*, of which the first edition appeared in 1825 and the fifth in 1863.

comme externe, le collège de Clermont, depuis de Louis-le-Grand, dirigé par les jésuites.

Cinq ans lui suffirent pour achever tout le cours de ses études, y compris la philosophie; il fit de plus au collège d'utiles connaissances, et qui influèrent sur sa destinée. Le prince de Conti, frère du grand Condé, fut un de ses condisciples et s'en ressouvint toujours dans la suite[1]. Ce prince, bien qu'ecclésiastique d'abord, et tant qu'il resta sous la conduite des jésuites, aimait les spectacles et les défrayait magnifiquement; en se convertissant plus tard du côté des jansénistes, et en rétractant ses premiers goûts au point d'écrire contre la comédie, il sembla transmettre du moins à son illustre aîné le soin de protéger jusqu'au bout Molière. Chapelle devint aussi l'ami d'études de Poquelin et lui procura la connaissance et les leçons de Gassendi, son précepteur. Ces leçons privées de Gassendi étaient en outre entendues de Bernier, le futur voyageur, et de Hesnault connu par son invocation à Vénus; elles durent influer sur la façon de voir de Molière, moins par les détails de l'enseignement que par l'esprit qui en émanait, et auquel participèrent tous les jeunes auditeurs. Il est à remarquer en effet combien furent libres d'humeur et indépendants tous ceux qui sortirent de cette école: et Chapelle le franc parleur, l'épicurien pratique et relâché; et ce poète Hesnault qui attaquait Colbert puissant, et traduisait à plaisir ce qu'il y a de plus hardi dans les chœurs des tragédies de Sénèque; et Bernier qui courait le monde et revenait sachant combien sous les costumes divers l'homme est partout le même, répondant à Louis XIV, qui l'interrogeait sur le pays où la vie lui semblerait meilleure, que *c'était la Suisse*, et déduisant sur tout point ses conclusions philosophiques, en petit comité, entre mademoiselle de Lenclos et madame de La Sablière. Il est à remarquer aussi combien ces quatre ou cinq esprits étaient de pure bourgeoisie et du peuple: Chapelle,

1 Conti was nearly eight years younger than Molière; he entered the Collège de Clermont in 1637, a year later than Molière.

fils d'un riche magistrat, mais fils bâtard ; Bernier, enfant
pauvre, associé par charité à l'éducation de Chapelle ;
Hesnault, fils d'un boulanger de Paris ; Poquelin, fils
d'un tapissier ; et Gassendi leur maître, non pas un
gentilhomme, comme on l'a dit de Descartes, mais fils de
simples villageois.   Molière prit dans ces conférences de
Gassendi l'idée de traduire Lucrèce ; il le fit partie en
vers et partie en prose, selon la nature des endroits ;
mais le manuscrit s'en est perdu.   Un autre compagnon
qui s'immisça à ces leçons philosophiques fut Cyrano de
Bergerac[1], devenu suspect à son tour d'impiété par
quelques vers d'*Agrippine*, mais surtout convaincu de
mauvais goût.   Molière prit plus tard au *Pédant joué*
de Cyrano deux scènes qui ne déparent certainement pas
les Fourberies de Scapin : c'était son habitude, disait-il à
ce propos, de reprendre son bien partout où il le trouvait ;
et puis, comme l'a remarqué spirituellement M. Auger,
en agissant de la sorte avec son ancien camarade,
il ne semblait guère que prolonger cette coutume de
collège par laquelle les écoliers sont *faisants* et mettent
leurs gains de jeu en commun.   Mais Molière, qui n'*y*
allait jamais petitement, ne s'avisa pas de cette fine excuse.

Au sortir de ses classes, Poquelin dut remplacer
son père trop âgé dans la charge de valet-de-chambre-
tapissier du roi, qu'on lui assura en survivance.   Il suivit,
pour son noviciat, Louis XIII dans le voyage de Narbonne en 1641[2], et fut témoin, au retour, de l'exécution
de Cinq-Mars et de De Thou : amère et sanglante dérision de la justice humaine.   Il paraît que, dans les
années qui suivirent, au lieu de continuer l'exercice de la
charge paternelle, il alla étudier le droit à Orléans et s'y

1 It is doubtful whether either Cyrano or Hesnault was a pupil of
Gassendi.

2 Read 1642.   The story is from Grimarest ; the statement that
Molière's father was *trop âgé* renders it suspect, for in that year he was only
forty-seven, but it is possible that Molière may have taken his father's place
as *valet-tapissier* for the quarter, April—June, 1642.   Cinq-Mars was
arrested at Narbonne, June 13, 1642, and executed, with his friend
De Thou, on September 12 of the same year.

fit recevoir avocat. Mais son goût du théâtre l'emporta décidément, et, revenu à Paris, après avoir hanté, dit-on, les tréteaux du Pont-Neuf, suivi de près les Italiens et Scaramouche, il se mit à la tête d'une troupe de comédiens de société, qui devint bientôt une troupe régulière et de profession. Les deux frères Béjart, leur sœur Madeleine, Duparc dit *Gros-René*, faisaient partie de cette bande ambulante qui s'intitulait *l'Illustre Théâtre*. Notre poète rompit dès lors avec sa famille et les Poquelin[1]; il prit nom Molière. Molière courut avec sa troupe les divers quartiers de Paris, puis la province. On dit qu'il fit jouer à Bordeaux une *Thébaïde*, tentative du genre sérieux, qui échoua. Mais il n'épargnait pas les farces, les canevas à l'italienne, les impromptus, tels que *le Médecin volant* et *la Jalousie du Barbouillé*, premiers crayons du *Médecin malgré lui* et de *Georges Dandin*, et qui ont été conservés, *les Docteurs rivaux*, *le Maître d'École*, dont on n'a que les titres, *le Docteur amoureux*, que Boileau daignait regretter. Il allait ainsi à l'aventure, bien reçu du duc d'Épernon à Bordeaux, du prince de Conti en chaque rencontre, loué de d'Assoucy[2] qu'il recevait et hébergeait en prince à son tour, hospitalier, libéral, bon camarade, amoureux souvent, essayant toutes les passions, parcourant tous les étages, menant à bout ce train de jeunesse, comme une Fronde joyeuse à travers la campagne, avec force provision, dans son esprit, d'originaux et de caractères. C'est dans le cours de cette vie errante qu'en 1653[3], à Lyon, il fit représenter *l'Étourdi*, sa première pièce régulière: il avait trente et un ans.

---

1 Molière did not break off relations with his family.

2 Charles Coypeau d'Assoucy wrote a burlesque, *Ovide en belle humeur*, for which he is pilloried with Scarron by Boileau in his *Art Poétique*:

> Le plus mauvais plaisant eut ses approbateurs:
> Et, jusqu'à d'Assouci, tout trouva des lecteurs.

A. P. 1. 89.

He also wrote *Aventures de M. Dassouci*, in which he mentions Molière.

3 According to La Grange's Register in 1655.

Molière, on le voit, débuta par la pratique de la vie et des passions avant de les peindre. Mais il ne faudrait pas croire qu'il y eût dans son existence intérieure deux parts successives comme dans celle de beaucoup de moralistes et satiriques éminents : une première part active et plus ou moins fervente ; puis, cette chaleur faiblissant par l'excès ou par l'âge, une observation âcre, mordante, désabusée enfin, qui revient sur les motifs, les scrute et les raille. Ce n'est pas là du tout le cas de Molière ni celui des grands hommes doués, à cette mesure, du génie qui crée. Les hommes distingués, qui passent par cette double phase et arrivent promptement à la seconde, n'y acquièrent, en avançant, qu'un talent critique fin et sagace, comme M. de La Rochefoucauld, par exemple, mais pas de mouvement animateur ni de force de création. Le génie dramatique, et celui de Molière en particulier, a cela de merveilleux que le procédé en est tout différent et plus complexe. Au milieu des passions de sa jeunesse, des entraînements emportés et crédules comme ceux du commun des hommes, Molière avait déjà à un haut degré le don d'observer et de reproduire, la faculté de sonder et de saisir des ressorts qu'il faisait jouer ensuite au grand amusement de tous ; et plus tard, au milieu de son entière et triste connaissance du cœur humain et des mobiles divers, du haut de sa mélancolie de contemplateur philosophe, il avait conservé dans son propre cœur, on le verra, la jeunesse des impressions actives, la faculté des passions, de l'amour et de ses jalousies, le foyer véritablement sacré. Contradiction sublime et qu'on aime dans la vie du grand poète ! assemblage indéfinissable qui répond à ce qu'il y a de plus mystérieux aussi dans le talent dramatique et comique, c'est-à-dire la peinture des réalités amères moyennant des personnages animés, faciles, réjouissants, qui ont tous les caractères de la nature ; la dissection du cœur la plus profonde se transformant en des êtres actifs et originaux qui la traduisent aux yeux, en étant simplement eux-mêmes !

On rapporte que, pendant son séjour à Lyon, Molière, qui s'était déjà lié assez tendrement avec Madeleine Béjart, s'éprit de mademoiselle Duparc (ou de celle qui devint mademoiselle Duparc en épousant le comédien de ce nom) et de mademoiselle de Brie, qui toutes deux faisaient partie d'une autre troupe que la sienne ; il parvint, malgré la Béjart, dit-on, à engager dans sa troupe les deux comédiennes, et l'on ajoute que, rebuté de la superbe Duparc, il trouva dans mademoiselle de Brie des consolations auxquelles il devait revenir encore durant les tribulations de son mariage. On est allé jusqu'à indiquer dans la scène de *Clitandre, Armande* et *Henriette*, au premier acte des *Femmes savantes*, une réminiscence de cette situation antérieure de vingt années à la comédie. Nul doute qu'entre Molière fort enclin à l'amour, et les jeunes comédiennes qu'il dirigeait, il ne se soit formé des nœuds mobiles, croisés, parfois interrompus et repris ; mais il serait téméraire, je le crois, d'en vouloir retrouver aucune trace précise dans ses œuvres, et ce qui a été mis en avant sur cette allusion, pour laquelle on oublie les vingt années d'intervalle, ne me semble pas justifié.

On conserve à Pézenas un fauteuil dans lequel, dit-on, Molière venait s'installer tous les samedis, chez un barbier fort achalandé, pour y faire la recette et y étudier à ce propos les discours et la physionomie d'un chacun. On se rappelle que Machiavel, grand poète comique[1] aussi, ne dédaignait pas la conversation des bouchers, boulangers et autres. Mais Molière avait probablement, dans ses longues séances chez le barbier-chirurgien, une intention plus directement applicable à son art que l'ancien secrétaire florentin, lequel cherchait surtout, il le dit, à narguer la fortune et à tromper l'ennui de la disgrâce. Cette disposition de Molière à observer durant des heures et à se tenir en silence s'accrut avec l'âge, avec

---

[1] Machiavelli wrote two comedies, *Clizia*, imitated from the *Casina* of Plautus, and *Mandragola*. These realistic studies of Florentine life reveal Machiavelli's cynical attitude towards human nature and morality.

l'expérience et les chagrins de la vie ; elle frappait singulièrement Boileau qui appelait son ami *le Contemplateur*.
"Vous connoissez l'homme, dit Élise dans *la Critique de
l'École des Femmes*, et sa paresse naturelle à soutenir la
conversation. Célimène l'avoit invité à souper comme
bel esprit, et jamais il ne parut si sot parmi une demi-
douzaine de gens à qui elle avoit fait fête de lui... Il les
trompa fort par son silence." L'un des ennemis de
Molière, de Villiers, en sa comédie de *Zélinde*[1], représente un marchand de dentelles de la rue Saint-Denis,
Argimont, qui entretient dans la chambre haute de son
magasin une dame de qualité, Oriane. On vient dire
qu'*Élomire* (anagramme de Molière) est dans la chambre
d'en bas. Oriane désirerait qu'il montât, afin de le voir ;
et le marchand descend, comptant bien ramener en haut
le nouveau chaland sous prétexte de quelque dentelle ;
mais il revient bientôt seul. "Madame, dit-il à Oriane,
je suis au désespoir de n'avoir pu vous satisfaire ; depuis
que je suis descendu, Élomire n'a pas dit une seule
parole ; je l'ai trouvé appuyé sur ma boutique dans la
posture d'un homme qui rêve. Il avoit les yeux collés
sur trois ou quatre personnes de qualité qui marchan-
doient des dentelles ; il paroissoit attentif à leurs discours, et il sembloit, par le mouvement de ses yeux, qu'il
regardoit jusqu'au fond de leurs âmes pour y voir ce
qu'elles ne disoient pas. Je crois même qu'il avoit des
tablettes, et qu'à la faveur de son manteau il a écrit,
sans être aperçu, ce qu'elles ont dit de plus remarquable." Et sur ce que répond Oriane qu'Élomire avait
peut-être même un crayon et dessinait leurs grimaces
pour les faire représenter au naturel dans le jeu du
théâtre, le marchand reprend : "S'il ne les a pas des-
sinées sur ses tablettes, je ne doute point qu'il ne les ait
imprimées dans son imagination. C'est un dangereux
personnage. Il y en a qui ne vont point sans leurs mains,
mais on peut dire de lui qu'il ne va point sans ses yeux
ni sans ses oreilles." Il est aisé, à travers l'exagération

1 The author of *Zélinde* was Donneau de Visé.

du portrait, d'apercevoir la ressemblance. Molière fut une fois vu, durant plusieurs heures, assis à bord du coche d'Auxerre, à attendre le départ. Il observait ce qui se passait autour de lui ; mais son observation était si sérieuse en face des objets, qu'elle ressemblait à l'abstraction du géomètre, à la rêverie du fabuliste.

Le prince de Conti, qui n'était pas janséniste encore, avait fait jouer plusieurs fois Molière et la troupe de *l'Illustre Théâtre*, en son hôtel, à Paris. Étant en Languedoc à tenir les États, il manda son ancien condisciple, qui vint de Pézenas et de Narbonne à Béziers ou à Montpellier, près du prince. Le poète fit œuvre de son répertoire le plus varié, de ses canevas à l'italienne, de *l'Étourdi*, sa dernière pièce, et il y ajouta la charmante comédie du *Dépit amoureux*[1]. Le prince, enchanté, voulut se l'attacher comme secrétaire et le faire succéder au poète Sarazin qui venait de mourir ; Molière refusa par attachement pour sa troupe, par amour de son métier et de la vie indépendante[2]. Après quelques années encore de courses dans le Midi, où on le voit se lier d'amitié avec le peintre Mignard à Avignon, Molière se rapprocha de la capitale et séjourna à Rouen, d'où il obtint, non pas, comme on l'a conjecturé, par la protection du prince de Conti, devenu pénitent sous l'évêque d'Aleth dès 1655, mais par celle de Monsieur, duc d'Orléans, de venir jouer à Paris sous les yeux du roi. Ce fut le 24 octobre 1658, dans la salle des gardes au vieux Louvre, en présence de la cour et aussi des comédiens de l'hôtel de Bourgogne, périlleux auditoire, que Molière et sa troupe se hasardèrent à représenter *Nicomède*. Cette tragi-comédie[3] achevée avec applaudissement, Molière, qui aimait à parler comme orateur de la troupe (*grex*), et qui en cette occasion décisive ne pouvait céder ce role à nul autre, s'avança vers la rampe, et, après avoir "remercié Sa Majesté

---

1 First played at Béziers.
2 This story, which is only told by Grimarest, is almost certainly untrue.
3 In the character of Prusias and in its style *Nicomède* approaches comedy.

en des termes très-modestes de la bonté qu'elle avoit
eue d'excuser ses défauts et ceux de sa troupe, qui
n'avoit paru qu'en tremblant devant une assemblée si
auguste, il lui dit que l'envie qu'ils avoient eue d'avoir
l'honneur de divertir le plus grand roi du monde leur
avoit fait oublier que Sa Majesté avoit à son service
d'excellents originaux, dont ils n'étoient que de très-
foibles copies ; mais que, puisqu'elle avoit bien voulu
souffrir leurs manières de campagne, il la supplioit très-
humblement d'avoir agréable qu'il lui donnât un de ces
petits divertissements qui lui avoient acquis quelque
réputation et dont il régaloit les provinces." Ce fut *le
Docteur Amoureux* qu'il choisit.   Le roi, satisfait du
spectacle, permit à la troupe de Molière de s'établir à
Paris sous le titre de *Troupe de Monsieur*, et de jouer
alternativement avec les comédiens italiens sur le théâtre
du Petit-Bourbon.   Lorsqu'on commença de bâtir, en
1660, la colonnade du Louvre à l'emplacement même du
Petit-Bourbon, la troupe de Monsieur passa au théâtre
du Palais-Royal[1].   Elle devint troupe *du Roi* en 1665 ;
et plus tard, à la mort de Molière, réunie à la troupe
du Marais d'abord, et sept ans après (1680) à celle de
l'hôtel de Bourgogne, elle forma le *Théâtre-Français*.

Dès l'installation de Molière et de sa troupe, *l'Étourdi*
et *le Dépit amoureux* se donnèrent pour la première fois
à Paris et n'y réussirent pas moins qu'en province.   Bien
que la première de ces pièces ne soit encore qu'une
comédie d'intrigue tout imitée des imbroglios italiens,
quelle verve déjà ! quelle chaude pétulance ! quelle activité folle et saisissante d'imaginative dans ce Mascarille
que le théâtre n'avait pas jusqu'ici entendu nommer !
Sans doute Mascarille, tel qu'il apparaît d'abord, n'est
guère qu'un fils naturel direct des valets de la farce
italienne et de l'antique comédie, de l'esclave de *l'Épi-
dique*, du Chrysale des *Bacchides*[2], de ces valets *d'or*,
comme ils se nomment, du valet de Marot ; c'est un fils

---

1 Built for Richelieu in 1639.
2 The *Epidicus* and *Bacchides* are comedies of Plautus.

de Villon, nourri aussi aux repues franches[1], un des mille de cette lignée antérieure à Figaro : mais, dans *les Précieuses*, il va bientôt se particulariser, il va devenir le Mascarille marquis, un valet tout moderne et qui n'est qu'à la livrée de Molière. *Le Dépit amoureux*, à travers l'invraisemblance et le convenu banal des déguisements et des reconnaissances, offre dans la scène de Lucile et d'Éraste une situation de cœur éternellement renouvelée, éternellement jeune depuis le dialogue d'Horace et de Lydie[2], situation que Molière a reprise lui-même dans le *Tartufe* et dans *le Bourgeois Gentilhomme*, avec bonheur toujours, mais sans surpasser l'excellence de cette première peinture : celui qui savait le plus fustiger et railler se montrait en même temps celui qui sait comment on aime. *Les Précieuses ridicules*, jouées en 1659, attaquèrent les mœurs modernes au vif. Molière y laissait les canevas italiens et les traditions de théâtre pour y voir les choses avec ses yeux, pour y parler haut et ferme selon sa nature contre le plus irritant ennemi de tout grand poète dramatique au début, le bégueulisme bel-esprit, et ce petit goût d'alcôve qui n'est que dégoût. Lui, l'homme au masque ouvert et à l'allure naturelle, il avait à déblayer avant tout la scène de ces mesquins embarras pour s'y déployer à l'aise et y établir son droit de franc-parler. On raconte qu'à la première représentation des *Précieuses*, un vieillard du parterre, transporté de cette franchise nouvelle, un vieillard qui sans doute avait applaudi dix-sept ans auparavant au *Menteur* de Corneille, ne put s'empêcher de s'écrier, en apostrophant Molière qui jouait Mascarille : "Courage, courage, Molière ! voilà la bonne comédie[3] !" A ce cri, qu'il devinait bien être celui du vrai public et de la gloire, à cet universel et sonore applaudissement, Molière sentit, comme le dit Segrais, s'enfler son courage, et il laissa échapper ce mot de noble orgueil, qui marque chez lui l'entrée de la grande carrière : " Je n'ai plus que faire d'étudier

1 *Repues franches* (free repasts) is the title of a collection of fifteenth century poems formerly attributed to Villon.
2 Horace, *Odes*, III. ix. (Donec gratus eram tibi). 3 Grimarest.

Plaute et Térence et d'éplucher les fragments de Ménandre ; je n'ai qu'à étudier le monde[1]."—Oui, Molière ;
le monde s'ouvre à vous, vous l'avez découvert et il est
vôtre ; vous n'avez désormais qu'à y choisir vos peintures. Si vous imitez encore, ce sera que vous le voudrez
bien ; ce sera parce que vous prélèverez votre part là où
vous la trouverez bonne à prendre ; ce sera en rival
qui ne craint pas les rencontres, en roi puissant pour
agrandir votre empire. Tout ce qui sera emprunté par
vous restera embelli et honoré.

Après le sel un peu gros, mais franc, du *Cocu imaginaire*, et l'essai pâle et noble de *Don Garcie*, *l'École des
Maris* revient à cette large voie d'observation et de
vérité dans la gaieté. Sganarelle, que *le Cocu imaginaire*
nous avait montré pour la première fois, reparaît et se
développe par *l'École des Maris* ; Sganarelle va succéder
à Mascarille dans la faveur de Molière. Mascarille était
encore assez jeune et garçon, Sganarelle est essentiellement marié. Né probablement du théâtre italien, employé de bonne heure par Molière dans la farce du
Médecin volant, introduit sur le théâtre régulier en un
rôle qui sent un peu son Scarron, il se naturalise comme
a fait Mascarille ; il se perfectionne vite et grandit sous
la prédilection du maître. Le Sganarelle de Molière,
dans toutes ses variétés de valet, de mari, de père de
Lucinde, de frère d'Ariste, de tuteur, de fagotier, de
médecin, est un personnage qui appartient en propre au
poète, comme Panurge à Rabelais, Falstaff à Shakspeare,
Sancho à Cervantes ; c'est le côté du laid humain personnifié, le côté vieux, rechigné, morose, intéressé, bas,
peureux, tour à tour piètre ou charlatan, bourru et sau-
grenu, le vilain côté, et qui fait rire. A certains moments
joyeux, comme quand Sganarelle touche le sein de la
nourrice, il se rapproche du rond Gorgibus, lequel ramène
au bonhomme Chrysale, cet autre comique cordial et à
plein ventre. Sganarelle, chétif comme son grand-père
Panurge, a pourtant laissé quelque postérité digne de

---

1 *Segraisiana.*

tous deux, dans laquelle il convient de rappeler Pangloss[1] et de ne pas oublier Gringoire[2]. Chez Molière, en face de Sganarelle, au plus haut bout de la scène, Alceste apparaît ; Alceste, c'est-à-dire ce qu'il y a de plus sérieux, de plus noble, de plus élevé dans le comique, le point où le ridicule confine au courage, à la vertu. Une ligne plus haut et le comique cesse, et on a un personnage purement généreux, presque héroïque et tragique. Même tel qu'il est, avec un peu de mauvaise humeur, on a pu s'y méprendre ; Jean-Jacques et Fabre d'Églantine, gens à contradiction, en ont fait leur homme. Sganarelle embrasse les trois quarts de l'échelle comique, le bas tout entier, et le milieu qu'il partage avec Gorgibus et Chrysale ; Alceste tient l'autre quart, le plus élevé. Sganarelle et Alceste, voilà tout Molière.

Voltaire a dit que quand Molière n'aurait fait que *l'École des Maris*, il serait encore un excellent comique ; Boileau ne put entendre *l'École des Femmes* sans adresser à Molière, attaqué de beaucoup de côtés et qu'il ne connaissait pas encore, des stances faciles, où il célèbre *la charmante naïveté* de cette comédie qu'il égale à celles de Térence, supposées écrites par Scipion. Ces deux amusants chefs-d'œuvre ne furent séparés que par la légère mais ingénieuse comédie-impromptu des *Fâcheux*, faite, apprise et représentée en quinze jours pour les fêtes de Vaux. La Fontaine en a dit, dans un éloge de ces fêtes, les dernières du malheureux *Oronte*[3] :

> C'est une pièce de Molière :
> Cet écrivain par sa manière
> Charme à présent toute la cour.
>
> . . . .
>
> Nous avons changé de méthode ;
> Jodelet n'est plus à la mode,
> Et maintenant il ne faut pas
> Quitter la nature d'un pas.

1 In Voltaire's *Candide*.
2 In Victor Hugo's *Notre-Dame de Paris*.
3 The fête at Vaux was given by Fouquet, shortly before his arrest. Soon after this La Fontaine published his *Élégie pour M. Fouquet*, in which he refers to him as Oronte.

Jamais le libre et prompt talent de Molière pour les vers n'éclata plus évidemment que dans cette comédie satirique, dans les scènes du piquet ou de la chasse. La scène de la chasse ne se trouvait pas dans la pièce à la première représentation ; mais Louis XIV, montrant du doigt à Molière M. de Soyecourt, grand veneur, lui dit : "Voilà un original que vous n'avez pas encore copié." Le lendemain, la scène du chasseur était faite et exécutée. Boileau, dont cette pièce des *Fâcheux* devançait la manière en la surpassant, y songeait sans doute quand il demanda trois ans plus tard à Molière où il trouvait la rime. C'est que Molière ne la cherchait pas ; c'est qu'il ne faisait pas d'habitude son second vers avant le premier et n'attendait pas un demi-jour et plus pour trouver ensuite au coin d'un bois le mot qui l'avait fui. Il était de la veine rapide, *prime-sautière*, de Regnier, de d'Aubigné ; ne marchandant jamais la phrase ni le mot, au risque même d'un pli dans le vers, d'un tour un peu violent ou de l'hiatus au pire ; un duc de Saint-Simon en poésie ; une façon d'expression toujours en avant, toujours certaine, que chaque flot de pensée emplit et colore. M. Auger s'est attaché à relever comme fautes tous les manques de repos à l'hémistiche chez Molière ; c'est peine puérile, puisque notre poète ne suit pas là-dessus la loi de Boileau et des autres réguliers. Molière faisait si naturellement les vers que ses pièces en prose sont remplies de vers blancs ; on l'a remarqué pour *le Festin de Pierre*, et l'on a été jusqu'à conjecturer que la petite pièce du *Sicilien* avait été primitivement ébauchée en vers[1] et que Molière avait ensuite brouillé le tout dans une prose qui en avait gardé trace. Fénelon, lorsqu'à propos de *l'Avare* il déclare préférer (comme aussi le pensait Ménage) les pièces en prose de Molière à celles qui sont en vers, lorsqu'il parle de cette multitude de métaphores qui, suivant lui, approchent du galimatias, Fénelon, poète élégant en prose, n'entend rien, il faut le dire, à cette riche manière de poésie, qui n'est pas plus celle de Virgile

1 A considerable portion of *Le Sicilien* is written in *vers blancs*.

et de Térence qu'en peinture la manière de Rubens n'est celle de Raphaël. Boileau, tout artiste sobre qu'il était et dans un autre procédé que Molière, lui rendait haute justice là-dessus ; il le reprenait sans doute quelquefois et aurait voulu épurer maint détail, comme on le voit par exemple en cette correction qui a été conservée de deux vers des *Femmes savantes*. Molière avait mis d'abord :

> Quand sur une personne on prétend s'ajuster,
> C'est par les beaux côtés qu'il la faut imiter.

" M. Despréaux, dit Cizeron-Rival d'après Brossette, trouva du jargon dans ces deux vers et les rétablit de cette façon :

> Quand sur une personne on prétend se régler,
> C'est par ses beaux endroits qu'il lui faut ressembler."

Mais, jargon ou non, il était le premier à proclamer Molière maître dans l'art de frapper les bons vers, et il n'aurait pas admis le jugement par trop *dégoûté*[1] de Fénelon. Rien d'étonnant, au reste, que cette fine et mystique nature de Fénelon, dans sa blanche robe de lin, dans sa simple tunique, un peu longue, un peu traînante (en fait de style), n'ait pas entendu ces admirables plis mouvants, étoffés, du manteau du grand comique. Ce qui est ubéreux, surtout la gaieté, répugne singulièrement aux natures délicates et rêveuses. En dépit de ces juges difficiles, comme satire dialoguée en vers, *les Fâcheux* sont un chef-d'œuvre.

Durant les quatorze années qui suivirent son installation à Paris, et jusqu'à l'heure de sa mort, en 1673, Molière ne cessa de produire. Pour le roi, pour la cour et les fêtes de commande, pour le plaisir du gros public et les intérêts de sa troupe, pour sa propre gloire et la sérieuse postérité, Molière se multiplie et suffit à tout. Rien de méticuleux en lui et qui sente l'auteur de cabinet. Vrai poète de drame, ses ouvrages sont en scène, en action ; il ne les écrit pas, pour ainsi dire, il les joue. Sa

---

1 dégoûté = fastidious.

vie de comédien de province avait été un peu celle des
poètes primitifs populaires, des rapsodes, jongleurs ou
pèlerins de la Passion ; ils allaient, comme on sait, se répétant les uns les autres, se prenant leurs canevas et
leurs thèmes, y ajoutant à l'occasion, s'oubliant eux et
leur œuvre individuelle, et ne gardant guère *copie* de
leurs représentations. C'est ainsi que les ébauches et
improvisades à l'italienne, que Molière avait multipliées
(on a les titres d'une dizaine) durant ses courses en province, furent perdues, hors deux, *le Médecin volant* et *la
Jalousie du Barbouillé*. Et encore, telles qu'on a celles-ci,
il est douteux que la version en soit de Molière. Suivant
le procédé des poètes primitifs, qui font volontiers entrer
un de leurs ouvrages dans un autre, ces ébauches furent
plus tard introduites et employées dans des actes de
pièces plus régulières. Les poètes dont nous parlons
transposent, *utilisent,* si l'on peut se servir de ce mot,
certains morceaux une fois faits ; ainsi, *Don Garcie de
Navarre* n'ayant pas eu de succès, des tirades entières
ont passé de ce prince jaloux au *Misanthrope* et ailleurs.
L'Étourdi et *le Dépit amoureux*, premières pièces régulières de notre poète, ne furent imprimées que dix ans
après leur apparition à la scène (1653–1663) ; *les Précieuses* le furent dans les environs du succès, mais malgré
l'auteur, comme l'indique la préface ; et ce n'est pas ici
une simagrée de douce violence comme tant d'autres
l'ont jouée depuis : l'embarras de Molière qui se fait imprimer pour la première fois, à son corps défendant, est
visible dans cette préface. *Le Cocu imaginaire*, ayant eu
près de cinquante représentations, ne devait pas être
imprimé, quand un amateur de comédie, nommé Neufvillenaine, s'aperçut qu'il avait retenu par cœur la pièce
tout entière ; il en fit une copie et la publia en dédiant
l'ouvrage à Molière. Ce M. de Neufvillenaine se connaissait en procédés. L'insouciance de Molière fut telle qu'il
ne donna jamais d'autre édition du *Cocu imaginaire*[1], bien
que M. de Neufvillenaine avoue (ce qui serait assez

1 This is a mistake; Molière published an edition in 1662.

vraisemblable quand il ne l'avouerait pas) qu'il peut
s'être glissé dans sa copie, faite de mémoire, quantité de
mots les uns pour les autres. O Racine ! ô Boileau !
qu'eussiez-vous dit si un tiers eût ainsi manié devant le
public vos prudentes œuvres où chaque mot a son prix ?
On doit maintenant saisir toute la différence native qu'il y
a de Molière à cette famille sobre, économe, méticuleuse,
et avec raison, des Despréaux et des La Bruyère. Dans
l'édition de Neufvillenaine, qu'il faut bien considérer, par
suite du silence de Molière, comme l'édition originale, la
pièce est d'un seul acte, quoique plus tard les éditeurs de
1734 l'aient donnée en trois ; mais il y a lieu de croire
que pour Molière, comme pour les anciens tragiques et
comiques, cette division d'actes est imaginée ici après
coup et artificielle. Molière dans ses premières pièces ne
s'astreint guère plus que Plaute à cette division régulière ;
il laisse fréquemment la scène vide, sans qu'on puisse
supposer l'acte terminé en ces endroits. Il se rangea
bien vite, il est vrai, à la régularité dès lors professée ;
mais on voit (et c'est sur quoi j'insiste) combien il avait
naturellement les habitudes de l'époque antérieure. Pour
obvier à des larcins pareils à celui de Neufvillenaine,
Molière dut songer à publier dorénavant lui-même ses
pièces au fur et à mesure des succès. *L'École des Maris*,
dédiée au duc d'Orléans, son protecteur, est le premier
ouvrage qu'il ait publié de son plein gré ; à partir de ce
moment (1661), il entra en communication suivie avec
les lecteurs. On le retrouve pourtant en défiance continuelle de ce côté ; il craint les boutiques de la galerie
du Palais[1] ; il préfère être jugé *aux chandelles*[2], au point de
vue de la scène, sur la décision de la multitude. On a
cru, d'après un passage de la préface des *Fâcheux*, qu'il
aurait eu dessein de faire imprimer ses remarques et presque sa poétique, à l'occasion de ses pièces ; mais, à mieux

1 Shopkeepers had stalls in the hall of the Palais de Justice. (See
Corneille's comedy, *La galerie du Palais*.) Molière looked especially to
the *bourgeois* class for support for his plays.
2 Across the footlights.

entendre le passage, il en ressort que cette promesse, mal d'accord avec sa tournure de génie, n'est pas sérieuse en effet ; ce serait plutôt de sa part une raillerie contre les grands raisonneurs selon Horace et Aristote. Sa poétique, du reste, comme acteur et comme auteur, se trouve tout entière dans *la Critique de l'École des Femmes* et dans *l'Impromptu de Versailles*, et elle y est en action, en comédie encore. A la scène VII de *la Critique*, n'est-ce pas Molière qui nous dit par la bouche de Dorante : "Vous êtes de plaisantes gens avec vos règles dont vous embarrassez les ignorants et nous étourdissez tous les jours ! Il semble, à vous ouïr parler, que ces règles de l'art soient les plus grands mystères du monde, et cependant ce ne sont que quelques observations aisées que le bon sens a faites sur ce qui peut ôter le plaisir que l'on prend à ces sortes de poèmes ; et le même bon sens, qui a fait autrefois ces observations, les fait aisément tous les jours sans le secours d'Horace et d'Aristote... Laissons-nous aller de bonne foi aux choses qui nous prennent par les entrailles, et ne cherchons point de raisonnements pour nous empêcher d'avoir du plaisir." Pour en finir avec cette négligence de littérateur que nous démontrons chez Molière, et qui contraste si fort avec son ardente prodigalité comme poète et son zèle minutieux comme acteur et directeur, ajoutons qu'aucune édition complète de ses œuvres ne parut de son vivant ; ce fut La Grange, son camarade de troupe, qui recueillit et publia le tout en 1682, neuf ans après sa mort[1].

Molière, le plus créateur et le plus inventif des génies, est celui peut-être qui a le plus imité, et de partout ; c'est encore là un trait qu'ont en commun les poètes primitifs populaires et les illustres dramatiques qui les continuent. Boileau, Racine, André Chénier, les grands poètes d'étude et de goût, imitent sans doute aussi ; mais leur procédé

---

1 A short Life of Molière is prefixed to this edition, of which the joint-editors were La Grange and Vinot. La Grange's probity, business-like habits, and devotion to Molière give the Life great authority. He was the treasurer of the company, and an admirable actor of lovers' parts.

d'imitation est beaucoup plus ingénieux, circonspect et déguisé, et porte principalement sur les détails. La façon de Molière en ses imitations est bien plus familière, plus à pleine main et à la merci de la mémoire. Ses ennemis lui reprochaient de voler la moitié de ses œuvres aux *vieux bouquins*. Il vécut d'abord, sans sa première manière, sur la farce traditionnelle italienne et gauloise ; à partir des *Précieuses* et de *l'École des Maris*, il devint lui-même ; il gouverna et domina dès lors ses imitations, et, sans les modérer pour cela beaucoup, il les mêla constamment à un fonds d'observation originale. Le fleuve continua de charrier du bois de tous bords, mais dans un courant de plus en plus étendu et puissant. Riccoboni[1] a donné une liste assez complète, et parfois même gonflée, des imitations que Molière a faites des Italiens, des Espagnols et des Latins ; Cailhava et d'autres y ont ajouté. Riccoboni a eu le bon esprit de sentir que le génie de Molière ne souffrait pas de ces nombreux butins. Au contraire, l'admiration du commentateur pour son poète va presque en raison du nombre des imitations qu'il découvre en lui, et elle n'a plus de bornes lorsqu'il le voit dans *l'Avare* mener, à ce qu'il dit, jusqu'à cinq imitations de front, et être là-dessous, et à travers cette mêlée de souvenirs, plus original que jamais. Tous les Italiens n'ont pas eu si bonne grâce, et le sieur Angelo, *docteur* de la comédie italienne, allait jusqu'à revendiquer le sujet du *Misanthrope*, qu'il avait, affirmait-il, raconté tout entier à Molière, d'après une certaine pièce de Naples, un jour qu'ils se promenaient ensemble au Palais-Royal. C'est *quinze jours* après cette conversation mémorable que la comédie du *Misanthrope* aurait été achevée et sur l'affiche. A de pareilles prétentions, appuyées de pareils dires, on n'a à opposer que le judicieux dédain de Jean-Baptiste Rousseau qui, dans sa correspondance avec

---

1 Louis Riccoboni brought a company of Italian actors to Paris in 1716. Later he occupied himself with literature and wrote, amongst other works, *Observations sur la comédie et le génie de Molière.* Mme Riccoboni, the actress and novelist, was his daughter-in-law.

d'Olivet et Brossette[1], a d'ailleurs le mérite d'avoir fort
bien apprécié Molière ; la lettre du poète à M. Chauvelin
sur le sujet qui nous occupe vaut mieux, comme pensée,
que les trois quarts de ses odes. Ce qu'il faut reconnaître, c'est que les imitations chez Molière sont de toute
source et infinies ; elles ont un caractère de loyauté en
même temps que de sans-façon, quelque chose de cette
première vie où tout était en commun, bien qu'aussi d'ordinaire elles soient parfaitement combinées et descendant
quelquefois à de purs détails. Plaute et Térence pour
des fables entières, Straparole et Boccace pour des fonds
de sujets, Rabelais et Regnier pour des caractères, Boisrobert et Rotrou et Cyrano pour des scènes, Horace et
Montaigne et Balzac pour de simples phrases, tout y
figure ; mais tout s'y transforme, rien n'y est le même.
Là où il imite le plus, qui donc pourrait se plaindre ? à
côté de Sosie qu'il copie, ne voilà-t-il pas Cléanthis qu'il
invente[2] ? De telles imitations, loin de nous refroidir
envers notre poète, nous sont chères ; nous aimons à les
rechercher, à les poursuivre jusqu'au bout, dans une idée
de parenté. Ces masques fameux de la bonne comédie,
depuis Plaute jusqu'à Patelin, ces malicieux conteurs de
tous pays, ces philosophes satiriques et ingénieux, nous
les convoquons un moment autour de notre auteur dans
un groupe qui les unit et où il préside ; les moins considérables, les Boisrobert, les Sorel, les Cyrano, y sont
même introduits à la faveur de ce qu'ils lui ont prêté, de
ce qui surtout les recommande et les honore. Ces imitations, en un mot, ne sont le plus souvent pour nous que
le résumé heureux de toute une famille d'esprits et de
tout un passé comique dans un nouveau type original et
supérieur, comme un enfant aimé du ciel qui, sous un air
de jeunesse, exprime à la fois tous ses aïeux.

Chacune des pièces de Molière, à les suivre dans
l'ordre de leur apparition, fournirait matière à un histo-

---

1 See *Correspondance de J.-B. Rousseau et de Brossette*, ed. P. Bonnefon,
2 vols. 1910–11 (*Soc. des textes modernes français*).

2 Sosie and Cléanthis are characters in *Amphitryon*.

rique étendu et intéressant ; ce travail a déjà été fait, et trop bien, par d'autres, pour le reprendre ; ce serait presque toujours le copier. Autour de *l'École des Femmes*, en 1662, et plus tard autour du *Tartufe*, il se livra des combats comme précédemment il s'en était livré autour du *Cid*, comme il s'en renouvela ensuite autour de *Phèdre* ; ce furent là d'illustres journées pour l'art dramatique. *La Critique de l'École des Femmes* et *l'Impromptu de Versailles* en apprennent suffisamment sur le premier démêlé, qui fut surtout une querelle de goût et d'art, quoique déjà la religion s'y glissât à propos des commandements du mariage donnés à Agnès. Les *Placets au Roi* et la préface du *Tartufe* marquent assez le caractère tout moral et philosophique de la seconde lutte, si souvent depuis et si ardemment continuée. Ce que je veux rappeler ici, c'est qu'attaqué des dévots, envié des auteurs, recherché des grands, valet de chambre du roi et son indispensable ressource pour toutes les fêtes, Molière, avec cela troublé de passion et de tracas domestiques, dévoré de jalousie conjugale, fréquemment malade de sa fluxion de poitrine et de sa toux, directeur de troupe et comédien infatigable bien qu'au régime et au lait, Molière, durant quinze ans, suffit à tous les emplois, qu'à chaque nécessité survenante son génie est présent et répond, gardant de plus ses heures d'inspiration propre et d'initiative. Entre la dette précipitamment payée aux divertissements de Versailles ou de Chambord et ses cordiales avances au bon rire de la bourgeoisie, Molière trouve jour à des œuvres inéditées et entre toutes immortelles. Pour Louis XIV, son bienfaiteur et son appui, on le trouve toujours prêt ; *l'Amour médecin* est fait, appris et représenté en cinq jours ; *la Princesse d'Élide* n'a que le premier acte en vers, le reste suit en prose, et, comme le dit spirituellement un contemporain de Molière, la comédie n'a eu le temps cette fois que de chausser un brodequin ; mais elle paraît à l'heure sonnante, quoique l'autre brodequin ne soit pas lacé. *Mélicerte* seule n'est pas finie, mais *les Fâcheux* le furent en quinze jours ; mais *le Mariage forcé* et *le Sicilien*, mais *Georges Dandin*, mais *Pourceaugnac*, mais *le Bourgeois Gentilhomme*, ces comédies de verve avec intermèdes et ballets, ne firent jamais faute. Dans les intérêts de sa troupe, il lui fallut souvent dépêcher l'ouvrage, comme quand il fournit son théâtre d'un *Don Juan*, parce que les comédiens de l'hôtel de Bourgogne et ceux de Mademoiselle avaient déjà le leur, et que cette statue qui marche ne cessait de faire merveille.—Et ces diversions ne l'empêchaient pas tout aussitôt de songer à Boileau, aux juges difficiles, à lui-même et au genre humain, par *le Misanthrope*, par le *Tartufe* et *les Femmes savantes*. L'année du *Misanthrope* est en ce sens la plus mémorable et la plus significative dans la vie de Molière. A peine hors de ce chef-d'œuvre sérieux, et qui le parut un peu trop au gros du public, il dut pourvoir en hâte à la jovialité bourgeoise par *le Médecin malgré lui* et de là, de ce parterre de la rue Saint-Denis, raccourir vite à Saint-Germain pour *Mélicerte*, la *Pastorale comique* et cette vallée de Tempé où l'attendait sur le pré M. de Bense-rade[1] : Molière faisait face à tous les appels.

Dans une épître adressée en 1669 au peintre Mignard, sur le dôme du Val-de-Grâce, Molière a fait une description et un éloge de la fresque qui s'applique merveilleusement à sa propre manière ; il y préconise, en effet,

Cette belle peinture inconnue en ces lieux,
La fresque, dont la grâce, à l'autre préférée,
Se conserve un éclat d'éternelle durée,
Mais dont la promptitude et les brusques fiertés
Veulent un grand génie à toucher ses beautés !
De l'autre qu'on connoît la traitable méthode
Aux foiblesses d'un peintre aisément s'accommode :
La paresse de l'huile, allant avec lenteur,
Du plus tardif génie attend la pesanteur ;
Elle sait secourir, par le temps qu'elle donne,
Les faux pas que peut faire un pinceau qui tâtonne ;
Et sur cette peinture on peut, pour faire mieux,
Revenir, quand on veut, avec de nouveaux yeux.

1 Benserade composed the *Ballet des Muses* of which *Mélicerte* and the *Pastorale comique* (now lost) formed part.

Mais la fresque est pressante et veut sans complaisance
Qu'un peintre s'accommode à son impatience,
La traite à sa manière, et d'un travail soudain
Saisisse le moment qu'elle donne à sa main.
La sévère rigueur de ce moment qui passe
Aux erreurs d'un pinceau ne fait aucune grâce ;
Avec elle il n'est point de retour à tenter,
Et tout au premier coup se doit exécuter, etc....

A cette belle chaleur de Molière pour la fresque, pour la grande et dramatique peinture, pour celle-là même qui agit sûr les masses prosternées dans les chapelles romaines, qui n'aimerait reconnaître la sympathie naturelle au poète du drame, au poète de la multitude, à l'exécuteur soudain, véhément, de tant d'œuvres impérieuses aussi et pressantes ? Dans les œuvres finies, au contraire, faites pour être vues de près, vingt fois remaniées et repolies, à la Miéris, à la Despréaux, à la La Bruyère, nous retrouvons *la paresse de l'huile.* L'allusion est trop directe pour que Molière n'y ait pas un peu songé. Cizeron-Rival, d'ordinaire exact, a dit d'après Brossette : "Au jugement de Despréaux (et autant que je puis me connoître en poésie, ce n'est pas son meilleur jugement), de tous les ouvrages de Molière, celui dont la versification est la plus régulière et la plus soutenue, c'est le poème qu'il a fait en faveur du fameux Mignard, son ami. Ce poème, disoit-il à M. Brossette, peut tenir lieu d'un traité complet de peinture, et l'auteur y a fait entrer toutes les règles de cet art admirable (et Despréaux citait les mêmes vers que nous avons donnés plus haut). Remarquez, monsieur, ajoutoit Despréaux, que Molière a fait, sans y penser, le caractère de ses poésies, en marquant ici la différence de la peinture à l'huile et de la peinture à fresque. Dans ce poème sur la peinture, il a travaillé comme les peintres à l'huile, qui reprennent plusieurs fois le pinceau pour retoucher et corriger leur ouvrage, au lieu que dans ses comédies, où il falloit beaucoup d'action et de mouvement, il préféroit les *brusques fiertés* de la fresque à *la paresse de l'huile*[1]." Ce jugement de

1 *Récréations littéraires*, 1765, pp. 153-155.

Boileau a été fort contesté depuis Cizeron-Rival. M. Auger le mentionne comme *singulier*. Vauvenargues, qui est de l'avis de Fénelon sur la poésie de Molière, trouve ce poème du Val-de-Grâce peu satisfaisant et préfère en général, comme peintre, La Bruyère au grand comique : prédilection de critique moraliste pour le modèle du genre. Vous êtes peintre à l'huile, monsieur de Vauvenargues[1]! Boileau, tout aussi intéressé qu'il était dans la question, se montre plus fermement judicieux. Non que j'admette que ce poème du Val-de-Grâce soit bon et satisfaisant d'un bout à l'autre, ou que Molière ait modifié, ralenti sa manière en le composant. La poésie en est plus chaude que nette; elle tombe dans le technique et s'y embarrasse souvent en le voulant animer. Mais Boileau a bien mis le doigt sur le côté précieux du morceau. Boileau, reconnaissons-le, malgré ce qu'on a pu reprocher à ses réserves un peu fortes de l'*Art poétique* ou à son étonnement bien innocent et bien permis sur les rimes de Molière, fut souverainement équitable en tout ce qui concerne le poète son ami, celui qu'il appelait *le Contemplateur*. Il le comprenait et l'admirait dans les parties les plus étrangères à lui-même; il se plaisait à être son complice dans le latin macaronique de ses plus folles comédies; il lui fournissait les malignes étymologies grecques de *l'Amour médecin*; il mesurait dans son entier cette faculté multipliée, immense; et le jour où Louis XIV lui demanda quel était le plus rare des grands écrivains qui auraient honoré la France durant son règne, le juge rigoureux n'hésita pas et répondit : "Sire, c'est Molière." — "Je ne le croyais pas, répliqua Louis XIV; mais vous vous y connaissez mieux que moi."

On a loué Molière de tant de façons, comme peintre des mœurs et de la vie humaine, que je veux indiquer surtout un côté qu'on a trop peu mis en lumière, ou plutôt qu'on a méconnu. Molière, jusqu'à sa mort, fut en progrès continuel dans la *poésie* du comique. Qu'il

1 "Vous êtes orfèvre, Monsieur Josse" (*L'Amour médecin*, Act I. Scene i.).

ait été en progrès dans l'observation morale et ce qu'on appelle le haut comique, celui du *Misanthrope*, du *Tartufe* et des *Femmes savantes*, le fait est trop évident, et je n'y insiste pas; mais autour, au travers de ce développement, où la raison de plus en plus ferme, l'observation de plus en plus mûre, ont leur part, il faut admirer ce surcroît toujours montant et bouillonnant de verve comique, très-folle, très-riche, très-inépuisable, que je distingue fort, quoique la limite soit malaisée à définir, de la farce un peu bouffonne et de la lie un peu scarronesque où Molière trempa au début. Que dirai-je? c'est la distance qu'il y a entre la prose du *Roman comique* et tel chœur d'Aristophane ou certaines échappées sans fin de Rabelais. Le génie de l'ironique et mordante gaieté a son lyrique aussi, ses purs ébats, son rire étincelant, redoublé, presque sans cause en se prolongeant, désintéressé du réel, comme une flamme folâtre qui voltige de plus belle après que la combustion grossière a cessé,—un rire des dieux, suprême, inextinguible. C'est ce que n'ont pas senti beaucoup d'esprits de goût, Voltaire, Vauvenargues et autres, dans l'appréciation de ce qu'on a appelé les dernières farces de Molière. M. de Schlegel aurait dû le mieux sentir; lui qui célèbre mystiquement les poétiques fusées finales de Calderon, il aurait dû ne pas rester aveugle à ces fusées, pour le moins égales, d'éblouissante gaieté, qui font aurore à l'autre pôle du monde dramatique. Il a bien accordé à Molière d'avoir le génie du burlesque, mais en un sens prosaïque, comme il eût fait à Scarron, et en préférant de beaucoup le *génie* fantastique et poétique du comédien Le Grand. M. de Schlegel gardait-il rancune à Molière pour le trait innocent du pédant Caritidès sur les Allemands d'alors, *grands inspectateurs d'inscriptions et enseignes?* Quoi qu'on ait dit, *Monsieur de Pourceaugnac, le Bourgeois Gentilhomme, le Malade imaginaire*, attestent au plus haut point ce comique jaillissant et imprévu qui, à sa manière, rivalise en fantaisie avec *le Songe d'une nuit d'été* et *la Tempête.* Pourceaugnac, M. Jourdain, Argan, c'est le côté de Sganarelle continué, mais plus poétique, plus dégagé de la farce du *Barbouillé*, plus enlevé souvent par delà le réel. Molière, forcé par les divertissements de cour de combiner ses comédies avec des ballets, en vint à déployer, à déchaîner dans ces danses de commande les chœurs bouffons et pétulants des avocats, des tailleurs, des Turcs, des apothicaires ; le génie se fait de chaque nécessité une inspiration. Cette issue une fois trouvée, l'imagination inventive de Molière s'y précipita. Les comédies à ballets dont nous parlons n'étaient pas du tout (qu'on se garde de le croire) des concessions au gros public, des provocations directes au rire du bourgeois, bien que ce rire y trouvât son compte ; elles furent imaginées plutôt à l'occasion des fêtes de la cour. Mais Molière s'y complut bien vite et s'y exalta comme éperdument ; il fit même des ballets et inter-mèdes au *Malade imaginaire*, de son propre mouvement, et sans qu'il y eût pour cette pièce destination de cour ni ordre du roi. Il s'y jetait d'ironie à la fois et de gaieté de cœur, le grand homme, au milieu de ses amertumes journalières, comme dans une âcre et étourdissante ivresse. Il y mourut en pleine crise et dans le son le plus aigu de cette saillie montée au délire. Or, mainte-nant, entre ces deux points extrêmes du *Malade imagi-naire* ou de *Pourceaugnac* et du *Barbouillé*, du *Cocu imaginaire*, par exemple, qu'on place successivement *la charmante naïveté* (expression de Boileau) de *l'École des Femmes*, de *l'École des Maris*, l'excellent et profond caractère de *l'Avare*, tant de personnages vrais, réels, ressemblant à beaucoup, et non copiés pourtant, mais trouvés, le sens docte, grave et mordant du *Misanthrope*, le *Tartufe* qui réunit tous les mérites par la gravité du ton encore, par l'importance du vice attaqué et le pres-sant des situations, *les Femmes savantes* enfin, le plus parfait style de comédie en vers, le troisième et dernier coup porté par Molière aux critiques de *l'École des Femmes*, à cette race des prudes et précieuses ; qu'on marque ces divers points, et l'on aura toute l'échelle comique imaginable. De la farce franche et un peu

grosse du début, on se sera élevé, en passant par le naïf, le
sérieux, le profondément observé, jusqu'à la fantaisie du
rire dans toute sa pompe et au gai sabbat le plus délirant.

Les Fourberies de Scapin, jouées entre le Bourgeois
Gentilhomme et l'École des Femmes, appartiennent-elles
à cette adorable folie comique dont j'ai tâché de donner
idée, ou retombent-elles par moments dans la farce un
peu enfarinée et bouffonne, comme l'a pensé Boileau en
son Art poétique? Je serais peut-être de dernier avis,
sauf les conclusions trop générales qu'en tire le poète
régulateur :

> Étudiez la cour et connoissez la ville ;
> L'une et l'autre est toujours en modèles fertile.
> C'est par là que Molière, illustrant ses écrits,
> Peut-être de son art eût remporté le prix,
> Si, moins ami du peuple en ses doctes peintures,
> Il n'eût pas fait souvent grimacer ses figures,
> Quitté pour le bouffon l'agréable et le fin,
> Et sans honte à Térence allié Tabarin :
> Dans ce sac ridicule où Scapin l'enveloppe,
> Je ne reconnois plus l'auteur du Misanthrope[1].

Quant aux restrictions reprochées et reprochables à
Boileau en cet endroit, son tort est d'avoir trop généralisé
un jugement qui, appliqué à Scapin, pourrait sembler
vrai au pied de la lettre.   Cette pièce est effectivement
imitée en partie du Phormion de Térence, et en partie de
la Francisquine de Tabarin.   De plus, en lisant convenablement le vers

> Dans ce sac ridicule où Scapin l'enveloppe

(car Molière en cette pièce jouait le rôle de Géronte, et
par conséquent il entrait en personne dans le sac), on
conçoit l'impression pénible que causait à Boileau cette
vue de l'auteur du Misanthrope, malade, âgé de près de
cinquante ans et bâtonné sur le théâtre.   Si nous eussions
vu notre Talma à la scène dans la même situation subalterne, nous en aurions certes souffert.   Je lis dans Cizeron-
Rival le trait suivant, qui éclaire et précise le passage de

---

1 A.P. III. 391-400.   There is no authority for reading l'enveloppe in
place of s'enveloppe.

'*Art poétique* : "Deux mois avant la mort de Molière, M. Despréaux alla le voir et le trouva fort incommodé de sa toux et faisant des efforts de poitrine qui sembloient le menacer d'une fin prochaine. Molière, assez froid naturellement, fit plus d'amitié que jamais à M. Despréaux. Cela l'engagea à lui dire : Mon pauvre monsieur Molière, vous voilà dans un pitoyable état. La contention continuelle de votre esprit, l'agitation continuelle de vos poumons sur votre théâtre, tout enfin devroit vous déterminer à renoncer à la représentation. N'y a-t-il que vous dans la troupe qui puisse exécuter les premiers rôles ? Contentez-vous de composer, et laissez l'action théâtrale à quelqu'un de vos camarades : cela vous fera plus d'honneur dans le public, qui regardera vos acteurs comme vos gagistes ; vos acteurs d'ailleurs, qui ne sont pas des plus souples avec vous, sentiront mieux votre supériorité. — Ah ! monsieur, répondit Molière, que me dites-vous là ? il y a un honneur pour moi à ne point quitter. — Plaisant point d'honneur, disoit en soi-même le satirique, qui consiste à se noircir tous les jours le visage pour se faire une moustache de Sganarelle, et à dévouer son dos à toutes les bastonnades de la comédie ! Quoi ? cet homme, le premier de notre temps pour l'esprit et pour les sentiments d'un vrai philosophe, cet ingénieux censeur de toutes les folies humaines, en a une plus extraordinaire que celles dont il se moque tous les jours ! Cela montre bien le peu que sont les hommes." Boileau en effet ne conseillait pas à Molière d'abandonner ses camarades ni d'abdiquer la direction, ce que le chef de troupe aurait pu refuser par humanité, comme on a dit, et par beaucoup d'autres raisons ; il le pressait seulement de quitter les planches : c'était le vieux comédien obstiné qui chez Molière ne voulait pas. Boileau dut écrire, ce me semble, le passage de *l'Art poétique* sous l'impression qui lui resta du précédent entretien.

La postérité sent autrement ; loin de les blâmer, on aime ces faiblesses et ces contradictions dans le poète de

génie ; elles ajoutent au portrait de Molière et donnent
à sa physionomie un air plus proportionné à celui du
commun des hommes. On le retrouve tel encore, et l'un
de nous tous, dans ses passions de cœur, dans ses tribulations domestiques. Le comique Molière était né tendre
et facilement amoureux, de même que le tendre Racine
était né assez caustique et enclin à l'épigramme. Sans
sortir des œuvres de Molière, on aurait des preuves de
cette sensibilité dans le penchant qu'il eut toujours au
genre noble et romanesque, dans beaucoup de vers de
Don Garcie et de *la Princesse d'Élide*, dans ces trois charmantes scènes de dépit amoureux, tant de la pièce de ce
nom, que du *Tartufe* et du *Bourgeois Gentilhomme*, enfin
dans la scène touchante d'Elvire voilée, au quatrième acte
de *Don Juan*. Plaute et Rabelais, ces grands comiques,
offrent aussi, malgré leur réputation, des traces d'une
faculté sensible, délicate, qu'on surprend en eux avec
bonheur, mais Molière surtout ; il y a tout un Térence
dans Molière. En amitié, on n'aurait que de beaux
traits à en dire ; son sonnet sur la mort de l'abbé Lamothe-
le-Vayer et la lettre qu'il y a jointe honorent sa douleur ;
bien mieux que le lyrique Malherbe, il s'entendait à
pleurer avec un père. Je veux citer de *Don Garcie* quelques vers de tendresse, desquels Racine eût pu être jaloux
pour sa *Bérénice* :

> Un soupir, un regard, une simple rougeur,
> Un silence est assez pour expliquer un cœur.
> Tout parle dans l'amour, et sur cette matière
> Le moindre jour doit être une grande lumière.
> . . . .
> *Oh !* que la différence est connue aisément
> De toutes ces faveurs qu'on fait avec étude,
> A celles où du cœur fait pencher l'habitude !
> Dans les unes toujours on paroît se forcer ;
> Mais les autres, hélas ! se font sans y penser,
> Semblables à ces eaux si pures et si belles
> Qui coulent sans effort des sources naturelles.

Et dans les *Fâcheux* :

> L'amour aime surtout les secrètes faveurs ;
> Dans l'obstacle qu'on force il trouve des douceurs,
> Et le moindre entretien de la beauté qu'on aime,
> Lorsqu'il est défendu, devient grâce suprême.

Et dans *la Princesse d'Élide*, premier acte, première scène, ces vers qui expriment une observation si vraie sur les amours tardives, développées longtemps seulement après la première rencontre :

> Ah ! qu'il est bien peu vrai que ce qu'on doit aimer,
> Aussitôt qu'on le voit, prend droit de nous charmer,
> Et qu'un premier coup d'œil allume en nous les flammes
> Où le Ciel en naissant a destiné nos âmes !

avec toute la tirade qui suit. — Or Molière, de complexion sensible à ce point et amoureuse, vers le temps où il peignait le plus gaiement du monde Arnolphe dictant les commandements du mariage à Agnès, Molière, âgé de quarante ans lui-même (1662), épousait la jeune Armande Béjart, âgée de dix-sept ans au plus et sœur cadette de Madeleine. Malgré sa passion pour elle et malgré son génie, il n'échappa point au malheur dont il avait donné de si folâtres peintures. Don Garcie était moins jaloux que Molière. Georges Dandin et Sganarelle étaient moins trompés. A partir de *la Princesse d'Élide*, où l'infidélité de sa femme commença de lui apparaître[1], sa vie domestique ne fut plus qu'un long tourment. Averti des succès qu'on attribuait à M. de Lauzun près d'elle, il en vint à une explication. Mademoiselle Molière, dans cette situation difficile, lui donna le change sur Lauzun en avouant une inclination pour M. de Guiche, et s'en tira, dit la chronique, par des larmes et un évanouissement. Tout meurtri de sa disgrâce, notre poète se remit à aimer mademoiselle de Brie, ou plutôt il venait s'entretenir près d'elle des injures de l'autre amour ; Alceste est ramené à Éliante par les rebuts de Célimène. Lorsqu'il donna *le Misanthrope*, Molière, brouillé avec sa femme, ne la voyait plus qu'au

---

[1] There is no good evidence that his wife was actually unfaithful. It is certainly not true that Lauzun was her lover.

théâtre, et il est difficile qu'entre elle, qui jouait en effet Célimène, et lui, qui représentait Alceste, quelque allusion à leurs sentiments et à leurs situations réelles ne se retrouve pas. Ajoutez, pour compliquer les ennuis de Molière, la présence de l'ancienne Béjart, femme impérieuse, peu débonnaire, à ce qui semble. Le grand homme cheminait entre ces trois femmes, aussi embarrassé parfois, comme le lui disait agréablement Chapelle, que Jupiter au siége d'Ilion entre les trois déesses. Mais laissons parler sur ce chapitre domestique un contemporain du poète, dans un récit fort peu authentique sans doute, assez vraisemblable pourtant de fond ou même de couleur, et à quoi, comme familiarité de détail, rien ne peut suppléer :

"Cependant ce ne fut pas sans se faire une grande violence que Molière résolut de vivre avec sa femme dans cette indifférence. La raison la lui faisoit regarder comme une personne que sa conduite rendoit indigne des caresses d'un honnête homme. Sa tendresse lui faisoit envisager la peine qu'il auroit de la voir, sans se servir des priviléges que donne le mariage, et il y rêvoit un jour dans son jardin d'Auteuil, quand un de ses amis, nommé Chapelle, qui s'y venoit promener par hasard, l'aborda, et, le trouvant plus inquiet que de coutume, il lui en demanda plusieurs fois le sujet. Molière, qui eut quelque honte de se sentir si peu de constance pour un malheur si fort à la mode, résista autant qu'il put ; mais il étoit alors dans une de ces plénitudes de cœur si connues par les gens qui ont aimé ; il céda à l'envie de se soulager et avoua de bonne foi à son ami que la manière dont il étoit forcé d'en user avec sa femme étoit la cause de cet abattement où il se trouvoit. Chapelle, qui croyoit être au-dessus de ces sortes de choses, le railla sur ce qu'un homme comme lui, qui savoit si bien peindre le foible des autres, tomboit dans celui qu'il blâmoit tous les jours, et lui fit voir que le plus ridicule de tous étoit d'aimer une personne qui ne répond pas à la tendresse qu'on a pour elle. Pour moi, lui dit-il, je vous avoue que

si j'étois assez malheureux pour me trouver en pareil état,
et que je fusse persuadé que la même personne accordât
des faveurs à d'autres, j'aurois tant de mépris pour elle,
qu'il me guériroit infailliblement de ma passion. Encore
avez-vous une satisfaction que vous n'auriez pas si c'étoit
une maîtresse, et la vengeance, qui prend ordinairement
la place de l'amour dans un cœur outragé, vous peut payer
tous les chagrins que vous cause votre épouse, puisque
vous n'avez qu'à l'enfermer ; ce sera un moyen assuré de
vous mettre l'esprit en repos.

" Molière, qui avoit écouté son ami avec assez de tranquillité, l'interrompit afin de lui demander s'il n'avoit
jamais été amoureux. Oui, lui répondit Chapelle, je l'ai
été comme un homme de bon sens doit l'être ; mais je
ne me serois jamais fait une si grande peine pour une
chose que mon honneur m'auroit conseillé de faire, et je
rougis pour vous de vous trouver si incertain. — Je vois
bien que vous n'avez encore rien aimé, répondit Molière,
et vous avez pris la figure de l'amour pour l'amour même.
Je ne vous rapporterai point une infinité d'exemples qui
vous feroient connaître la puissance de cette passion ; je
vous ferai seulement un récit fidèle de mon embarras,
pour vous faire comprendre combien on est peu maître
de soi-même, quand elle a une fois pris sur nous un certain ascendant, que le tempérament lui donne d'ordinaire.
Pour vous répondre donc sur la connoissance parfaite
que vous dites que j'ai du cœur de l'homme par les
portraits que j'en expose tous les jours, je demeurerai
d'accord que je me suis étudié autant que j'ai pu à connoître leur foible ; mais si ma science m'a appris qu'on
pouvoit fuir le péril, mon expérience ne m'a que trop
fait voir qu'il est impossible de l'éviter ; j'en juge tous les
jours par moi-même. Je suis né avec les dernières dispositions à la tendresse, et comme j'ai cru que mes efforts
pourroient inspirer à ma femme, par l'habitude, des sentiments que le temps ne pourroit détruire, je n'ai rien
oublié pour y parvenir. Comme elle étoit encore fort
jeune quand je l'épousai, je ne m'aperçus pas de ses

méchantes inclinations, et je me crus un peu moins malheureux que la plupart de ceux qui prennent de pareils
engagements. Aussi le mariage ne ralentit point mes
empressements : mais je lui trouvai tant d'indifférence
que je commençai à m'apercevoir que toute ma précaution avoit été inutile, et que ce qu'elle sentoit pour moi
étoit bien éloigné de ce que j'avois souhaité pour être
heureux. Je me fis à moi-même ce reproche sur une
délicatesse qui me sembloit ridicule dans un mari, et
j'attribuai à son humeur ce qui étoit un effet de son peu
de tendresse pour moi. Mais je n'eus que trop de moyens
de m'apercevoir de mon erreur, et la folle passion qu'elle
eut, peu de temps après, pour le comte de Guiche, fit
trop de bruit pour me laisser dans cette tranquillité
apparente. Je n'épargnai rien, à la première connoissance
que j'en eus, pour me vaincre moi-même, dans l'impossi-
bilité que je trouvai à la changer. Je me servis pour
cela de toutes les forces de mon esprit ; j'appelai à mon
secours tout ce qui pouvoit contribuer à ma consolation.
Je la considérai comme une personne de qui tout le
mérite étoit dans l'innocence, et qui par cette raison n'en
conservoit plus depuis son infidélité. Je pris dès lors la
résolution de vivre avec elle comme un honnête homme
qui a une femme coquette, et qui est bien persuadé, quoi
qu'on puisse dire, que sa réputation ne dépend point de la
mauvaise conduite de son épouse ; mais j'eus le chagrin de
voir qu'une personne sans grande beauté, qui doit le peu
d'esprit qu'on lui trouve à l'éducation que je lui ai donnée,
détruisoit en un moment toute ma philosophie. Sa présence me fit oublier mes résolutions, et les premières
paroles qu'elle me dit pour sa défense me laissèrent si
convaincu que mes soupçons étoient mal fondés, que je
lui demandai pardon d'avoir été si crédule. Cependant
mes bontés ne l'ont point changée. Je me suis donc
déterminé de vivre avec elle comme si elle n'étoit pas
ma femme ; mais, si vous saviez ce que je souffre, vous
auriez pitié de moi. Ma passion est venue à tel point
qu'elle va jusqu'à entrer avec compassion dans ses in-

térêts. Et quand je considère combien il m'est impossible de vaincre ce que je sens pour elle, je me dis en même temps qu'elle a peut-être une même difficulté à détruire le penchant qu'elle a d'être coquette, et je me trouve plus dans la disposition de la plaindre que de la blâmer. Vous me direz sans doute qu'il faut être poète pour aimer de cette manière ; mais, pour moi, je crois qu'il n'y a qu'une sorte d'amour, et que les gens qui n'ont point senti de semblables délicatesses n'ont jamais aimé véritablement. Toutes les choses du monde ont du rapport avec elle dans mon cœur. Mon idée en est si fort occupée que je ne sais rien en son absence qui puisse m'en divertir. Quand je la vois, une emotion et des transports qu'on peut sentir, mais qu'on ne sauroit dire, m'ôtent l'usage de la réflexion : je n'ai plus d'yeux pour ses défauts, il m'en reste seulement pour tout ce qu'elle a d'aimable. N'est-ce pas là le dernier point de folie, et n'admirez-vous pas que tout ce que j'ai de raison ne sert qu'à me faire connoître ma foiblesse, sans en pouvoir triompher ? — Je vous avoue à mon tour, lui dit son ami, que vous êtes plus à plaindre que je ne pensois, mais il faut tout espérer du temps. Continuez cependant à faire vos efforts ; ils feront leur effet lorsque vous y penserez le moins ; pour moi, je vais faire des vœux afin que vous soyez bientôt content. Il se retira et laissa Molière, qui rêva encore fort longtemps aux moyens d'amuser sa douleur[1]."

Cette touchante scène se passait à Auteuil, dans ce jardin plus célèbre par une autre aventure que l'imagination classique a brodée à l'infini, qu'Andrieux a fixée avec goût, et dont la gaieté convient mieux à l'idée commune qu'éveille le nom de Molière. Je veux parler du fameux souper où, pendant que l'amphitryon malade gardait la chambre, Chapelle fit si bien les honneurs de la cave et du festin, que tous les convives, Despréaux en

---

[1] amuser = to beguile. This "récit fort peu authentique" comes from *La fameuse comédienne ou Histoire de La Guerin auparavant Femme et Veuve de Molière*, Frankfort, 1688, which is justly called by Sainte-Beuve a "libelle scandaleux."

tête, couraient se noyer à la Seine de gaieté de cœur, si Molière, amené par le bruit, ne les avait persuadés de remettre l'entreprise au lendemain, à la clarté des cieux[1]. Notez que cette joyeuse histoire n'a eu tant de vogue que parce que le nom populaire de notre grand comique s'y mêle et l'anime. Le nom littéraire de Boileau n'aurait pas suffi pour la vulgariser à ce point ; on ne va pas remuer de la sorte des anecdotes sur Racine. Ces espèces de légendes n'ont cours qu'à l'occasion de poètes vraiment populaires. C'est aussi à un retour par eau de la maison d'Auteuil qu'eut lieu entre Molière et Chapelle *l'aventure du minime.* Chapelle, resté pur gassendiste par souvenir de collège, comme quelque ancien barbiste de nos jours qui, buveur et paresseux, est resté fidèle aux vers latins, Chapelle disputait à tue-tête dans le bateau sur la philosophie des atomes, et Molière lui niait vivement cette philosophie, en ajoutant toutefois, dit l'histoire : *Passe pour la morale !* Or un religieux se trouvait là, qui paraissait attentif au différend, et qui, interpellé tour à tour par l'un et par l'autre, lâchait de temps en temps un *hum !* du ton d'un homme qui en dit moins qu'il ne pense ; les deux amis attendaient sa décision. Mais, en arrivant devant les *Bons-Hommes,* le religieux demanda à être mis à terre et prit sa besace au fond du bateau ; ce n'était qu'un moine mendiant. Son *hum !* discret et lâché à propos l'avait fait juger capable. "Voyez, petit garçon, dit alors Molière à Baron enfant qui était là, voyez ce que fait le silence quand il est observé avec conduite[2]."

Quant à la scène sérieuse, mélancolique, du jardin, entre Chapelle et Molière, que nous avons donnée, Grimarest la raconte à peu près dans les mêmes termes, mais il y fait figurer le physicien Rohault au lieu de Chapelle. Il est très-possible que Molière ait parlé à Rohault de ses chagrins dans le même sens qu'à son autre ami ; mais

---

[1] From Grimarest. The story is also told by Louis Racine in his *Mémoires sur la vie de Jean Racine,* and it is he who mentions Boileau's presence. [2] Also from Grimarest.

on est tenté plus volontiers d'accueillir la version précédente, bien qu'elle fasse partie d'un libelle scandaleux (*la Fameuse Comédienne*) publié contre la veuve de Molière, la Guérin, qui, comme tant de veuves de grands hommes, s'était remariée peu dignement[1].

Si Molière n'a pas laissé de sonnets, à la façon de quelques grands poètes, sur ses sentiments personnels, ses amours, ses douleurs, en a-t-il transporté indirectement quelque chose dans ses comédies? et en quelle mesure l'a-t-il fait? On trouve dans sa vie, par M. Taschereau, plusieurs rapprochements ingénieux des principales circonstances domestiques avec les endroits des pièces qui peuvent y correspondre. "Molière, disait La Grange, son camarade et le premier éditeur de ses œuvres complètes, Molière faisoit d'admirables applications dans ses comédies, où l'on peut dire qu'il a joué tout le monde, puisqu'il s'y est joué le premier, en plusieurs endroits, sur les affaires de sa famille, et qui regardoient ce qui se passoit dans son domestique; c'est ce que ses plus particuliers amis ont remarqué bien des fois." Ainsi, au troisième acte du *Bourgeois Gentilhomme*, Molière a donné un portrait ressemblant de sa femme; ainsi, dans la scène première de *l'Impromptu de Versailles*, il place un trait piquant sur la date de son mariage; ainsi, dans la cinquième scène du second acte de *l'Avare*, il se raille lui-même sur sa fluxion et sa toux; ainsi encore, dans *l'Avare*, il accommode au rôle de La Flèche la marche boiteuse de Béjart aîné[2], comme il avait attribué au Jodelet des *Précieuses* la pâleur de visage du comédien Brécourt[3]. Il est infiniment probable qu'il a songé dans Arnolphe, dans Alceste, à son âge, à sa situation, à sa jalousie, et que sous le travestissement d'Argan il donne cours à son antipathie personnelle contre la Faculté. Mais une dis-

---

1 I omit here nine lines in which Sainte-Beuve mentions, only to repudiate it, a scandalous accusation made in the same libel against Molière.

2 It was the younger brother, Louis Béjart, who was lame.

3 The part of Jodelet was originally played by the comedian who acted under that name. Brécourt did not join Molière's company till 1662.

tinction essentielle est à faire, et l'on ne saurait trop la méditer parce qu'elle touche au fond même du génie dramatique. Les traits précédents ne portent que sur des conformités assez vagues et générales ou sur de très-simples détails, et en réalité aucun des personnages de Molière n'est *lui*. La plupart même de ces traits tout à l'heure indiqués ne doivent être pris que pour des artifices et de menus à-propos de l'acteur excellent, où pour quelqu'une de ces confusions passagères entre l'acteur et le personnage, familières aux comiques de tous les temps et qui aident au rire. Il n'en faut pas dire moins de ces prétendues copies que Molière aurait faites de certains originaux. Alceste serait le portrait de M. de Montausier, le Bourgeois Gentilhomme celui de Rohault, l'Avare celui du président de Bercy ; que sais-je ? ici c'est le comte de Grammont, là le duc de La Feuillade, qui fait les frais de la pièce. Les Dangeau, les Tallemant, les Guy Patin, les Cizeron-Rival, ces amateurs d'*ana*[1], donnent là-dedans avec un zèle ingénu et nous tiennent au courant de leurs découvertes anecdotiques sans nombre ; tout cela est futile. Non, Alceste n'est pas plus M. de Montausier qu'il n'est Molière, qu'il n'est Despréaux dont il reproduit également quelque trait. Non, le chasseur même des *Fâcheux* n'est pas tout uniment M. de Soyecourt, et Trissotin n'est l'abbé Cotin qu'un moment. Les personnages de Molière, en un mot, ne sont pas des copies, mais des créations. Je crois à ce que dit Molière des prétendus portraits dans son *Impromptu de Versailles*, mais par des raisons plus radicales que celles qu'il donne. Il y a des traits à l'infini chez Molière, mais pas ou peu de portraits. La Bruyère et les peintres critiques font des portraits, patiemment, ingénieusement, ils collationnent les observations, et, en face d'un ou de plusieurs modèles, ils reportent sans cesse sur leur toile un détail à côté d'un autre. C'est la différence d'Onuphre à Tartufe ;

---

[1] E.g. *Scaligerana, Thuana, Segraisiana, Carpentariana, Menagiana*. These and others have been collected under the title of *Ana*, 9 vols. Amsterdam. No one loved an anecdote better than Sainte-Beuve.

La Bruyère qui critique Molière ne la sentait pas[1]. Molière, lui, invente, engendre ses personnages, qui ont bien çà et là des airs de ressembler à tels ou tels, mais qui, au total, ne sont qu'eux-mêmes. L'entendre autrement, c'est ignorer ce qu'il y a de multiple et de complexe dans cette mystérieuse physiologie dramatique dont l'auteur seul a le secret. Il peut se rencontrer quelques traits d'emprunts dans un vrai personnage comique; mais entre cette réalité copiée un moment, puis abandonnée, et l'invention, la création qui la continue, qui la porte, qui la transfigure, la limite est insaisissable. Le grand nombre superficiel salue au passage un trait de sa connaissance et s'écrie : " C'est le portrait de tel homme." On attache pour plus de commodité une étiquette connue à un personnage nouveau. Mais véritablement l'auteur seul sait jusqu'où va la copie et où l'invention commence ; seul il distingue la ligne sinueuse, la jointure plus savante et plus divinement accomplie que celle de l'épaule de Pélops.

Dans cette famille d'esprits qui compte, en divers temps et à divers rangs, Cervantes, Rabelais, Le Sage, Fielding, Beaumarchais et Walter Scott, Molière est, avec Shakespeare, l'exemple le plus complet de la faculté dramatique, et, à proprement parler, créatrice, que je voudrais exactement déterminer. Shakespeare a de plus que Molière les touches pathétiques et les éclats du terrible : Macbeth, le roi Lear, Ophélie ; mais Molière rachète à certains égards cette perte par le nombre, la perfection, la contexture profonde et continue de ses principaux caractères. Chez tous ces grands hommes évidemment, chez Molière plus évidemment encore, le génie dramatique n'est pas une extension, un épanouissement au dehors d'une faculté lyrique et personnelle qui, partant de ses propres sentiments intérieurs, travaillerait à les transporter et à les faire revivre le plus possible sous d'autres masques (Byron, dans ses tragédies), pas plus que ce n'est l'application pure et simple d'une faculté

---

[1] La Bruyère's portrait of Onuphre is in c. XIII. (*De la Mode*) ot *Les Caractères.*

d'observation critique, analytique, qui relèverait avec soin dans des personnages de sa composition les traits épars qu'elle aurait rassemblés (Gresset dans *le Méchant*). Il y a toute une classe de dramatiques véritables qui ont quelque chose de lyrique en un sens, ou de presque aveugle dans leur inspiration, un échauffement qui naît d'un vif sentiment actuel et qu'ils communiquent directement à leurs personnages. Molière disait du grand Corneille : " Il a un lutin qui vient de temps en temps lui souffler d'excellents vers, et qui ensuite le laisse là en disant : Voyons comme il s'en tirera quand il sera seul ; et il ne fait rien qui vaille, et le lutin s'en amuse." N'est-ce pas dans ce même sens, et non dans celui qu'a supposé Voltaire, que Richelieu reprochait à Corneille de n'avoir pas *l'esprit de suite*? Corneille, en effet, Crébillon, Schiller, Ducis, le vieux Marlowe, sont ainsi sujets à des lutins, à des émotions directes et soudaines, dans les accès de leur veine dramatique. Ils ne gouvernent pas leur génie selon la plénitude et la suite de la liberté humaine. Souvent sublimes et superbes, ils obéissent à je ne sais quel cri de l'instinct et à une noble chaleur du sang, comme les animaux généreux, lions ou taureaux ; ils ne savent pas bien ce qu'ils font. Molière, comme Shakespeare, le sait ; comme ce grand devancier, il se meut, on peut le dire, dans une sphère plus librement étendue, et par cela supérieure, se gouvernant lui-même, dominant son feu, ardent à l'œuvre, mais lucide dans son ardeur. Et sa lucidité néanmoins, sa froideur habituelle de caractère au centre de l'œuvre si mouvante, n'aspirait en rien à l'impartialité calculée et glacée, comme on l'a vu de Gœthe, le Talleyrand de l'art : ces raffinements critiques au sein de la poésie n'étaient pas alors inventés. Molière et Shakespeare sont de la race primitive, deux frères, avec cette différence, je me le figure, que dans la vie commune Shakespeare, le poète des pleurs et de l'effroi, développait volontiers une nature plus riante et plus heureuse, et que Molière, le comique réjouissant, se laissait aller à plus de mélancolie et de silence.

Le génie lyrique, élégiaque, intime, personnel (je voudrais lui donner tous les noms plutôt que celui de *subjectif*, qui sent trop l'école), ce génie qui est l'antagoniste-né du dramatique, se chante, se plaint, se raconte et se décrit sans cesse. S'il s'applique au dehors, il est tenté à chaque pas de se mirer dans les choses, de se sentir dans les personnes, d'intervenir et de se substituer partout en se déguisant à peine ; il est le contraire de la diversité. Molière, en son Épître à Mignard, a dit du dessin des physionomies et des visages :

> Et c'est là qu'un grand peintre, avec pleine largesse,
> D'une féconde idée étale la richesse,
> Faisant briller partout de la diversité
> Et ne tombant jamais dans un air répété :
> Mais un peintre commun trouve une peine extrême
> A sortir dans ses airs de l'amour de soi-même.
> De redites sans nombre il fatigue les yeux,
> Et, plein de son image, il se peint en tous lieux.

Notre poète caractérisait, sans y songer, le génie lyrique qui, du reste, n'était pas développé et isolé de son temps comme depuis. La Fontaine, qui en avait de naïves effusions, y associait une remarquable faculté dramatique qu'il mit si bien en jeu dans ses fables. Racine, génie admirablement heureux et proportionné, capable de tout dans une belle mesure, aurait excellé à se chanter, à se soupirer et à se décrire, si ç'avait été la mode alors, de même qu'en se tournant à la réalité du dehors, il aurait excellé au portrait, à l'épigramme fine et à la raillerie, comme cela se voit par la lettre à l'auteur des *Imaginaires*. *Les Plaideurs* trahissent en lui la vocation la plus opposée à celle d'*Esther*. Son principal talent naturel était pourtant, je le crois, vers l'épanchement de l'élégie[1] ; mais on ne peut trop le décider, tant il a su convenablement s'identifier avec ses nobles personnages, dans la région mixte, idéale et modérément dramatique, où il se déploie à ravir.

Une marque souveraine du génie dramatique fortement caractérisé, c'est, selon moi, la fécondité de produc-

---

[1] Sainte-Beuve freed himself later from the prejudice against Racine as a dramatist which he contracted in the Romantic school.

tion, c'est le maniement de tout un monde qu'on évoque autour de soi et qu'on peuple sans relâche. J'ai cherché à soutenir ailleurs que chaque esprit sensible, délicat et attentif, peut faire avec soi-même, et moyennant le souvenir choisi et réfléchi de ses propres situations, un bon roman, mais un seul ; j'en dirai presque autant du drame. On peut faire jusqu'à un certain point une bonne comédie, un bon drame, en sa vie ; témoin Gresset et Piron[1]. C'est dans la récidive, dans la production facile et infatigable, que se déclare le don dramatique. Tous les grands dramatiques, quelques-uns même fabuleux en cela, ont montré cette fertilité primitive de génie, une fécondité digne des patriarches. Voilà bien la preuve du don, de ce qui n'est pas explicable par la seule observation sagace, par le seul talent de peindre : faculté magique de certains hommes, qui, enfants, leur fait jouer des scènes, imiter, reproduire et inventer des caractères avant presque d'en avoir observé ; qui plus tard, quand la connaissance du monde leur est venue, réalise à leur gré des originaux en foule, qu'on reconnaît pour vrais sans les pouvoir confondre avec aucun des êtres déjà existants, l'inventeur s'effaçant et se perdant lui-même dans cette foule bruyante, comme un spectateur obscur. L'ingénieux critique allemand Tieck a essayé de discerner la personne de Shakespeare dans quelques profils secondaires de ses drames, dans les Horatio, les Antonio, aimables et heureuses figures. On a cru voir ainsi la physionomie bienveillante de Scott dans les Mordaunt Morton[2] et autres personnages analogues de ses romans. On ne peut même en conjecturer autant pour Molière.

Mademoiselle Poisson[3], femme du comédien de ce nom, a donné de Molière le portrait suivant, que ceux

---

1 Gresset wrote *Le Méchant* and Piron *La Métromanie.*

2 Sainte-Beuve has confused Mordaunt Mertoun, the hero of *The Pirate*, with Henry Morton, the hero of *Old Mortality.* His note (here omitted) shews that he is thinking of the latter.

3 Mme Poisson—the wife of a *bourgeois* was called Mlle in Molière's day —was a daughter of the actor Du Croisy ; she joined Molière's company in 1673. Her portrait of him appeared in the *Mercure de France*, May, 1740.

qu'a laissés Mignard[1] ne démentent pas pour les traits physiques, et qui satisfait l'esprit par l'image franche qu'il suggère : "Molière, dit-elle, n'était ni trop gras, ni trop maigre ; il avoit la taille plus grande que petite ; le port noble, la jambe belle ; il marchoit gravement, avoit l'air très-sérieux, le nez gros, la bouche grande, les lèvres épaisses, le teint brun, les sourcils noirs et forts, et les divers mouvements qu'il leur donnoit lui rendoient la physionomie extrêmement comique. A l'égard de son caractère, il étoit doux, complaisant, généreux ; il aimoit fort à haranguer, et quand il lisoit ses pièces aux comédiens, il vouloit qu'ils y amenassent leurs enfants, pour tirer des conjectures de leurs mouvements naturels." Ce qui apparaît en ce peu de lignes de la mâle beauté du visage de Molière m'a rappelé ce que Tieck raconte de la *face tout humaine* de Shakespeare[2]. Shakespeare, jeune, inconnu encore, attendait dans la chambre d'une auberge l'arrivée de lord Southampton, qui allait devenir son protecteur et son ami. Il écoutait en silence le poète Marlowe, qui s'abandonnait à sa verve bruyante sans prendre garde au jeune inconnu. Lord Southampton, étant arrivé dans la ville, dépêcha son page à l'hôtellerie : "Tu vas aller, lui dit-il en l'envoyant, dans la chambre commune ; là, regarde attentivement tous les visages : les uns, remarque-le bien, te paraîtront ressembler à des figures d'animaux moins nobles, les autres à des figures d'animaux plus nobles ; cherche toujours jusqu'à ce que tu aies rencontré un visage qui ne te paraisse ressembler à rien autre qu'à un visage humain. C'est là l'homme que je cherche ; salue-le de ma part et amène-le-moi." Et le jeune page s'empressa d'aller, et, en entrant dans la chambre commune, il se mit à examiner les visages ; et après un lent examen, trouvant le visage du poète Marlowe le plus beau de tous, il crut que c'était l'homme, et il l'amena à son maître. La physionomie de Marlowe, en

---

[1] The best portrait of Molière is at Chantilly ; it is generally ascribed to Mignard.

[2] In his novel entitled *Dichterleben*.

effet, ne manquait pas de ressemblance avec le front d'un noble taureau, et le page, comme un enfant qu'il était encore, en avait été frappé plus que de tout autre. Mais lord Southampton lui fit ensuite remarquer son erreur, et lui expliqua comment le visage humain et proportionné de Shakespeare, qui frappait peut-être moins au premier abord, était pourtant le plus beau. Ce que Tieck a dit là si ingénieusement des visages, il le veut dire surtout, on le sent, de l'intérieur des génies.

Molière ne séparait pas les œuvres dramatiques de la représentation qu'on en faisait, et il n'était pas moins directeur et acteur excellent qu'admirable poète. Il aimait, avons-nous dit, le théâtre, les planches, le public; il tenait à ses prérogatives de directeur, à haranguer en certains cas solennels, à intervenir devant le parterre parfois orageux. On raconte qu'un jour il apaisa par sa harangue MM. les mousquetaires furieux de ce qu'on leur avait supprimé leurs entrées. Comme acteur, ses contemporains s'accordent à lui reconnaître une grande perfection dans le jeu comique, mais une perfection acquise à force d'étude et de volonté. "La nature, dit encore mademoiselle Poisson, lui avoit refusé ces dons extérieurs si nécessaires au théâtre, surtout pour les rôles tragiques. Une voix sourde, des inflexions dures, une volubilité de langue qui précipitoit trop sa déclamation, le rendoient de ce côté fort inférieur aux acteurs de l'hôtel de Bourgogne. Il se rendit justice et se renferma dans un genre où ses défauts étoient plus supportables. Il eut même bien des difficultés pour y réussir et ne se corrigea de cette volubilité, si contraire à la belle articulation, que par des efforts continuels qui lui causèrent un hoquet qu'il a conservé jusqu'à la mort et dont il savoit tirer parti en certaines occasions. Pour varier ses inflexions, il mit le premier en usage certains tons inusités, qui le firent d'abord accuser d'un peu d'affectation, mais auxquels on s'accoutuma. Non-seulement il plaisoit dans les rôles de Mascarille, de Sganarelle, d'Hali, etc., etc.; il excelloit encore dans les rôles de haut comique, tels que ceux d'Arnolphe, d'Orgon, d'Harpagon. C'est alors que par la vérité des sentiments, par l'intelligence des expressions et par toutes les finesses de l'art, il séduisoit les spectateurs au point qu'ils ne distinguoient plus le personnage représenté d'avec le comédien qui le représentoit. Aussi se chargeoit-il toujours des rôles les plus longs et les plus difficiles." Tous les contemporains, De Visé, Segrais, sont unanimes sur ce succès prodigieux obtenu par Molière dès qu'il consentait à déposer la couronne tragique de laurier pour laquelle il avait un faible. Dans ce qu'on appelle les rôles *à manteau* où il jouait, le seul Grandmesnil peut-être l'a égalé depuis[1]. Mais dans le tragique aussi, sa direction, si ce n'est son exécution, était parfaite. La lutte qu'il soutint avec l'hôtel de Bourgogne, et dont *l'Impromptu de Versailles* constate plus d'un détail piquant, n'est autre que celle du débit vrai contre l'emphase déclamatoire, de la nature contre l'école. Mascarille, dans *les Précieuses*, se moque des comédiens ignorants qui récitent comme l'on parle ; Molière et sa troupe étaient de ceux-ci. On croirait dans *l'Impromptu* entendre les conseils de notre Talma sur *Nicomède*. Comme Talma encore, Molière était grand et somptueux en manière de vivre, riche à trente mille livres de revenu, qu'il dépensait amplement en libéralités, en réceptions, en bienfaits. Son domestique ne se bornait pas à cette bonne Laforest, confidente célèbre de ses vers, et les gens de qualité, à qui il rendait volontiers leurs régals, ne trouvaient nullement chez lui un ménage bourgeois et à la Corneille. Il habitait, dans la dernière partie de sa vie, une maison de la rue de Richelieu, à la hauteur et en face de la rue Traversière, vers le n° 34 d'aujourd'hui[2].

Molière, arrivé à l'âge de quarante ans, au comble de son art, et, ce semble, de la gloire, affectionné du roi, protégé et recherché des plus grands, mandé fréquemment

---

1 Grandmesnil retired from the *Théâtre français* in 1711. By *rôles à manteau* are meant such parts as Arnolphe and Orgon.

2 This house, of which Molière rented the greater part from October 1, 1672, for 1300 *livres* a year, occupied the site of the present Nos. 38 and 40.

par M. le Prince, allant chez M. de La Rochefoucauld lire *les Femmes savantes*, et chez le vieux cardinal de Retz lire *le Bourgeois Gentilhomme*, Molière, indépendamment de' ses désaccords domestiques, était-il, je ne dis pas heureux dans la vie, mais satisfait de sa position selon le monde? on peut affirmer que non. Éteignez, atténuez, déguisez le fait sous toutes les réserves imaginables; malgré l'éclat du talent et de la faveur, il restait dans la condition de Molière quelque chose dont il souffrait. Il souffrait de manquer parfois d'une certaine considération sérieuse, élevée; le comédien en lui nuisait au poète. Tout le monde riait de ses pièces, mais tous ne les estimaient pas assez; trop de gens ne le prenaient, il le sentait bien, que comme le meilleur sujet de divertissement:

Molière avec Tartufe y doit jouer son rôle.

On le faisait venir pour égayer *ce bon vieux cardinal*, pour l'émoustiller un peu; madame de Sévigné en parle sur ce ton. Chapelle l'appelait *grand homme*; mais ses amis considérables, et Boileau le premier, regrettaient en lui le mélange du bouffon. On voit, après sa mort, De Visé[1], dans une lettre à Grimarest, contester le *monsieur* à Molière; et à son convoi, une femme du peuple à qui l'on demandait quel était ce mort qu'on enterrait: "Eh! répondit-elle, c'est ce Molière." Une autre femme qui était à sa fenêtre et qui entendit ce propos, s'écria: "Comment, malheureuse! il est bien monsieur pour toi." — Molière, observateur clairvoyant et inexorable comme il l'était, devait ne rien perdre de mille chétives circonstances qu'il dévorait avec mépris. Certains honneurs même le dédommageaient médiocrement, et parfois le flattaient assez amèrement, je pense, comme, par exemple, l'honneur de faire, en qualité de domestique, le lit de Louis XIV. Lorsque Louis XIV encore, pour fermer la bouche aux calomnies, était parrain avec la duchesse d'Orléans du premier enfant de Molière, et couvrait ainsi le mariage du comédien de son manteau fleurdelisé; lorsqu'en une autre circonstance il

1 The *lettre critique* addressed to Grimarest was not written by De Visé.

le faisait asseoir à sa table, et disait tout haut, en lui servant une aile de son *en-cas-de-nuit* : " Me voilà occupé de faire manger Molière, que mes officiers ne trouvent pas assez bonne compagnie pour eux," le fier offensé était-il et demeurait-il aussi touché de la réparation que de l'injure[1] ? Vauvenargues, dans son dialogue de Molière et d'un jeune homme, a fait exprimer au poète-comédien, d'une manière touchante et grave, ce sentiment d'une position incomplète[2]. Il aura pris l'idée de ce dialogue dans un entretien réel, rapporté par Grimarest, et où le poète dissuada un jeune homme qui le venait consulter sur sa vocation pour le théâtre.

Dix mois avant sa mort, Molière, par la médiation d'amis communs, s'était rapproché de sa femme qu'il aimait encore, et il était même devenu père d'un enfant qui ne vécut pas. Le changement de régime, causé par cette reprise de vie conjugale, avait accru son irritation de poitrine. Deux mois avant sa mort, il reçut cette visite de Boileau dont nous avons parlé. Le jour de la quatrième représentation du *Malade imaginaire*, Molière se sentit plus indisposé que de coutume : mais je le laisse parler Grimarest, qui a dû tenir de Baron les détails de la scène, et dont la naïveté plate me semble préférable sur ce point à la correction plus concise de ceux qui l'ont reproduit. Ce jour-là donc, " Molière, se trouvant tourmenté de sa fluxion beaucoup plus qu'à l'ordinaire, fit appeler sa femme, à qui il dit, en présence de Baron : Tant que ma vie a été mêlée également de douleur et de plaisir, je me suis cru heureux ; mais aujourd'hui que je suis accablé de peines sans pouvoir compter sur aucuns moments de satisfaction et de douceur, je vois bien qu'il me faut quitter la partie ; je ne puis plus tenir contre les douleurs et les déplaisirs, qui ne me donnent pas un instant de relâche. Mais, ajouta-t-il en réfléchissant,

---

1 This anecdote first appears in the memoirs (1823) of Mme Campan, who says that it was told to her father-in-law by one of the physicians in ordinary to Louis XIV.

2 *Dialogue* x. (*Œuvres posthumes*).

MOLIÈRE 57

qu'un homme souffre avant que de mourir! Cependant
je sens bien que je finis. — La Molière et Baron furent
vivement touchés du discours de M. de Molière, auquel
ils ne s'attendoient pas, quelque incommodé qu'il fût.
Ils le conjurèrent, les larmes aux yeux, de ne point jouer
ce jour-là et de prendre du repos pour se remettre. —
Comment voulez-vous que je fasse? leur dit-il; il y a
cinquante pauvres ouvriers qui n'ont que leur journée
pour vivre; que feront-ils si l'on ne joue pas? Je me re-
procherois d'avoir négligé de leur donner du pain un
seul jour, le pouvant faire absolument. — Mais il envoya
chercher les comédiens, à qui il dit que, se sentant plus
incommodé que de coutume, il ne joueroit point ce jour-
là s'ils n'étoient prêts à quatre heures précises pour
jouer la comédie. Sans cela, leur dit-il, je ne puis m'y
trouver, et vous pourrez rendre l'argent. Les comédiens
tinrent les lustres allumés et la toile levée, précisément
à quatre heures. Molière représenta avec beaucoup de
difficulté, et la moitié des spectateurs s'aperçurent qu'en
prononçant *Juro*, dans la cérémonie du *Malade imaginaire*, il lui prit une convulsion. Ayant remarqué lui-
même que l'on s'en étoit aperçu, il se fit un effort et
cacha par un ris forcé ce qui venoit de lui arriver.

"Quand la pièce fut finie, il prit sa robe de chambre
et fut dans la loge de Baron, et lui demanda ce que l'on
disoit de sa pièce. M. Baron lui répondit que ses ouvrages
avoient toujours une heureuse réussite à les examiner de
près, et que, plus on les représentoit, plus on les goûtoit.
Mais, ajouta-t-il, vous me paroissez plus mal que tantôt.
— Cela est vrai, lui répondit Molière, j'ai un froid qui me
tue —Baron, après lui avoir touché les mains qu'il trouva
glacées, les lui mit dans son manchon pour les lui ré-
chauffer: il envoya chercher ses porteurs pour le porter
promptement chez lui, et il ne quitta point sa cháise, de
peur qu'il ne lui arrivât quelque accident du Palais-Royal
dans la rue Richelieu, où il logeoit. Quand il fut dans
sa chambre, Baron voulut lui faire prendre du bouillon,
dont la Molière avoit toujours provision pour elle, car on

ne pouvoit avoir plus de soin de sa personne qu'elle en avoit. — Eh! non, dit-il, les bouillons de ma femme sont de vraie eau-forte pour moi; vous savez tous les ingrédients qu'elle y fait mettre. Donnez-moi plutôt un petit morceau de fromage de Parmesan. — Laforest lui en apporta; il en mangea avec un peu de pain, et il se fit mettre au lit. Il n'y eut pas été un moment qu'il envoya demander à sa femme un oreiller rempli d'une drogue qu'elle lui avoit promis pour dormir. Tout ce qui n'entre point dans le corps, dit-il, je l'éprouve volontiers; mais les remèdes qu'il faut prendre me font peur; il ne faut rien pour me faire perdre ce qui me reste de vie. Un instant après il lui prit une toux extrêmement forte, et après avoir craché il demanda de la lumière. Voici, dit-il, du changement. Baron, ayant vu le sang qu'il venoit de rendre, s'écria avec frayeur. — Ne vous épouvantez point, lui dit Molière, vous m'en avez vu rendre bien davantage. Cependant, ajouta-t-il, allez dire à ma femme qu'elle monte. Il resta assisté de deux sœurs religieuses, de celles qui viennent ordinairement à Paris quêter pendant le carême, et auxquelles il donnoit l'hospitalité. Elles lui donnèrent à ce dernier moment de sa vie tout le secours édifiant que l'on pouvoit attendre de leur charité, et il leur fit paroître tous les sentiments d'un bon chrétien et toute la résignation qu'il devoit à la volonté du Seigneur. Enfin il rendit l'esprit entre les bras de ces deux bonnes sœurs; le sang qui sortoit par sa bouche en abondance l'étouffa. Ainsi, quand sa femme et Baron remontèrent, ils le trouvèrent mort."

C'était le vendredi 17 février 1673, à dix heures du soir, une heure au plus après avoir quitté le théâtre, que Molière rendit ainsi le dernier soupir, âgé de cinquante et un ans, un mois et deux ou trois jours. Le curé de Saint-Eustache, sa paroisse, lui refusa la sépulture ecclésiastique, comme n'ayant pas été réconcilié avec l'Église. La veuve de Molière adressa, le 20 février, une requête à l'archevêque de Paris, Harlay de Champvalon. Accompagnée du curé d'Auteuil, elle courut à Versailles se jeter aux pieds du roi ; mais le bon curé saisit l'occasion pour se justifier lui-même du soupçon de jansénisme, et le roi le fit taire. Et puis, il faut tout dire, Molière était mort, il ne pouvait plus désormais amuser Louis XIV; et l'égoïsme immense du monarque, cet égoïsme hideux, incurable, qui nous est mis à nu par Saint-Simon, reprenait le dessus. Louis XIV congédia brusquement le curé et la veuve; en même temps il écrivit à l'archevêque d'aviser à quelque moyen terme. Il fut décidé qu'on accorderait *un peu de terre*, mais que le corps s'en irait directement et sans être présenté à l'église. Le 21 février, au soir, le corps, accompagné de deux ecclésiastiques, fut porté au cimetière de Saint-Joseph, rue Montmartre. Deux cents personnes environ suivaient, tenant chacune un flambeau ; il ne se chanta aucun chant funèbre. Dans la journée même des obsèques, la foule, toujours fanatique, s'était assemblée autour de la maison mortuaire avec des apparences hostiles ; on la dissipa en lui jetant de l'argent[1]. Il fut moins aisé de la dissiper au convoi de Louis XIV.

A peine mort, de toutes parts on apprécia Molière. On sait les magnifiques vers de Boileau[2], qui s'y éleva à l'éloquence et qui eut un accent de Bossuet sur une mort où Bossuet eut la violence d'un Le Tellier[3]. La réputation de Molière a brillé croissante et incontestée depuis. Le XVIIIe siècle a fait plus que la confirmer, il l'a proclamée avec une sorte d'orgueil philosophique. Il ne se fit entendre contre que les réclamations morales de Jean-Jacques et quelques réserves du bon Thomas, l'ami de

---

1 This is Grimarest's account, but an eye-witness says, " Il y avait grande foule du peuple, et l'on a fait distribution de mil à douze cent livres aux pauvres qui s'y sont trouvés, à chacun 5 sols."

2   Avant qu'un peu de terre obtenu par prière,
       Pour jamais sous la tombe eût enfermé Molière, &c.
                              (*Epître* VII. à Racine).

By *terre* Boileau means consecrated earth.

3 See above, p. 11 n. 1. Michel Le Tellier (1603-1685), the father of Louvois, was Secretary of State for War, and later Chancellor. Bossuet preached his funeral oration. For a good portrait of him see the memoirs of the Abbé Choisy.

madame Necker, en faveur des femmes savantes. Ginguené a publié une brochure pour montrer Rabelais précurseur et instrument de la Révolution française ; c'était inutile à prouver sur Molière. Tous les préjugés et tous les abus flagrants avaient évidemment passé par ses mains, et, comme instrument de circonstance, Beaumarchais lui-même n'était pas plus présent que lui ; le *Tartufe*, à la veille de 89, parlait aussi net que *Figaro*. Après 94, et jusqu'en 1800 et au delà, il y eut un incomparable moment de triomphe pour Molière, et par les transports d'un public ramené au rire de la scène, et par l'esprit philosophique régnant alors et vivement satisfait, et par l'ensemble, la perfection des comédiens français chargés des rôles comiques, et l'excellence de Grandmesnil en particulier. La Révolution close, Napoléon, qui restaurait nombre de vieilleries sociales qu'avait ébréchées autrefois Molière, lui rendit un singulier et tacite hommage ; en rétablissant les Princes, Ducs, Comtes et Barons, il désespéra des Marquis, et sa volonté impériale s'arrêta devant Mascarille. Notre jeune siècle, en recevant cette gloire qu'il n'a jamais révoquée en doute, s'en est surtout servi quelque temps comme d'un auxiliaire, comme d'une arme de défense ou de renversement. Mais bientôt, en l'embrassant d'une plus équitable manière, en la comparant, selon la philosophie et l'art, avec d'autres renommées des nations voisines, il l'a mieux comprise encore et respectée. Sans cesse agrandie de la sorte, la réputation de Molière (merveilleux privilège !) n'est parvenue qu'à s'égaler au vrai et n'a pu être surfaite. Le génie de Molière est désormais un des ornements et des titres du génie même de l'humanité. La Rochefoucauld, en son style ingénieux, a dit que l'absence éteint les petites passions et accroît les grandes, comme un vent violent qui souffle les chandelles et allume les incendies : on en peut dire autant de l'absence, de l'éloignement, et de la violence des siècles, par rapport aux gloires. Les petites s'y abîment, les grandes s'y achèvent et s'en augmentent. Mais parmi les grandes gloires elles-mêmes, qui durent et survivent, il en est beaucoup qui ne se maintiennent que de loin, pour ainsi dire, et dont le nom reste mieux que les œuvres dans la mémoire des hommes. Molière, lui, est du petit nombre toujours présent, au profit de qui se font et se feront toutes les conquêtes possibles de la civilisation nouvelle. Plus cette mer d'oubli du passé s'étend derrière et se grossit de tant de débris, et plus aussi elle porte ces mortels fortunés et les exhausse ; un flot éternel les ramène tout d'abord au rivage des générations qui recommencent. Les réputations, les génies futurs, les livres, peuvent se multiplier, les civilisations peuvent se transformer dans l'avenir, pourvu qu'elles se continuent ; il y a cinq ou six grandes œuvres qui sont entrées dans le fonds inaliénable de la pensée humaine. Chaque homme de plus qui sait lire est un lecteur de plus pour Molière.

Janvier 1835.

II

DU GÉNIE CRITIQUE ET DE BAYLE[1]

CETTE indifférence du fond, il faut bien le dire, cette
tolérance prompte, facile, aiguisée de plaisir, est une des
conditions essentielles du génie critique, dont le propre,
quand il est complet, consiste à courir au premier signe
sur le terrain d'un chacun, à s'y trouver à l'aise, à s'y jouer
en maître et à connaître de toutes choses.......

Ce génie, dans son idéal complet (et Bayle réalise
cet idéal plus qu'aucun autre écrivain), est au revers du
génie créateur et poétique, du génie philosophique avec
système; il prend tout en considération, fait tout valoir,
et se laisse d'abord aller, sauf à revenir bientôt. Tout
esprit qui a en soi une part d'art ou de système n'admet
volontiers que ce qui est analogue à son point de vue, à sa
prédilection. Le génie critique n'a rien de trop digne, ni
de prude, ni de préoccupé, aucun *quant à soi*. Il ne reste
pas dans son centre ou à peu de distance; il ne se re-
tranche pas dans sa cour, ni dans sa citadelle, ni dans
son académie; il ne craint pas de se mésallier; il va partout, le long des rues, s'informant, accostant; la curiosité
l'allèche, et il ne s'épargne pas les régals qui se présentent,
Il est, jusqu'à un certain point, tout à tous, comme l'Apôtre,
et en ce sens il y a toujours de l'optimisme dans le critique
véritablement doué. Mais gare aux retours! que Jurieu[2]
se méfie! l'infidélité est un trait de ces esprits divers et
intelligents; ils reviennent sur leurs pas, ils prennent tous

---

1 *Revue des deux mondes*, December 15, 1835; *Portraits littéraires*, 1.
"Ce qu'il y a de Bayle dans Sainte-Beuve est incroyable." (Faguet.)

2 In 1681 Bayle was appointed to a chair of history and philosophy at
Rotterdam where he became intimate with Pierre Jurieu, a distinguished
Protestant theologian, and pastor of the Walloon church in that city. Later
a quarrel between them arose. Jurieu's violent sectarian temper ill accorded
with Bayle's tolerant indifference, and on Jurieu's representations to the
magistrates Bayle was deprived of his chair in 1693.

les côtés d'une question, ils ne se font pas faute de se réfuter eux-mêmes et de retourner la tablature. Combien de fois Bayle n'a-t-il pas changé de rôle, se déguisant tantôt en nouveau converti, tantôt en vieux catholique romain, heureux de cacher son nom et de voir sa pensée faire route nouvelle en croisant l'ancienne! Un seul personnage ne pouvait suffire à la célérité et aux revirements toujours justes de son esprit mobile, empressé, accueillant. Quelque vastes que soient les espaces et le champ défini, il ne peut promettre de s'y renfermer, ni s'empêcher, comme il le dit admirablement, de *faire des courses sur toutes sortes d'auteurs.* Le voilà peint d'un mot.......

Une des conditions du génie critique dans la plénitude où Bayle nous le représente, c'est de n'avoir pas d'*art* à soi, de *style* : hâtons-nous d'expliquer notre pensée. Quand on a un style à soi, comme Montaigne, par exemple, qui certes est un grand esprit critique, on est plus soucieux de la pensée qu'on exprime et de la manière aiguisée dont on l'exprime, que de la pensée de l'auteur qu'on explique, qu'on développe, qu'on critique; on a une préoccupation bien légitime de sa propre œuvre, qui se fait à travers l'œuvre de l'autre, et quelquefois à ses dépens. Cette distraction limite le génie critique. Si Bayle l'avait eue, il aurait fait durant toute sa vie un ou deux ouvrages dans le goût des *Essais,* et n'eût pas écrit ses *Nouvelles de la République des Lettres*[1], et toute sa critique usuelle, pratique, incessante. De plus, quand on a un *art* à soi, une poésie, comme Voltaire, par exemple, qui certes est aussi un grand esprit critique, le plus grand, à coup sûr, depuis Bayle, on a un goût décidé, qui, quelque souple qu'il soit, atteint vite ses restrictions. On a son œuvre propre derrière soi à l'horizon; on ne perd jamais de vue ce clocher-là. On en fait involontairement le centre de ses mesures. Voltaire avait de plus son fanatisme philosophique, sa passion, qui faussait sa critique. Le bon Bayle n'avait rien

---

1 A literary journal written by Bayle, which was published at Amsterdam once a month, from March 1684 to April 1689, each number consisting of from about 100 to 120 24mo pages.

de semblable. De passion aucune: l'équilibre même; une parfaite idée de la profonde bizarrerie du cœur et de l'esprit humain, et que tout est possible, et que rien n'est sûr. De style, il en avait sans s'en douter, sans y viser, sans se tourmenter à la lutte comme Courier, La Bruyère ou Montaigne lui-même; il en avait suffisamment, malgré ses longueurs et ses parenthèses, grâce à ses expressions charmantes et de source. Il n'avait besoin de se relire que pour la clarté et la netteté du sens: heureux critique! Enfin il n'avait pas d'*art*, de *poésie*, par-devers lui. L'excellent Bayle n'a, je crois, jamais fait un vers français en sa jeunesse, de même qu'il n'a jamais rêvé aux champs, ce qui n'était guère de son temps encore, ou qu'il n'a jamais été amoureux, passionnément amoureux d'une femme, ce qui est davantage, de tous les temps. Tout son art est critique, et consiste, pour les ouvrages où il se déguise, à dispenser mille petites circonstances, à assortir mille petites adresses afin de mieux divertir le lecteur et de lui colorer la fiction: il prévient lui-même son frère de ces artifices ingénieux, à propos de la *Lettre des Comètes*[1].

Je veux énumérer encore d'autres manques de talents, ou de passions, ou de dons supérieurs, qui ont fait de Bayle le plus accompli critique qui se soit rencontré dans son genre, rien n'étant venu à la traverse pour limiter ou troubler le rare développement de sa faculté principale, de sa passion unique. Quant à la religion d'abord, il faut bien avouer qu'il est difficile, pour ne pas dire impossible, d'être religieux avec ferveur et zèle en cultivant chez soi cette faculté critique et discursive, relâchée et accommodante. Le métier de critique est comme un voyage pertuel avec toutes sortes de personnes et en toutes sortes de pays, par curiosité. Or, comme on sait,

---

1 The title of the definitive edition of 1683 is *Pensées diverses écrites à un Docteur de Sorbonne, à l'occasion de la Comète qui parut, au mois de Décembre 1680* (commonly called *Pensées sur la Comète*). A critical edition has been recently published by A. Prat for the *Société des textes français modernes*, 2 vols. 1911–12.

> Rarement à courir le monde
> On devient plus homme de bien ;

rarement du moins, on devient plus croyant, plus occupé
du but invisible. Il faut dans la piété un grand jeûne
d'esprit, un retranchement fréquent, même à l'égard des
commerces innocents et purement agréables, le contraire
enfin de se répandre. La façon dont Bayle était religieux
(et nous croyons qu'il l'était à un certain degré) cadrait
à merveille avec le génie critique qu'il avait en partage.
Bayle était religieux, disons-nous, et nous tirons cette
conclusion moins de ce qu'il communiait quatre fois l'an,
de ce qu'il assistait aux prières publiques et aux sermons,
que de plusieurs sentiments de résignation et de confiance en Dieu, qu'il manifeste dans ses lettres. Quoiqu'il
avertisse quelque part de ne pas trop se fier aux lettres
d'un auteur comme à de bons témoins de ses pensées,
plusieurs de celles où il parle de la perte de sa place
respirent un ton de modération qui ne semble pas tenir
seulement à une humeur calme, à une philosophie modeste,
mais bien à une soumission mieux fondée et à un véritable esprit de christianisme.

III

MONTAIGNE[1]

ON a tout dit sur Montaigne depuis plus de deux siècles qu'on en parle, et quand de grands et charmants esprits, Pascal en tête, y ont passé: il est pourtant une chose qu'on n'a pas assez fait ressortir, je le crois, c'est que Montaigne, ce n'est pas un système de philosophie, ce n'est pas même avant tout un sceptique, un pyrrhonien; non, Montaigne, c'est tout simplement la nature:

La nature pure, et civilisée pourtant, dans sa large étoffe, dans ses affections et dispositions générales moyennes, aussi bien que dans ses humeurs et ses saillies les plus particulières, et même ses manies;—*la Nature au complet sans la Grâce.*

L'instinct, une fois éveillé, ne trompe pas: ce que les Jansénistes haïssent surtout dans Montaigne, c'est qu'il est, par excellence, l'homme naturel.

Montaigne a été élevé par un père tendre et soigneux de son éducation; mais la religion ne l'a pas le moins du monde atteint, ni de bonne heure modifié: on lui a appris le latin dès le berceau plus que le Catéchisme. Son père, qui avait fait la guerre en Italie et vu le monde, espèce de philanthrope à idées originales, l'envoya élever au village, comme un Émile du seizième siècle, et le fit tenir sur les fonts de baptême par des gens de la plus abjecte fortune, pour lui apprendre à ne mépriser personne, surtout le pauvre peuple, et pour l'y rendre obligé et attaché. Ce bon père poussait le soin envers lui jusqu'à le faire éveiller au son de quelque instrument. Ses premières études furent toutes de langues et d'expériences courantes, sans aucune combinaison abstraite et aucune fatigue. Il grandit de la sorte, doux, traitable, assez mol et oisif, et cachant sous ces dehors assez lents des imaginations déjà

1 From *Port-Royal*, tom. II. (1842), livre troisième (PASCAL).

hardies. Son premier goût vif au Collège de Guyenne[1]
où on l'a placé, mais où la libéralité paternelle l'envi-
ronne d'aise, sa première prédilection se déclare pour les
Métamorphoses d'Ovide, cet Arioste d'autrefois. C'est sa
lecture favorite, enfantine et toute païenne; ce sont les
armes d'Achille sur lesquelles sa fantaisie soudaine s'est
jetée; et par là il *enfile* tout d'un train, nous dit-il, l'*Énéide*,
Térence, Plaute et les comédies italiennes. Il joue les
tragédies latines de Buchanan et de Muret[2] à son collège,
et juge déjà impertinents ceux qui trouvent à redire à ce
plaisir; à treize ans son cours d'études était fini[3]. Ces autres
plaisirs qui font le premier attrait de la jeunesse, et dont le
juste retard commence aussitôt pour elle la difficile vertu,
ces plaisirs sont d'abord les siens, et il se souvient à peine
de s'en être jamais privé. Son esprit libre par nature, et
que l'éducation avait si peu contraint, avait, à part soi,
sous cette forme d'abandon, des *remuements fermes*, des
jugements *sûrs et ouverts* autour des objets, et *digérait*
seul ses pensées sans aucune communication. Le romanesque, qui n'est pas dans la nature, mais qu'une certaine
imagination d'abord sophistiquée développe et caresse
en nous, ne le tenta point. L'amour, qu'il aimait tant
comme plaisir, et qu'il avouait le plus grand de ceux de
nature, ne l'occupa jamais exclusivement comme passion.
La chaleur moins téméraire et moins fiévreuse, plus générale et universelle, de l'amitié, eut en lui la préférence;
on sait combien vive il l'a éprouvée, comment admirable
et belle il l'a dépeinte. Par tous ces endroits que je pour-
rais multiplier encore, il me paraît comme un exemplaire
complet et tempéré de la nature même; il est dans le
milieu de l'humanité non chrétienne, mais civile, honnête

1 At Bordeaux.
2 George Buchanan's *Jephthes* and Marc-Antoine Muret's *Julius Caesar*
were the best Latin plays produced in France at this time. They were both
professors at the Collège de Guyenne.
3 But after this he seems to have followed for two years the philosophy
course of the University of Bordeaux, the lectures for which were given in
the Collège de Guyenne. For the account of Montaigne's education see
Essais, I. xxv.

et soi-disant raisonnable. Dans un temps de guerres civiles, il se maintient sans passion, sans ambition; il s'acquitte de plusieurs charges avec honneur, sans cet éclat qui vous y attache à jamais, et il redevient vite, de Monsieur le Conseiller au Parlement, ou de Monsieur le Maire de Bordeaux, simplement homme. Être homme, voilà sa profession; il n'a d'autre métier, n'approfondissant rien de trop particulier, de peur de se perdre, de s'expatrier hors de cette profession humaine et générale. Il n'a pas seulement en lui, nous dit-il, de quoi examiner, pour la science, un enfant des classes moyennes à sa première leçon; mais, en deux ou trois questions, de mesurer et de tâter à nu la qualité du jeune esprit, voilà ce qu'il peut faire. Ainsi il vit, actif et dégagé, faisant des pointes perçantes dans chaque chose, en rentrant à tout moment dans une sorte d'oubli, dans l'état naturel et libre des facultés, pour se retremper à la source même: homme avant tout, et après tout.

L'âge lui a amené des changements, mais graduels, mais selon l'âge. En fait de goût et de lectures, il a passé d'Ovide à Lucain, de Lucain à Virgile, c'est-à-dire, du premier abandon égayé de l'entrance à une certaine élévation plus enflée et plus stoïque, qui s'est bientôt rabattue elle-même à plus de juste douceur. Ainsi, par rapport à l'argent, d'abord il fut prodigue, dépensier et vivant un peu à l'aide de ses amis; et puis, en un second temps, il a de l'argent, et le soigne, le serre un peu trop; et puis, après quelques années, un bon démon le tire de cette vie sottement resserrée, et le détend dans une juste mesure, en une sorte de *tierce* vie plus plaisante et mieux réglée : "C'est que je foys courir ma despense quand et quand[1] ma recepte; tantost l'une devance, tantost l'aultre, mais c'est de peu qu'elles s'abandonnent." Ce sont les trois temps correspondants d'Ovide, de Lucain et de Virgile.

Il s'est marié à trente-trois ans, cédant un peu à la coutume; il est dèvenu père; il a rempli fort convenablement ses devoirs nouveaux, tout déréglé qu'on l'avait

---

1 quand et quand = avec.

pu croire; il les a tenus mieux qu'il n'avait espéré ni promis. Il vieillit, menant ainsi chaque chose en sa saison; et parlant de la vie: "J'en ai veu l'herbe, dit-il, et les fleurs, et le fruict, et en veois la seicheresse: heureusement, *puisque c'est naturellement*." Le mot revient comme la chose. Montaigne, en tout (plus je le considère, et plus je m'y confirme), c'est donc la pure nature.

Et pour que ceci ne se perde pas dans l'esprit comme une locution trop fréquemment et vaguement usitée, qu'on me laisse y revenir en tous sens, et traverser, percer, pour ainsi dire, tout droit devant moi avec cette vue.

Il y a du Montaigne en chacun de nous. Tout goût, toute humeur et passion, toute diversion, amusement et fantaisie, où le Christianisme n'a aucune part et où il est comme non avenu, où il est, non pas nié, non pas insulté, mais ignoré par une sorte d'oubli facile et qui veut se croire innocent, tout état pareil en nous, qu'est-ce autre chose que du Montaigne? Cet aveu qu'à tout moment on fait de la nature jusque sous la loi dite *de Grâce*, cette nudité inconsidérée où l'on retombe par son âme naturelle et comme si elle n'avait jamais été régénérée, cette véritable *Otaïti* de notre âme pour l'appeler par son nom, voilà proprement le domaine de Montaigne et tout son livre. Ne nous étonnons pas que Pascal ait eu tant de peine à se débarrasser de lui, Montaigne étant encore moins la philosophie que la nature: c'est le *moi*. Ce n'est la philosophie, en un sens, que parce qu'on a déjà chez lui la nature toute pure qui se décrit et se raconte.

Pascal a foudroyé Montaigne; il a serré ses pensées pour l'accusation capitale, et les a confrontées dans une violence permise au seul croyant, — je dis permise, si finalement le résultat s'y trouve. Et pourtant, afin de se bien expliquer Montaigne et cette indulgence de *tant de personnes d'esprit* qui *n'y reconnaissent pas le venin*, comme s'en plaint Arnauld dans *l'Art de penser*[1], il faut,

---

1 Antoine Arnauld (1612-1694), called *le grand* Arnauld, was the twentieth and youngest child of Antoine Arnauld, and a brother of *la mère* Angélique. He wrote *L'Art de penser*, generally known as "The Logic of Port-Royal" (1662), in conjunction with Pierre Nicole.

sauf à revenir ensuite aux conclusions de Pascal, délier
le faisceau de son accusation, éparpiller de nouveau
chaque chose, comme elle l'est dans ce libre auteur, et
se donner l'impression diversifiée de l'ensemble[1]. Eh
bien! à tout prendre, les trois quarts de Montaigne ne
diffèrent pas au fond de ce qui a cours ailleurs en littérature choisie, de ce qu'on lit dans les poètes d'abord,
chez qui on ne l'a pas repris parce qu'ils l'ont dit sans
intention malicieuse: les Anciens presque tous, Virgile
doutant des mânes obscurs et nous soupirant son *pla-
ceant ante omnia sylvæ*[2]; Horace avec son *linquenda tel-
lus*[3], le Tourangeau Racan dans sa pièce de *la Retraite*[4],
dans son Ode moins connue à Bussy:

> Donnons quelque relâche à nos travaux passés:
> Ta valeur et mes vers ont eu du nom assez
>   Dans le siècle où nous sommes.
> Il faut aimer notre aise, et, pour vivre contents,
> Acquérir par raison ce qu'enfin tous les hommes
>   Acquièrent par le temps.
>
> Que sert à ces galants ce pompeux appareil
> Dont ils vont dans la lice éblouir le soleil
>   Des trésors du Pactole?
> La gloire qui les suit, après tant de travaux,
> Se passe en moins de temps que la poudre qui vole
>   Du pied de leurs chevaux.
>
>   . . . .
>
> Employons mieux le temps qui nous est limité;
> Quittons ce fol espoir, par qui la vanité
>   Nous en fait tant accroire:

1 Cette impression ressort encore mieux quand on recourt aux plus
anciennes éditions des *Essais*, à la première de toutes (1580), qui n'a que
deux livres, et même à celle de 1588 (la cinquième), qui a les trois livres
plus *six cents* additions aux deux premiers. Ces éditions, et surtout celle de
1580, font un effet tout autre que celui auquel nos *Montaigne* d'après Coste
nous ont accoutumés. On y surprend mieux le dessein primitif, comme dans
les premières impressions de La Bruyère et de La Rochefoucauld (Sainte-
Beuve). The texts of both 1580 and 1588 have been reproduced in recent
years.
2 *Eclogues*, II. 62.   3 *Odes*, II. xiv.
4 Racan's masterpiece, *Tircis, il faut penser à la Retraite*, in which he
borrows freely from Desportes and Du Bartas, is a paraphrase of Horace's
Epode, *Beatus ille, qui procul negotiis.*

Qu'Amour soit désormais la fin de nos désirs ;
Car pour eux seulement les Dieux ont fait la gloire,
Et pour nous les plaisirs[1] !

Maynard dans sa belle Ode *à Alcipe* :

Alcipe, reviens dans nos bois,
Tu n'as que trop suivi les Rois....

dans laquelle, pour l'engager à jouir de sa fin de journée, il lui dit que tout meurt, tout, les villes, les empires, le Ciel même avec son soleil :

Et l'Univers qui, dans son large tour,
Voit courir tant de mers, et fleurir tant de terres,
Sans savoir où tomber, tombera quelque jour !

La Fontaine en mille endroits de ses fables les plus sues :

Mais voit-on que le somme en perde de son prix ?

Chaulieu[2] dans *Fontenay*, Voltaire dans son Épître *à Horace*....C'est assez. Mais combien des pensées de Montaigne ne se trouvent épicuriennes que dans ce sens-là, c'est-à-dire de l'épicuréisme des poètes ! "Si ma santé me rid et la clarté d'un beau jour, me voylà honneste homme."

Une autre part à faire dans Montaigne est celle de l'érudit. Il y a maint chapitre (et on les pourrait citer presque tous) où, comme dans celui qui a pour titre *De l'Incertitude de notre jugement*, la pensée de l'auteur n'est là évidemment que pour servir de prétexte, d'enseigne, telle quelle, à ces histoires qu'il savait et ne voulait pas perdre occasion de débiter. Il était du seizième siècle en cela, et, comme par l'autre côté il touchait aux poètes et rêveurs atteints de la muse, par celui-ci il tombait dans l'Aulu-Gelle et le Macrobe, dans le compilateur d'anecdotes et le collecteur de *Stromates*[3], allant à la chasse aux épigraphes, aux apophthegmes, aux jolis textes et curiosités de toutes sortes, comme Ménage et l'abbé de Marolles, si l'on veut, ou La Monnoie.

---

1 A paraphrase of Horace's Ode II. xi., *Quid bellicosus Cantaber et Scythes*.

2 For Racan and Maynard see *Malherbe et son école* in *Causeries du Lundi*, viii. ; for Chaulieu see *id*. i.

3 Στρωματεῖς (Patchwork) is the title of a work by Clement of Alexandria.

Il faudrait encore faire une part en lui à l'écrivain amoureux d'écrire et de s'exprimer, aussi amoureux de le faire, quoi qu'il en dise, que purent l'être Pline et Cicéron.

Voilà peut-être, au vrai et au naïf, les trois quarts de Montaigne, et ce qui, pour n'être pas chrétien, n'est certes pas réputé impie, en détail, là où on le rencontre chez les auteurs qu'on s'attend à trouver profanes, ou chez nous-mêmes: mais l'autre quart chez Montaigne a donné l'éveil; en mettant expressément à part la religion, en la faisant si grande et si haute, et la voulant si fort révérer, qu'il lui coupe toute communication avec le reste de l'homme, il s'est trahi; on s'est alarmé. Ce que chez l'ordinaire des auteurs on laisse passer ou qu'on traite comme des curiosités indifférentes, des naïvetés et des enfances de l'homme, a paru grave chez lui; tout a pris un sens; on l'a vu partout cauteleux.

M. de Saci pourtant, s'il avait lu Montaigne lorsque Pascal lui en parla[1]; M. de Saci, en qui la règle était d'aller et de demeurer, tout entier, par tous les points de son être et de sa vie, sous la volonté de Dieu (*in lege Domini fuit voluntas ejus die ac nocte*), aurait eu, j'en suis sûr, une réplique toute prête; il aurait dit (je ne réponds que du sens):

"Cet auteur à qui vous prêtez tant d'esprit, lui composant son système, qu'il l'ait eu ou non, trouve à coup sûr, sans système, son appui et, pour parler bonnement, son compère au sein de la plupart des hommes, même soi-disant Chrétiens, mais qui vivent comme si la Croix

1 This refers to the conversation which Pascal had with M. de Saci at Port-Royal in 1655 on the subject of Épictetus as representing the Christianised Stoicism of Balzac, Corneille, and Descartes, and Montaigne as representing scepticism. A full report of this conversation has been preserved under the title of *Entretien avec M. de Saci sur Épictète et Montaigne.* (See *Port-Royal,* II. 381–394.) M. de Saci, whose real name was Isaac Le Maître—Saci is an anagram of Isa(a)c—was a nephew of Antoine Arnauld and *la mère* Angélique. He became the chief confessor and spiritual director of Port-Royal. His most important work was the French translation of the Bible. Sainte-Beuve devotes the last two chapters of Book II. to an account of him.

n'était pas. — J'aime les bois et m'y promène en rêvant, et je m'y retire vers la fin de ma vie, à mon aise, dénouant toute autre obligation et *n'épousant que moi*. Où est le Christianisme? — J'aime cette fleur, ce rayon, ce gazon sur lequel le somme est doux, et où le songe m'apporte mille chimères; je me complais à cette tente d'ici-bas, comme si elle avait été dressée à demeure. Où est le Christianisme? — J'aime l'étude et les curiosités de mœurs et de coutumes, et les livres de voyages, et le Diable habillé en cent façons depuis la mode cannibale, un peu nue, jusqu'à l'italienne, sans m'inquiéter s'il est Diable ou non, mais seulement s'il est plaisant. Où est le Christianisme? — Je lis Montaigne à mes heures perdues, et sans autre but que de lire. Où est le Christianisme?"

M. de Saci pourrait ainsi continuer longtemps; mais, pour ne pas courir le risque d'altérer dans notre conjecture sa simple et stricte parole, et d'y omettre surtout les textes d'or qu'il emprunterait à la Sagesse sacrée, je reprendrai en mon nom, tenant à bien fixer sur l'entière étendue de la ligne morale ces frontières absolues du Jansénisme et de tout Christianisme rigide. A ce point de vue, le Montaigne, et tout ce qui se peut naturaliser sous ce nom, s'étend bien plus loin qu'on ne pense. Sous un air de se particulariser, de se réduire en singulières manies, il a touché le coin d'un chacun, et a été d'autant mieux, dans son portrait, le peintre et le pipeur de la majorité des hommes, qu'il s'est le plus minutieusement détaillé lui seul. Chacun a son lopin en lui.

Êtes-vous critique; aimez-vous, par goût trop cher, ces miscellanées de l'esprit; aimez-vous, comme dit Bayle, *faire des courses* sur toutes sortes d'auteurs (Montaigne dit *faire une charge ou deux*; et, avec son esprit *primesautier*, ce qu'il n'a pas vu en un livre dès la première charge, il ne le voit guère en s'obstinant); aimez-vous donc cette gaie maraude au réveil; en prenez-vous de toutes mains, comme La Fontaine:

> J'en lis qui sont du Nord et qui sont du Midi;

faites-vous ce métier à toute verve et par entraînement

sans nulle règle ni crainte de dériver?   Prenez garde, Chrétien[1], c'est du Montaigne.

Êtes-vous philologue, et adonné aux pistes des noms et des mots (comme il l'est par endroits, — à ce début du chapitre *des Destriers*[2]); dans cette science à mille détours, si vous n'avez toujours présent et inscrit le grand nom, le Verbe éternel, si vous suivez et adorez l'écho tout le jour, le plus lointain écho, et qu'il vous mène; ou si vous êtes poète, et si c'est la rime, autre piste de mot, qui trop loin vous tire; quel que soit le gibier favori auquel on s'oublie et qui fourvoie en ensorcelant, prenez garde, c'est du Montaigne.

Vous êtes moraliste, et vous observez le monde; vous n'avez qu'un soin, voir ce qui est et le bien dire, le bien atteindre d'un mot droit frappé.   Les ridicules surtout, les vices vous piquent au jeu, et votre satire ingénieuse prend sur eux revanche et victoire.   Né chrétien et Français[3], vous allez aussi loin qu'il se peut en cette pente difficile, et l'on ne sent presque nulle part en tout votre livre (tant vous regardez d'un ferme et libre coup d'œil!), ni que vous êtes sujet soumis à une Cour, ni que vous vivez chrétien sous le joug d'une grâce ou d'une loi. Parce que vous finissez ce livre, si piquant de tout point, par un chapitre élevé et sincère, empreint d'une sorte de Cartésianisme religieux, vous croyez l'avoir couronné et consacré suffisamment.   Et pourtant, malgré cette Croix qui se dresse à la pointe du dernier chapitre, prenez garde, ô La Bruyère! c'est quasi du Montaigne.

Vous êtes docte, érudit; vous employez l'érudition à haute fin, à la démonstration évangélique: quoi de plus grand?   Élève de Bochart, vous courez à toutes les origines reculées des peuples, et il vous plaît de suivre dans leurs plus douteux rameaux la dispersion par le monde des fils de Noé: à la bonne heure!   Mais l'éru-

1   He might have said, "Prenez garde, ô Sainte-Beuve!"
2   *Essais*, I. xlviii.
3   "Un homme né chrétien et Français se trouve contraint dans la satire; les grands sujets sont lui défendus" (La Bruyère, *Les Caractères*, c. I.).

dition vous possède; elle vous tient clos dans votre palais
d'évêque, quand vos ouailles vous attendent et vous récla-
ment; elle vous enchantait dans votre solitude d'Aulnay,
et vous promène dans ses méandres de questions, si bien
que la démonstration évangélique elle-même ne semble
par moments qu'un fil commode entre vos mains, pour
enchaîner et tresser toutes vos rares glanures.   Une sorte
de scepticisme circule et se joue au fond de tout cela;
prenez garde, Monsieur d'Avranches[1], prenez garde, c'est
du Montaigne.

Vous êtes chrétien, vous êtes saint, et la charité
même; mais cette affabilité riante que vous avez, et qui
est un don, se remplit des images qu'elle produit.   Si
vous parlez, si vous écrivez, tout s'anime; vous donnez
de graves conseils, et les images gracieuses se pressent,
et vous les prodiguez; elles vous sourient de plus belle,
et vous les redoublez.   Votre plume involontairement
s'égaie et s'amuse, et caresse sa fleur: prenez garde, aimable
saint, cher saint François de Sales, c'est du Montaigne.

On pourrait pousser en vingt autres sens, et ce serait
faire du Montaigne, en en parlant.   Et je ne prétends
pas dire, on le veut bien croire, que tous ces auteurs, ces
hommes qui s'oublient à quelque goût humain, à quelque
humeur personnelle, qui se prennent à l'un de ces pièges
dressés en lui comme en nous à fleur de terre, soient des
impies et des anti-chrétiens: il n'y a qu'un Père Garasse[2]
pour soutenir cela; mais je prétends que, sincères et peut-
être très-religieux d'ailleurs, ces hommes sont inconsé-
quents sur ce point, qu'ils échappent par cette tangente à
l'exact Christianisme, et retombent plus ou moins à la
bonne loi naturelle.

Il en est, sachons-le bien, du cœur de presque chacun
comme de certains pays où le Christianisme, en s'im-
plantant, n'a guère fait que recouvrir et revêtir à la surface

1 Pierre-Daniel Huet, Bishop of Avranches, 1630–1721.
2 The Jesuit father, François Garasse, of whom Bayle wittily said that
he was "the Helen of the war between the Jesuits and the Jansenists,"
published in 1623 *La Doctrine curieuse des beaux-esprits de ce temps, ou
prétendus tels,* in which he attacked the free-thinkers of his day.

l'ancien culte qu'on y reconnaîtrait encore. Ainsi dans une Églogue sur Naples:

> Paganisme immortel, es-tu mort? On le dit;
> Mais Pan tout bas s'en moque, et la Sirène en rit.

Ce paganisme-là, immortel en ce monde jusque sous le Christianisme et plus raffiné dès lors, plus compliqué au cœur que l'ancien, se peint et brille dans sa réflexion la plus lucide en tout Montaigne.

Montaigne est, à ma conjecture, l'homme qui a su le plus de flots. Du flux et du reflux, il ne semble en avoir cure, ni de la grande loi régulière qui enchaîne la mer aux cieux: mais les flots en détail, il en sait de toute couleur et de toute risée; il y plonge en des profondeurs diverses, et en rapporte des perles et toutes sortes de coquilles. Surtout il s'y berce à la surface, et s'y joue, et les fait jouer devant nous sous prétexte de se mirer, jusqu'à ce qu'il en vienne un tomber juste à nos pieds, et qui soit notre propre miroir: par où il nous tient et nous ramène.

Il y réussit mieux que tel écrivain de son temps, naturel et riche aussi, bien mieux que le très-païen Rabelais, par exemple. Mais Rabelais est une manière de poète, et un poète fumeux. Sa pensée s'enveloppe, se dérobe à tout moment dans le tourbillon montant de sa fantaisie. Il a d'ailleurs des mares trop infectes par endroits, pour que tous aillent aisément s'y mirer. Montaigne, au contraire, sauf quelques taches vilaines, est en général limpide, attrayant; le cardinal Du Perron l'appelait *le Bréviaire des honnêtes gens*, et il en est à toute page le miroir.

Un caractère de Port-Royal, une de ses originalités pour nous en ce moment, c'est, dans tout son cours, de n'offrir pas trace de Montaigne. On approfondira, en avançant, le cas particulier de Pascal; mais chez les autres, comme nous les connaissons déjà, dans cette suite d'hommes de Dieu, de Saint-Cyran à Saci, pas un point moral ou littéraire, pas un bout auquel on puisse rattacher de près ni de loin le nom du tentateur. M. d'Andilly[1]

---

[1] Arnauld d'Andilly, the eldest brother of Antoine Arnauld.

au plus est effleuré. La sauvegarde ici consiste dans cette règle unique, partout appliquée: *In lege Domini*..., toute leur vie, nuit et jour, rangés et ramassés sous la Croix!

Sur un fait de méthode, sur un seul, on se surprend à relever entre eux et lui une rencontre de bon esprit et de justesse: il s'agit de l'éducation des enfants. Montaigne est un grand ennemi de la logique scolastique; il en veut à *Baroco et Baralipton*, qui rendent leurs suppôts, dit-il, crottés et enfumés: "Nostre enfant est bien plus pressé; il ne doibt au paidagogisme que les premiers quinze ou seize ans de sa vie; le demourant est deu à l'action. Employons un temps si court aux instructions nécessaires. Ce sont abus: ostez toutes ces subtilitez espineuses de la dialectique, de quoy nostre vie ne se peult amender; prenez les simples discours de la philosophie, sçachez les choisir et traicter à poinct: ils sont plus aysez à concevoir qu'un Conte de Boccace[1]...." Arnauld, le dogmatique Arnauld, aussi croyant à la vérité démontrable que Montaigne l'est peu, a réalisé pourtant le vœu de celui-ci et presque répété son mot en cette même *Logique*, où le philosophe est si mal traité. Il la composa, par manière de *divertissement*, pour le jeune duc de Chevreuse[2] (fils du duc de Luines), dans la vue de lui aplanir cette étude réputée si ardue, et se faisant fort de la lui apprendre *en quatre ou cinq jours*. Est-ce à dire, comme le veut Montaigne, que la chose devienne aussi facile qu'un Conte de Boccace? Arnauld, quoi qu'il en soit, a comme tenu ici la gageure du gai penseur, lequel, après avoir essuyé la terrible page, est cité plus honorablement et mis à contribution au paragraphe suivant sur les inconvénients de *l'esprit de dispute*: Arnauld, pour le ton, en aurait dû mieux profiter.

A cet article de l'éducation des enfants, il est un autre endroit par où Montaigne et Port-Royal ont l'air de se toucher, mais pour se séparer aussitôt. Le principe dans les petites Écoles était d'employer le moins possible la

---

1 *Essais*, I. xxv. 2 The friend of Fénelon and Saint-Simon; he married a daughter of Colbert.

rigueur physique; je ne sais même si on y recourait du tout; il n'y est pas question de *fouet*. On renvoyait les indociles, s'il y en avait. M. de Saint-Cyran, dans une lettre écrite de Vincennes à M. de Rebours, dit: "Je croirois beaucoup faire pour eux, quand même je ne les avancerois pas beaucoup dans le latin jusqu'à douze ans, pourvu que je leur fisse passer le premier âge dans l'enceinte d'une maison ou d'un monastère à la campagne, en leur permettant tous les passe-temps de leur âge, et ne leur faisant voir que l'exemple d'une bonne vie dans ceux qui seroient avec moi...." Mais là finit toute ressemblance dans les deux modes d'institution, ressemblance qui n'a l'air d'en être une que par opposition aux méthodes d'alentour. M. de Saint-Cyran ne pensait pas que ce fût une préparation si nécessaire au labeur de la vie de faire éveiller les enfants au son d'un instrument, comme on avait fait pour Montaigne; et quand celui-ci s'écrie en une sorte d'ivresse: "Combien leurs classes seroient plus décemment jonchées de fleurs et de feuillées que de tronçons d'osier sanglants! J'y ferois pourtraire la Joye, l'Alaigresse, et Flora, et les Grâces...," il passe les bornes, comme un enfant d'Aristippe qui oublie le mal d'Adam; et Port-Royal aurait trop aisément de quoi répondre.

Montaigne, qui parle si bien de modération, et qui met la sagesse dans le milieu, en sort lui-même, à sa manière, en ces moments où il la fait si *joyeuse*, et *triomphante*, et *suprême*; on se rappelle la page célèbre (*Essais*, liv. I, chap. XXV); qu'on la relise encore! son talent d'écrivain triomphe plus que tout en cette espèce d'hymne passionné qu'il entonne à sa fabuleuse sagesse[1]. Je crois voir Épicure qui sort de table la couronne de fleurs un peu dérangée, la démarche un peu chancelante, dans un demi-délire. Je ne sais quelle verve d'expression l'emporte, et, pour parler sa langue, quelle *fureur* de poésie *le ravit et le ravage*. Mais les maux réels, inévi-

---

[1] Sainte-Beuve refers to the passage beginning "La plus expresse marque de la sagesse."

tables, où sont-ils? les pleurs du berceau à la tombe; les sueurs du chemin; l'agonie, la mort ici-bas, qui est *le comble éternel*, ce *dernier acte* qui, si belle qu'on fasse la pièce, est *toujours sanglant*[1]?

Pascal aussi met l'humanité dans le milieu, et la grandeur de l'âme humaine à n'en point sortir; et plein de ses angoisses, de celles de ses frères, mais comptant l'Homme-Dieu dans l'humanité (ce qui change tout), il s'écrie à la face de l'autre: *Qui tient le juste milieu? qu'il paroisse et qu'il le prouve*[2]!

Une des grandes causes du succès de Montaigne, et même la condition essentielle et unique, sans laquelle tout le reste eût été comme non avenu, l'instrument de son charme et sa vraie baguette d'enchantement, c'est son style. Le style, quand on l'a au degré de Montaigne, devient la boîte d'indulgence plénière auprès de la postérité. Il est beaucoup pardonné chez les neveux à ceux qui ont véritablement peint. Les irrégularités de plan, d'idées, les licences et les familiarités, les petitesses, tout se colore, tout s'embellit d'une spécieuse nuance, et devient matière à plaisir, à louange toujours nouvelle. Le style, c'est un sceptre d'or à qui reste, en définitive, le royaume de ce monde.

Montaigne a eu, plus qu'aucun peut-être, ce don d'exprimer et de peindre; son style est une figure perpétuelle, et à chaque pas renouvelée; on n'y reçoit les idées qu'en images; et on les a, à chaque moment, sous des images différentes, faciles et transparentes pourtant. A peine

---

1 "Le dernier acte est sanglant, quelque belle que soit la comédie en tout le reste : on jette enfin de la terre sur la tête, et en voilà pour jamais." (Pascal, *Pensées.*)

2 Sainte-Beuve's remarks on Montaigne need some qualification. Montaigne believed himself to be a good Catholic, and he conformed to the practices of his Church. But in an age when morality was divorced from religion he based his moral code, not on Christianity, but on a blend of pagan philosophy and natural religion. It must be remembered, however, that this natural religion was that of a society which had been formed under Christian influences.

un court intervalle nu et abstrait, la simple largeur d'un fossé, le temps de sauter; et l'on recommence. Une quelconque de ses pages semble la plus fertile et la plus folle prairie, un *champ libre et indompté*: longues herbes et *gaillardes*, parfums sous l'épine, fleurs qui émaillent, insectes qui chantent, ruisseaux là-dessous, le tout fourmillant et bruissant (*scaturiens*). Il n'avait pas la conception d'ensemble ni l'invention d'un vaste dessein; à quoi bon tant combiner et se tant lasser? L'invention du détail et le génie de l'expression lui tenaient lieu des autres parties, il le savait bien; il rachetait sans peine et retrouvait tout par là: "Je n'ay point d'aultre sergeant de bande à ranger mes pièces que la fortune." Tout donc s'animait, tout se levait dans son discours à la libre voix de ce *sergent* de fortune, et chaque pensée à la hâte, casque ou pompon en tête, faisait recrue. Quelle jeune armée! un peu bigarrée, dira-t-on; car tout fait montre: la pensée est sortie enharnachée comme elle a pu, toujours trait en main, toujours prompte et vive. La *couture* de l'idée à l'image est si en dedans qu'on ne la voit ni qu'on n'y songe: pensée, image, chez lui, c'est tout un: *junctura callidus acri*. Quant à la couture *de l'image à l'image*, il la supprime et va son train de l'une à l'autre, enjambant comme un Basque agile, d'un jarret souple, d'un pied hardi. Voici entre mille un exemple, à peine choisi, de cette série de métaphores qui déjouent la règle prudente des rhéteurs; il s'agit des auteurs du temps qui ne craignent pas d'insérer dans leurs écrits de grands fragments des Anciens et de se risquer à la comparaison:

Il m'adveint, l'aultre jour, de tumber sur un tel passage; j'avois traisné languissant aprez des paroles françoises si exsangues, si descharnées et si vuides de matière et de sens, que ce n'estoit voirement que paroles françoises: au bout d'un long et ennuyeux chemin, je veins à rencontrer une pièce haulte, riche et eslevée jusques aux nues. Si j'eusse trouvé la pente doulce et la montée un peu alongée, cela eust esté excusable: c'estoit un précipice si droit et si coupé, que, des six premières paroles, je cogneus que je m'envolois en l'aultre monde; de là je descouvris la fondrière d'où je venois, si basse et si profonde, que je n'eus oncques puis le cœur de m'y ravaler. Si j'estoffois l'un de mes discours de ces riches despouilles, il esclaireroit par trop la bestise des aultres....

Ainsi il *se traîne* d'abord après des paroles *exsangues*, comme sur un *chemin*; l'idée de chemin l'emporte, il la suit. Puis ce qui était une *pièce élevée jusques aux nues* deviendra une *dépouille* dont il craindrait de s'*étoffer*, et l'étoffe aussitôt prend un reflet qui *éclaire*.

Montaigne est comme l'Ovide et l'Arioste du style; son heureuse rapsodie d'images, d'un bout à l'autre, jusque dans ses reliefs les plus divers, est tout d'un pan; on marche avec lui de pensée en pensée dans les métamorphoses.

Dans Shakspeare, dans Molière, en ces génies qui ont la création d'ensemble, l'imagination aisément enfante des êtres entiers, des personnages doués de l'action et de la vie: chez Montaigne, cette création figurée ne se produit qu'à l'intérieur des phrases et sur les membres de chaque pensée; mais elle se produit aussi vivante, et de près aussi merveilleuse, aussi poétique que l'autre. Chaque détail, chaque moment de l'idée se revêt et prend figure en passant; c'est tout un monde. Aussi le plaisir d'y vivre, cet art d'animer et d'exprimer, ce goût de faire mouvoir et se succéder sans fin toute cette gent familière et d'en suivre les marionnettes jusqu'au bout entre-t-il pour beaucoup chez Montaigne, je ne me lasse pas de le faire sentir: et Pascal, qui dans son style, lui, s'amuse si peu et reste le maître, n'en a pas assez tenu compte. Montaigne appelle la langue le *boute-dehors*, et elle est souvent chez lui le *boute-en-train*.

Malebranche a fort bien senti ce coin de Montaigne, mais en déprimant trop les autres portions, et en le voulant réduire à la seule beauté d'imagination, à ce qui fait le *bel-esprit*; il proteste contre cet agrément de tour et cet éclat de parole qu'il rapporte aux sens, contre cet art naturel qu'a l'auteur des *Essais* de *tourner l'esprit* du lecteur *à son avantage par la vivacité toujours victorieuse de son imagination dominante*[1].

[1] *De la Recherche de la Vérité*, liv. II. ptie III. c. v. (entitled *De l'imagination*).

Malebranche a beau faire; ce qu'il dit là contre l'i-
magination dans le style, Arnauld le lui rendra; tout
occupé à combattre les imaginations métaphysiques du
bel écrivain, le vieux docteur écrit à Nicole: "Je ne
trouve guère moins à redire à sa rhétorique qu'à sa logique, surtout dans les *Méditations*; car il est si guindé,
et il affecte si fort de ne rien dire simplement, qu'il est
lassant." Et on ne lit Malebranche plus qu'Arnauld aujourd'hui, qu'à cause des endroits où celui-ci le trouvait
lassant.

Montaigne, d'autres l'ont relevé, a beaucoup de Sénèque pour le trait, mais il ne l'a pas tendu comme lui,
et il le jette, même quand il le darde, plus au naturel
et d'un air plus cavalier. Sénèque et Plutarque, il y
puise incessamment, nous dit-il, comme les Danaïdes. On
a lu, à son chapitre *des Livres*[1], l'admirable jugement et
parallèle qu'il fait de tous deux, et aussi de Virgile avec
Lucrèce, et des autres. Comme écrivains français, il estimait, parmi ceux qui l'avaient précédé, Froissart, Commynes, surtout Amyot, qu'il caractérise et célèbre en des
termes incomparables, par une louange vraiment généreuse[2]. Mais il ne s'asservit à aucun, et écrit à sa façon,
usant à bon droit de l'anarchie d'alors:

> Il en est de si sots qu'ils se destournent de leur voye un quart de
> lieue pour courir aprez un beau mot....Je tors plus volontiers une
> bonne sentence pour la coudre sur moy, que je ne destourne mon fil
> pour l'aller quérir. Au contraire, c'est aux paroles à servir et à
> suyvre. Et que le gascon y arrive, si le françois n'y peult aller....
> Le parler que j'aime, c'est un parler simple et naïf, tel sur le papier
> qu'à la bouche, un parler succulent et nerveux, court et serré, non
> tant délicat et peigné comme véhément et brusque:
>
>   Hæc demum sapiet dictio, quæ feriet;
>
> plustost difficile qu'ennuyeux, esloigné d'affectation; desréglé, des-
> cousu et hardy: chasque loppin y face son corps; *non pedantesque,
> non fratesque, non plaideresque, mais plustost soldatesque*[3]....

---

1 *Essais*, II. x.
2 *Essais*, II. iv. Je donne avec raison, ce me semble, la palme à Jacques
Amyot, sur tous nos écrivains François; non seulement pour la naïfveté et
pureté du langage, en quoy il surpasse tous autres, etc.
3 *Essais*, I. xxv.

(Et ailleurs, parlant du gascon des hautes-terres, il semble défini
sa propre langue, son vrai style:) " Il y a bien au-dessus de nous,
vers les montaignes, un gascon que je treuve singulièrement beau,
sec, bref, signifiant, et, à la vérité, un langage masle et militaire plus
qu'aultre que j'entende, aultant nerveux, puissant et pertinent, comme
le françois est gracieux, délicat et abondant[1]."

Ce François si bien qualifié, et qui sent sa plaine, c'est
Amyot; ce Gascon, c'est lui.

Car il y avait, à cette seconde époque du seizième
siècle, et malgré l'anarchie qu'aujourd'hui nous y reconnaissons, une manière de langue centrale, et qui se crut
par instants établie, celle de l'école de Du Bellay et de
Ronsard en vers, de Pasquier en prose, tous personnages
qu'aimait et prisait fort Montaigne, mais sans en dé-
pendre. Dès la première édition des *Essais* en 1580,
il obtint un grand succès; mais les critiques non plus ne
manquèrent pas. On voit par une lettre de Pasquier quel
genre de reproche cet ami et admirateur sincère lui adressait: particulièrement beaucoup de locutions impropres,
et tirées de l'usage gascon. Pasquier, le rencontrant aux
États de Blois (1588), les lui démontra, livre en main;
mais il parut, à l'édition prochaine, que Montaigne n'en
avait tenu compte. Sous air de faire bon marché de sa
manière, et tout en accusant son langage de n'avoir rien
de *facile* et de *poli*, et d'être altéré par *la barbarie du crû*,
il allait son train, gardait ses aises, choyait et *retâtait*
son livre (le plus chéri des livres), et donnait champ à son
originalité[2]. Balzac l'a pris au mot et y a été dupe. Il a
regretté que Montaigne fût venu avant Malherbe, avant
que celui-ci eût dégasconné la Cour[3]; il a requis à ce titre
indulgence pour Montaigne, qui, — je me l'imagine présent, — fait de son mieux pour ne pas rire. Comme si le
Gascon en tout temps (demandez à Montesquieu et à

---

1 *Essais*, II. xvii.
2 See Pasquier, *Lettres*, I. xviii. (*Lettres choisies*, II. 389 ff.), which contains a most interesting appreciation of the *Essays* and an account of Montaigne's last moments.
3 L'incomparable Malherbe n'estoit pas encore venu corriger et dégas-
conner la Cour, comme il disoit (*Entretien* xix.).

Bayle) n'eût pas trouvé moyen de l'être. Quoi qu'il en soit, sa langue, à lui, était et elle est restée une langue individuelle; honneur en un sens et bonheur! après deux siècles et demi, rien n'y est usé. Mademoiselle de Gournay[1], dans sa Préface de l'édition de 1635, a dit du langage des *Essais*: "C'est, en vérité, l'un des principaux cloux qui fixeront la volubilité de notre vulgaire françois, continue jusques ici." Il n'en fut rien; la langue s'acheva et se fixa sans Montaigne. Balzac *rhétorisa* sans lui. Vaugelas, dans ses excellentes *Remarques* publiées en 1647, où le bel *usage* passe en loi, et où M. Coeffeteau tient le dé, fait aussi une grosse part à Amyot (*le grand Amyot*, comme il l'appelle), mais à quel titre? "Et quelle gloire n'a point encore Amyot depuis tant d'années, quoiqu'il y ait un si grand changement dans le langage? quelle obligation ne lui a point notre langue, n'y ayant jamais eu personne qui en ait mieux su le génie et le caractère que lui, ni qui ait usé de mots, ni de phrases si naturellement françoises, sans aucun mélange des façons de parler des provinces, qui corrompent tous les jours la pureté du vrai langage françois?" L'éloge d'Amyot en ces termes équivaut presque à une critique de Montaigne, qui figure d'ailleurs très-rarement, si même il y figure, dans les citations de Vaugelas.

Pascal, du moins, qui en était nourri, en sauva mainte audace, mainte façon énergique de dire et de nommer; mais l'ensemble même des tours et des libertés de Montaigne fut laissé là-bas ou plutôt là-haut, en dehors de la nouvelle route royale qui s'inaugurait.

Montaigne resta l'homme dépareillé et le livre non classé, "le Bréviaire des honnêtes paresseux et des ignorants studieux, nous dit Huet, qui veulent s'enfariner de quelque connoissance du monde et de quelque teinture des Lettres. A peine trouverez-vous un gentilhomme de campagne qui veuille se distinguer des preneurs de

---

1 J'ay pris plaisir à publier en plusieurs lieux, l'espérance que j'ay de Marie de Gournay le Jars, ma fille d'alliance (*Essais*, II. xvii.), and see the panegyric on her which follows.

lièvres, sans un Montaigne sur sa cheminée[1]." Il fut bien plus; il fut le livre favori et comme un arsenal particulier pour chaque grand écrivain sérieux et nouveau : La Bruyère, Montesquieu, Jean-Jacques (style et pensée), réintroduisirent, chacun à leur manière, dans le grand courant de la langue beaucoup de Montaigne.

Et puis, les siècles littéraires réguliers ayant eu leur cours, et la liberté recommençant, il suffit désormais que Montaigne ait dit d'une manière pour qu'elle ait passeport à l'instant et prérogative, si on l'appuie de son nom. Mademoiselle de Gournay, en se trompant sur le centre de son influence, a eu raison d'ajouter: "Son crédit s'élèvera chaque jour, empêchant que de temps en temps on ne trouve suranné ce que nous disons aujourd'hui, parce qu'il persévérera de le dire; et le faisant juger bon, d'autant qu'il sera sien." Tout mot contresigné *Montaigne* a gagné ses éperons, il est d'emblée hors de page. Et pour la pensée également: *Montaigne l'a dit*, c'est le contraire du vieil adage routinier, *le maître l'a dit*, et on l'accepte d'autant mieux.

Nous finissons. Toute cette gloire et ce bonheur de Montaigne, cette influence que nous pourrions suivre et dénoter encore par reflets brisés en plus d'un de nos contemporains, cette louange mondaine universelle, et la plus flatteuse peut-être où l'on ait atteint, parce qu'elle semble la plus facile et qu'elle a usé bien des colères, tout cela me remet le grand but en idée; et nous qui venons d'assister au convoi et aux funérailles de M. de Saci[2], je me demande ce que seraient à nos yeux les funérailles de Montaigne; je me représente même ce convoi idéal et comme perpétuel, que la postérité lui fait incessamment. Osons nous poser les différences; car toute la morale aboutit là.

Montaigne est mort: on met son livre sur son cercueil; le théologal Charron et mademoiselle de Gournay,—celleci, sa fille d'alliance, en guise de pleureuse solennelle,—

---

1 *Huetiana*, 1822, p. 15.
2 Sainte-Beuve has given an account of M. de Saci's funeral (1684) in an earlier chapter (II. xviii.).

sont les plus proches qui l'accompagnent, qui mènent le deuil ou portent les coins du drap, si vous voulez. Bayle et Naudé[1], comme sceptiques officiels, leur sont adjoints. Suivent les autres qui plus ou moins s'y rattachent, qui ont profité en le lisant, et y ont pris pour un quart d'heure de plaisir ; ceux qu'il a guéris un moment du solitaire ennui, qu'il a fait penser en les faisant douter ; La Fontaine, madame de Sévigné comme cousine et voisine ; ceux comme La Bruyère, Montesquieu et Jean-Jacques, qu'il a piqués d'émulation, et qui l'ont imité avec honneur ;—Voltaire à part, au milieu ;—beaucoup de moindres dans l'intervalle, pêle-mêle, Saint-Évremond, Chaulieu, Garat..., j'allais nommer nos contemporains, nous tous peut-être qui suivons.... Quelles funérailles ! s'en peut-il humainement de plus glorieuses, de plus enviables au *moi* ? Mais qu'y fait-on ? A part mademoiselle de Gournay qui y pleure tout haut par cérémonie, on y cause ; on y cause du défunt et de ses qualités aimables, et de sa philosophie tant de fois en jeu dans la vie, on y cause de soi. On récapitule les points communs : "Il a toujours pensé comme moi des matrones inconsolables," se dit La Fontaine.— "Et comme moi, des médecins assassins," s'entredisent à la fois Le Sage et Molière.—Ainsi un chacun. Personne n'oublie sa dette ; chaque pensée rend son écho. Et ce *moi* humain du défunt qui jouirait tant s'il entendait, où est-il ? car c'est là toute la question. *Est*-il ? et s'il est, tout n'est-il pas changé à l'instant ? tout ne devient-il pas immense ? Quelle comédie jouent donc tous ces gens, qui la plupart, et à travers leur qualité d'*illustres*, passaient pourtant pour raisonnables ? Qui mènent-ils, et où le mènent-ils ? où est la bénédiction ? où est la prière ? Je le crains. Pascal seul, s'il est du cortège, a prié.

Mais M. de Saci, comment meurt-il ? Vous le savez ; nous avons suivi son cercueil de Pomponne à Paris, de Saint-Jacques-du-Haut-Pas à Port-Royal des Champs, par les neiges et les glaces. Nous avons ouvert le cercueil

---

1 See above, p. 7.

avec Fontaine[1], nous avons revu son visage non altéré ;
une centaine de religieuses, *plus brillantes de charité que
les cierges qu'elles portaient dans leurs mains,* l'ont regardé,
ce visage d'un père, à travers leurs pleurs ; les principales,
en le descendant à la fosse, lui ont donné de saints baisers,
et toutes ont chanté jusqu'au bout la prière qui crie grâce
pour les plus irrépréhensibles.   Et puis, les jours suivants,
dans le mois, dans l'année, les voilà qui se mettent à mourir, et les Messieurs aussi ; ils meurent coup sur coup,
frappés au cœur de cette mort de M. de Saci, joyeux de
le suivre, certains de le rejoindre, certains moyennant
l'humble et tremblant espoir du Chrétien, et redisant volontiers, comme lui, d'une foi brûlante et soupirante : *O
bienheureux Purgatoire !* — Et ceux qui survivent se sentent redoubler de charité envers les hommes, et de piété
envers Dieu, à son souvenir.

Or, s'il y a une vérité, si tout n'est pas vain (auquel
cas la vie de M. de Saci en vaudrait bien encore une autre),
s'il y a une morale, — j'entends une morale absolue, — et
si la vie aboutit, lequel de ces deux hommes a le plus fait,
et le plus sûrement ensemencé son sillon sur la terre ? A
l'heure où tout se juge, lequel sera trouvé moins léger ?

---

1 Nicolas Fontaine (1625–1709), secretary to M. de Saci, wrote *Mémoires
pour servir à l'histoire de Port-Royal.*

IV

MADAME GEOFFRIN[1]

APRÈS tout ce que j'ai dit des femmes du XVIIIᵉ siècle,
il y aurait une trop grande lacune si je ne parlais de
Mⁿᵉ Geoffrin, l'une des plus célèbres et dont l'influence
a été la plus grande. Mᵐᵉ Geoffrin n'a rien écrit que
quatre ou cinq lettres qu'on a publiées[2]; on cite d'elle
quantité de mots justes et piquants; mais ce ne serait
pas assez pour la faire vivre : ce qui la caractérise en
propre et lui mérite le souvenir de la postérité, c'est
d'avoir eu le salon le plus complet, le mieux organisé et,
si je puis dire, le mieux *administré* de son temps, le salon
le mieux établi qu'il y ait eu en France depuis la fondation des salons, c'est-à-dire depuis l'hôtel Rambouillet. Le
salon de Mᵐᵉ Geoffrin a été l'une des institutions du XVIIIᵉ
siècle.

Il y a des personnes peut-être qui s'imaginent qu'il
suffit d'être riche, d'avoir un bon cuisinier, une maison
confortable et située dans un bon quartier, une grande
envie de voir du monde, et de l'affabilité à le recevoir,
pour se former un salon : on ne parvient de la sorte qu'à
ramasser du monde pêle-mêle, à remplir son salon, non
à le créer; et si l'on est très-riche, très-actif, très-animé
de ce genre d'ambition qui veut briller, et à la fois bien
renseigné sur la liste des invitations à faire, déterminé

---

1 July 22, 1850; *Causeries du Lundi*, II. See the Marquis de Ségur's
charming volume, *Le Royaume de la Rue Saint-Honoré, Mᵐᵉ Geoffrin et sa
fille*, 1897, and Janet Aldis, *Madame Geoffrin, her salon and her times*, 1905,
the only English book on the subject.

2 Five letters from Mᵐᵉ Geoffrin to Hume, the originals of which are
in the possession of the Royal Society of Edinburgh, are printed in *Letters
of Eminent Persons addressed to David Hume*, ed. J. Hill Burton, 1849.
Since Sainte-Beuve wrote, other letters have been published, viz., her correspondence with King Stanislaus Augustus Poniatowski of Poland, by the
Comte de Morier in 1875.

à tout prix à amener à soi les rois ou reines de la saison,
on peut arriver à la gloire qu'obtiennent quelques Améri-
cains chaque hiver à Paris; ils ont des *raouts* brillants,
on y passe, on s'y précipite, et, l'hiver d'après, on ne s'en
souvient plus. Qu'il y a loin de ce procédé d'invasion
à l'art d'un établissement véritable! Cet art ne fut jamais mieux connu ni pratiqué que dans le XVIIIe siècle,
au sein de cette société régulière et pacifique, et personne
ne le poussa plus avant, ne le conçut plus en grand, et
ne l'appliqua avec plus de perfection et de fini dans le
détail que Mme Geoffrin. Un cardinal romain n'y aurait
pas mis plus de politique, plus d'habileté fine et douce,
qu'elle n'en dépensa durant trente ans. C'est surtout en
l'étudiant de près qu'on se convainc qu'une grande influence sociale a toujours sa raison, et que, sous ces fortunes
célèbres qui se résument de loin en un simple nom qu'on
répète, il y a eu bien du travail, de l'étude et du talent;
dans le cas présent de Mme Geoffrin, il faut ajouter, bien
du bon sens.

Mme Geoffrin ne nous apparaît que déjà vieille, et sa
jeunesse se dérobe à nous dans un lointain que nous
n'essaierons pas de pénétrer. Bourgeoise et très-bour-
geoise de naissance, née à Paris dans la dernière année
du XVIIe siècle[1], Marie-Thérèse Rodet avait été mariée le
19 juillet 1713 à Pierre-François Geoffrin, gros bourgeois, un des lieutenants-colonels de la garde nationale
d'alors, et l'un des fondateurs de la Manufacture des
glaces. Une lettre de Montesquieu, du mois de mars 1748,
nous montre Mme Geoffrin, à cette date, réunissant très-
bonne compagnie chez elle, et centre déjà de ce cercle
qui devait, durant vingt-cinq ans, se continuer et s'agrandir. D'où sortait donc cette personne si distinguée et si
habile, qui ne semblait point destinée à un tel rôle par
sa naissance ni par sa position dans le monde? Quelle
avait été son éducation première? L'impératrice de
Russie, Catherine, avait adressé un jour cette question
à Mme Geoffrin, qui lui répondit par une lettre qu'il fau-

1 *i.e.* 1699.

drait joindre à tout ce qu'a dit Montaigne sur l'éducation :

J'ai perdu, disait-elle, mon père et ma mère au berceau. J'ai été élevée par une vieille grand'mère qui avait beaucoup d'esprit et une tête bien faite. Elle avait très-peu d'instruction ; mais son esprit était si éclairé, si *adroit*, si actif, qu'il ne l'abandonnait jamais ; il était toujours à la place du savoir. Elle parlait si agréablement des choses qu'elle ne savait pas, que personne ne désirait qu'elle les sût mieux ; et quand son ignorance était trop visible, elle s'en tirait par des plaisanteries qui déconcertaient les pédants qui avaient voulu l'humilier. Elle était si contente de son lot, qu'elle regardait le savoir comme une chose très-inutile pour une femme. Elle disait : 'Je m'en suis si bien passée, que je n'en ai jamais senti le besoin. Si ma petite-fille est une bête, le savoir la rendrait confiante et insupportable ; si elle a de l'esprit et de la sensibilité, elle fera comme moi, elle suppléera *par adresse et avec du sentiment* à ce qu'elle ne saura pas ; et quand elle sera plus raisonnable, elle apprendra ce à quoi elle aura plus d'aptitude, et elle l'apprendra bien vite.' Elle ne m'a donc fait apprendre, dans mon enfance, simplement qu'à lire ; mais elle me faisait beaucoup lire ; elle m'apprenait à penser en me faisant raisonner ; elle m'apprenait à connaître les hommes en me faisant dire ce que j'en pensais, et en me disant aussi le jugement qu'elle en portait. Elle m'obligeait à lui rendre compte de tous mes mouvements et de tous mes sentiments, et elle les rectifiait avec tant de douceur et de grâce, que je ne lui ai jamais rien caché de ce que je pensais et sentais : mon intérieur lui était aussi visible que mon extérieur. Mon éducation était continuelle....

J'ai dit que Mme Geoffrin était née à Paris : elle n'en sortit jamais que pour faire en 1766, à l'âge de soixante-sept ans, son fameux voyage de Varsovie. D'ailleurs, elle n'avait pas quitté la banlieue ; et, même quand elle allait faire visite à la campagne chez quelque ami, elle revenait habituellement le soir et ne découchait pas. Elle était d'avis "qu'il n'y a pas de meilleur air que celui de Paris," et, en quelque lieu qu'elle eût pu être, elle aurait préféré son ruisseau de la rue Saint-Honoré, comme Mme de Staël regrettait celui de la rue du Bac. Mme Geoffrin ajoute un nom de plus à cette liste des génies parisiens qui ont été doués à un si haut degré de la vertu affable et sociale, et qui sont aisément civilisateurs.

Son mari paraît avoir peu compté dans sa vie, sinon pour lui assurer la fortune qui fut le point de départ et le premier instrument de la considération qu'elle sut acquérir. On nous représente M. Geoffrin vieux, assistant silencieusement aux dîners qui se donnaient chez lui aux gens de Lettres et aux savants. On essayait, raconte-t-on, de lui faire lire quelque ouvrage d'histoire ou de voyages, et, comme on lui donnait toujours un premier tome sans qu'il s'en aperçût, il se contentait de trouver "que l'ouvrage était intéressant, mais que l'auteur se répétait un peu." On ajoute que, lisant un volume de l'*Encyclopédie* ou de Bayle qui était imprimé sur deux colonnes, il continuait dans sa lecture la ligne de la première colonne avec la ligne correspondante de la seconde, ce qui lui faisait dire "que l'ouvrage lui paraissait bien, mais un peu abstrait." Ce sont là des contes tels qu'on en dut faire sur le mari effacé d'une femme célèbre. Un jour, un étranger demanda à Mme Geoffrin ce qu'était devenu ce vieux Monsieur qui assistait autrefois régulièrement aux dîners et qu'on ne voyait plus?—"C'était mon mari, il est mort[1]."

Mme Geoffrin eut une fille, qui devint la marquise de La Ferté-Imbault, femme excellente, dit-on, mais qui n'avait pas la modération de sens et la parfaite mesure de sa mère, et de qui celle-ci disait en la montrant: "Quand je la considère, je suis comme une poule qui a couvé un œuf de cane."

Mme Geoffrin tenait donc de sa grand'mère, et elle nous apparaît d'ailleurs seule de sa race. Son talent, comme tous les talents, était tout personnel. Mme Suard nous la représente imposant le respect avec douceur, "par sa taille élevée, par ses cheveux d'argent couverts d'une coiffe nouée sous le menton, par sa mise si noble et si décente, et son air de raison mêlé à la bonté[2]." Diderot, qui venait de faire une partie de piquet avec elle au Grandval, chez le baron d'Holbach, où elle était allée dîner (octobre 1760), écrivait à une amie: "Mme Geoffrin

1 He died in 1749.
2 For Mme Suard, the charming daughter of the bookseller Panckoucke, see Ségur, *op. cit.* pp. 332–337.

fut fort bien. Je remarque toujours le goût noble et
simple dont cette femme s'habille: c'était, ce jour-là, une
étoffe simple, d'une couleur austère, des manches larges,
le linge le plus uni et le plus fin, et puis la netteté la plus
recherchée de tout côté." Mme Geoffrin avait alors soi-
xante-et-un ans. Cette mise de vieille, si exquise en modestie et en simplicité, lui était particulière, et rappelle
l'art tout pareil de Mme de Maintenon. Mais Mme Geoffrin
n'avait pas à ménager ni à soutenir les restes d'une beauté
qui brillait encore par éclairs dans le demi-jour; elle fut
franchement vieille de bonne heure, et elle supprima
l'arrière-saison. Tandis que la plupart des femmes sont
occupées à faire retraite en bon ordre et à prolonger leur
âge de la veille, elle prit d'elle-même les devants, et elle
s'installa sans marchander dans son âge du lendemain.
"Toutes les femmes, disait-on d'elle, se mettent comme
la veille, il n'y a que Mme Geoffrin qui se soit toujours
mise comme le lendemain."

Mme Geoffrin passe pour avoir pris ses leçons de grand
monde chez Mme de Tencin[1], et pour s'être formée à cette
école. On cite ce mot de Mme de Tencin, qui, la voyant
sur la fin fort assidue à la visiter, disait à ses habitués:
"Savez-vous ce que la Geoffrin vient faire ici? elle vient
voir ce qu'elle pourra recueillir de mon inventaire." Cet
inventaire en valait la peine, puisqu'il se composait tout
d'abord de Fontenelle, de Montesquieu, de Mairan. Mme
de Tencin est bien moins remarquable comme auteur
d'histoires sentimentales et romanesques, où elle eut peut-
être ses neveux pour collaborateurs, que par son esprit
d'intrigue, son manège adroit, et par la hardiesse et la
portée de ses jugements. Femme peu estimable, et dont
quelques actions même sont voisines du crime, on se
trouvait pris à son air de douceur et presque de bonté, si
on l'approchait. Quand ses intérêts n'étaient point en

---

[1] See P. Maurice Masson, *Mme de Tencin* (1909). The author fell in
action at Verdun on April 16, 1916. His thesis, *La religion et Rousseau*, was
published a few days after his death, and the title of *docteur-ès-lettres* was
conferred on him posthumously in a touching ceremony at the Sorbonne.

cause, elle vous donnait des conseils sûrs et pratiques, dont on avait à profiter dans la vie. Elle savait le fin du jeu en toute chose. Plus d'un grand politique se serait bien trouvé, même de nos jours, d'avoir présente cette maxime, qu'elle avait coutume de répéter: "Les gens d'esprit font beaucoup de fautes en conduite, parce qu'ils ne croient jamais le monde aussi bête qu'il est." Les neuf Lettres d'elle qu'on a publiées, et qui sont adressées au duc de Richelieu pendant la campagne de 1743, nous la montrent en plein manège d'ambition, travaillant à se saisir du pouvoir pour elle et pour son frère le cardinal, dans ce court moment où le roi, émancipé par la mort du cardinal de Fleury, n'a pas encore de maîtresse en titre. Jamais Louis XV n'a été jugé plus à fond et avec des sentiments de mépris plus clairvoyants et mieux motivés que dans ces neuf Lettres de Mme de Tencin. Dès l'année 1743, cette femme d'intrigue a des éclairs de coup-d'œil qui percent l'horizon: "A moins que Dieu n'y mette visiblement la main, écrit-elle, il est physiquement impossible que l'État ne culbute." C'est cette maîtresse habile que Mme Geoffrin consulta et de qui elle reçut de bons conseils, notamment celui de ne refuser jamais aucune relation, aucune avance d'amitié; car si neuf sur dix ne rapportent rien, une seule peut tout compenser; et puis, comme cette femme de ressource disait encore, "tout sert en ménage, quand on a en soi de quoi mettre les outils en œuvre."

Mme Geoffrin hérita donc en partie du salon et du procédé de Mme de Tencin; mais, en contenant son habileté dans la sphère privée, elle l'étendit singulièrement et dans une voie tout honorable. Mme de Tencin remuait ciel et terre pour faire de son frère un premier ministre: Mme Geoffrin laissa de côté la politique, ne s'immisça jamais dans les choses de religion, et, par son art infini, par son esprit de suite et de conduite, elle devint elle-même une sorte d'habile administrateur et presque un grand *ministre de la société*, un de ces ministres d'autant plus influents qu'ils sont moins en titre et plus permanents.

Elle conçut d'abord cette machine qu'on appelle un salon dans toute son étendue, et sut l'organiser au complet avec des rouages doux, insensibles, mais savants et entretenus par un soin continuel. Elle n'embrassa pas seulement dans sa sollicitude les gens de Lettres proprement dits, mais elle s'occupa des artistes, sculpteurs et peintres, pour les mettre tous en rapport entre eux et avec les gens du monde; en un mot, elle conçut l'Encyclopédie du siècle en action et en conversation autour d'elle. Elle eut chaque semaine deux dîners de fondation, le lundi pour les artistes: on y voyait les Vanloo, Vernet, Boucher, La Tour, Vien, Lagrenée, Soufflot[1], Lemoine[2], quelques amateurs de distinction et protecteurs des arts, quelques littérateurs comme Marmontel pour soutenir la conversation et faire la liaison des uns aux autres. Le mercredi, c'était le dîner des gens de Lettres: on y voyait d'Alembert, Mairan, Marivaux, Marmontel, le chevalier de Chastellux, Morellet, Saint-Lambert, Helvétius, Raynal, Thomas, Grimm, d'Holbach, Burigny de l'Académie des Inscriptions. Une seule femme y était admise avec la maîtresse de la maison: c'était Mme de Lespinasse. Mme Geoffrin avait remarqué que plusieurs femmes dans un dîner distraient les convives, dispersent et éparpillent la conversation: elle aimait l'unité et à rester centre. Le soir, la maison de Mme Geoffrin continuait d'être ouverte, et la soirée se terminait par un petit souper très-simple et très-recherché, composé de cinq ou six amis intimes au plus, et cette fois de quelques femmes, la fleur du grand monde. Pas un étranger de distinction ne vivait ou ne passait à Paris sans aspirer à être admis chez Mme Geoffrin. Les princes y venaient en simples particuliers; les ambassadeurs n'en bougeaient dès qu'ils y avaient pied. L'Europe y était représentée dans la personne des

---

1 The architect of the Pantheon. The six preceding names are those of painters. Mme Geoffrin possessed pictures, painted to her order, by all except the greatest, namely the *pastelliste* Quentin La Tour.

2 Died in 1737, too early to have attended Mme Geoffrin's Mondays. Sainte-Beuve has omitted the sculptor Bouchardon, and the engraver Cochin.

Caraccioli, des Creutz, des Galiani[1], des Gatti[2], des Hume, des Gibbon[3].

On le voit déjà, de tous les salons du XVIIIe siècle, c'est celui de Mme Geoffrin qui est le plus complet. Il l'est plus que celui de Mme Du Deffand, qui, depuis la défection de d'Alembert et des autres à la suite de Mlle de Lespinasse, avait perdu presque tous les gens de Lettres. Le salon de Mlle de Lespinasse, à part cinq ou six amis de fond, n'était lui-même formé que de gens assez peu liés entre eux, pris çà et là, et que cette spirituelle personne assortissait avec un art infini. Le salon de Mme Geoffrin nous représente, au contraire, le grand centre et le rendez-vous du XVIIIe siècle. Il fait contrepoids, dans son action décente et dans sa régularité animée, aux petits dîners et soupers licencieux de Mlle Quinault, de Mlle Guimard, et des gens de finances, les Pelletier, les La Popelinière. Vers la fin ce salon voit se former, en émulation et un peu en rivalité avec lui, les salons du baron d'Holbach, de Mme Helvétius, en partie composés de la fleur des convives de Mme Geoffrin, et en partie de quelques têtes que Mme Geoffrin avait trouvées trop vives pour les admettre à ses dîners. Le siècle s'ennuyait à la fin d'être contenu par elle et conduit à la lisière, il voulait parler de tout à haute voix et à cœur joie.

L'esprit que Mme Geoffrin apportait dans le ménagement et l'économie de ce petit empire qu'elle avait si largement conçu, était un esprit de naturel, de justesse et de finesse, qui descendait aux moindres détails, un esprit adroit, actif et doux. Elle avait fait passer le rabot sur les sculptures de son appartement: c'était ainsi chez elle au moral, et *Rien en relief* semblait sa devise. "Mon esprit, disait-elle, est comme mes jambes; j'aime à me promener dans un terrain uni, mais je ne veux point monter une montagne pour avoir le plaisir de dire lors-

1 See *Caus. du Lundi*, II. His letters have been edited by E. Assé, 2 vols. 1881.

2 An Italian physician, who spread the practice of inoculation in France.

3 Another illustrious visitor was Mozart, who played in Mme Geoffrin's salon when he was eight.

que j'y suis arrivée.: *J'ai monté cette montagne.*" Elle aimait la simplicité, et, au besoin, elle l'aurait affectée un peu. Son activité était de celles qui se font remarquer principalement par le bon ordre, une de ces activités discrètes qui agissent sur tous les points presque en silence et insensiblement. Maîtresse de maison, elle a l'œil à tout; elle préside, elle gronde pourtant, mais d'une gronderie qui n'est qu'à elle; elle veut qu'on se taise à temps, elle fait la police de son salon. D'un seul mot: *Voilà qui est bien*, elle arrête à point les conversations qui s'égarent sur des sujets hasardeux et les esprits qui s'échauffent: ils la craignent, et vont *faire leur sabbat* ailleurs. Elle a pour principe de ne causer elle-même que quand il le faut, et de n'intervenir qu'à de certains moments, sans tenir trop longtemps le dé. C'est alors qu'elle place des maximes sages, des contes piquants, de la morale anecdotique et en action, ordinairement aiguisée par quelque expression ou quelque image bien familière. Tout cela ne sied bien que dans sa bouche, elle le sait: aussi dit-elle "qu'elle ne veut pas que l'on prêche ses sermons, que l'on conte ses contes, ni qu'on touche à ses pincettes."

S'étant de bonne heure posée en vieille femme et en *maman* des gens qu'elle reçoit, elle a un moyen de gouvernement, un petit artifice. qui est à la longue devenu un *tic* et une manie: c'est de gronder; mais c'est à faire à elle de gronder. N'est pas grondé par elle qui veut; c'est la plus grande marque de sa faveur et de sa direction. Celui qu'elle aime le mieux est aussi le mieux grondé. Horace Walpole, avant d'avoir passé, enseignes déployées, dans le camp de Mme Du Deffand, écrivait de Paris à son ami Gray:

(25 janvier 1766.) Mme Geoffrin, dont vous avez beaucoup entendu parler, est une femme extraordinaire, avec plus de sens commun que je n'en ai presque jamais rencontré. Une grande promptitude de coup d'œil à découvrir les caractères, de la pénétration à aller au fond de chacun, et un crayon qui ne manque jamais la ressemblance; et elle est rarement en beau. Elle exige pour elle et sait se conserver, en dépit de sa naissance et de leurs absurdes préjugés d'ici sur la noblesse, une grande cour et des égards soutenus. Elle y

réussit par mille petits artifices et bons offices d'amitié, et par une liberté et une sévérité qui semble être sa seule fin en tirant le monde à elle; car elle ne cesse de gronder ceux qu'elle a une fois enjôlés. Elle a peu de goût et encore moins de savoir, mais elle protège les artistes et les auteurs, et elle fait la cour à un petit nombre de gens pour avoir le crédit d'être utile à ses protégés. Elle a fait son éducation sous la fameuse Mme de Tencin, qui lui a donné pour règle de ne jamais rebuter aucun homme; car, disait l'habile matrone, 'quand même neuf sur dix ne se donneraient pas un liard de peine pour vous, le dixième peut vous devenir un ami utile.' Elle n'a pas adopté ni rejeté en entier ce plan, mais elle a tout à fait gardé l'esprit de la maxime. En un mot, elle nous offre un abrégé d'empire qui subsiste au moyen de récompenses et de peines[1].

L'office de majordome de son salon était en général confié à Burigny, l'un de ses plus anciens amis, et l'un des mieux grondés de tous. Quand il y avait quelque infraction au règlement et qu'il éclatait quelque imprudence de parole, c'était à lui qu'elle s'en prenait volontiers pour n'y avoir pas mis bon ordre.

On en riait, on en plaisantait avec elle-même, et l'on se soumettait à ce régime qui ne laissait pas d'être assez étroit et exigeant, mais qui était tempéré de tant de bonté et de bienfaisance. Ce droit de correction, elle se l'assurait à sa manière en plaçant de temps en temps sur votre tête quelque bonne petite rente viagère, sans oublier le cadeau annuel de la culotte de velours.

Fontenelle n'avait pas institué Mme Geoffrin son exécutrice testamentaire sans raison. Mme Geoffrin, bien observée, me paraît avoir été, par la nature de son esprit, par la méthode de son procédé, et par son genre d'influence, le Fontenelle des femmes, un Fontenelle plus actif en bienfaisance (nous reviendrons tout à l'heure sur ce trait-là), mais un vrai Fontenelle par la prudence, par la manière de concevoir et de composer son bonheur, par cette manière de dire, à plaisir familière, épigrammatique et ironique sans amertume. C'est un Fontenelle qui, par cela même qu'il est femme, a plus de vivacité et un mouvement plus affectueux, plus sensible. Mais, comme lui,

---

1 Horace Walpole's *Letters*, ed. Mrs Paget Toynbee, VI. 404.

elle aime avant tout le repos, ou la marche sur un terrain uni. Tout ce qui est ardent autour d'elle l'inquiète, et elle croit que la raison elle-même a tort quand elle est passionnée. Elle comparait un jour son esprit à "un *rouleau plié* qui se développe et se déroule par degrés." Elle n'était pas pressée de tout dérouler d'un coup: "Peut-être à ma mort, disait-elle, le rouleau ne sera-t-il pas déployé tout entier." Cette sage lenteur est un trait distinctif de son esprit et de son influence. Elle craignait les mouvements trop brusques et les changements trop prompts: "Il ne faut pas, disait-elle, abattre la vieille maison avant de s'en être bâti une nouvelle." Elle tempérait tant qu'elle pouvait l'époque, déjà ardente, et tâchait de la discipliner. C'était une mauvaise note auprès d'elle, quand on était de ses dîners, de se faire mettre à la Bastille; Marmontel s'aperçut qu'il avait fort baissé dans sa faveur après son affaire de *Bélisaire*[1]. En un mot, elle continue de représenter l'esprit déjà philosophique, mais encore modérateur, de la première partie du siècle, tant qu'il n'avait pas cessé de reconnaître de certaines bornes. Je me peins assez bien cette application constante de Mme Geoffrin par une image: elle avait fait ajouter après coup une perruque (une perruque en marbre, s'il vous plaît) au buste de Diderot par Falconet.

Sa bienfaisance était grande autant qu'ingénieuse, et chez elle un vrai don de nature: elle avait *l'humeur donnante*, comme elle disait. *Donner et pardonner*, c'était sa devise. Le bienfait de sa part était perpétuel. Elle ne pouvait s'empêcher de faire des cadeaux à tous, au plus pauvre homme de Lettres comme à l'impératrice d'Allemagne, et elle les faisait avec cet art et ce fini de délicatesse qui ne permet pas de refuser sans une sorte de grossièreté. Sa sensibilité s'était perfectionnée par la pratique du bien et par un tact social exquis. Sa bienfaisance avait, comme toutes ses autres qualités, quelque chose

---

[1] This historical and philosophical novel, Marmontel's so-called masterpiece (1767), was translated into nearly every European language. It was condemned by the Archbishop of Paris as heretical. No one reads it now.

de singulier et d'original qui ne se voyait qu'en elle. On en a cité mille traits charmants, imprévus, dont Sterne eût fait son profit; je n'en rappellerai qu'un. On lui faisait remarquer un jour que tout était chez elle en perfection, tout, excepté la *crême*, qui n'était point bonne. — "Que voulez-vous? dit-elle, je ne puis changer ma laitière." — "Eh! qu'a donc fait cette laitière, pour qu'on ne la puisse changer?"—"C'est que je lui ai donné deux vaches."—"La belle raison!" s'écria-t-on de toutes parts. Et en effet, un jour que cette laitière pleurait de désespoir d'avoir perdu sa vache, Mme Geoffrin lui en avait donné deux, une de plus pour la consoler d'avoir tant pleuré, et, depuis ce jour aussi, elle ne comprenait pas qu'elle pût jamais changer cette laitière. Voilà le rare et le délicat. Bien des gens eussent été capables de donner une vache ou même deux; mais de garder la laitière ingrate ou négligente, malgré sa mauvaise crême, c'est ce qu'on n'eût pas fait. Mme Geoffrin le faisait pour elle-même, pour ne pas se gâter le souvenir d'une action charmante. Elle voulait faire du bien à sa manière, c'était sa qualité distinctive. De même qu'elle grondait non pour corriger, mais pour son plaisir, de même elle donnait, non pour faire des heureux ou des reconnaissants, mais, avant tout, pour se rendre contente elle-même. Son bienfait était comme marqué à un coin de brusquerie et d'*humeur*; elle avait les remercîments en aversion: "Les remercîments, a-t-on dit, lui causaient une colère aimable et presque sérieuse." Elle avait là-dessus toute une théorie poussée au paradoxe, et elle allait jusqu'à faire en toute forme l'éloge de l'ingratitude. Ce qu'il y a de plus clair, c'est que, même en donnant, elle voulait *se payer par ses mains*, et qu'elle savait goûter *toute seule* la satisfaction d'obliger. Le dirai-je? je crois retrouver là, même au sein d'une nature excellente, ce coin d'égoïsme et de sécheresse inhérente au XVIIIe siècle. L'élève de Mme de Tencin, l'amie de Fontenelle, reparaît jusque dans l'instant où elle se livre à son penchant de cœur; elle s'y livre, mais sans abandon encore et en concertant toute chose. On sait de

Montesquieu aussi une très-belle action de bienfaisance, après laquelle il se déroba avec brusquerie et presque avec dureté aux remercîments et aux larmes de l'obligé. Le mépris des hommes perce trop ici jusque dans le bienfaiteur. Est-ce donc bien prendre son temps pour les mépriser que de choisir précisément l'instant où on les élève, où on les attendrit et où on les rend meilleurs? Dans l'admirable chapitre de saint Paul sur la Charité, on lit, entre autres caractères de cette vertu divine: "*Charitas non quærit quæ sua sunt...Non cogitat malum...* La Charité ne recherche point ce qui lui est propre. Elle ne soupçonne pas le mal." Ici, au contraire, cette bienfaisance mondaine et sociale cherche son plaisir, son goût particulier et sa satisfaction propre, et il s'y mêle de plus un peu de malice et d'ironie. Je sais tout ce qu'on peut dire en faveur de cette vertu respectable et charmante, alors même qu'elle songe à soi. Mme Geoffrin, quand on la prenait là-dessus, avait mille bonnes réponses, et fines comme elle: "Ceux, disait-elle, qui obligent rarement, n'ont pas besoin de maximes usuelles; mais ceux qui obligent souvent doivent obliger de la manière la plus agréable pour eux-mêmes, *parce qu'il faut faire commodément ce qu'on veut faire tous les jours.*" Il y a du Franklin dans cette maxime-là, du Franklin corrigeant et épaississant un peu le sens trop spirituel de la Charité selon saint Paul. Respectons, honorons donc la libéralité naturelle et raisonnée de Mme Geoffrin; mais reconnaissons toutefois qu'il manque à toute cette bonté et à cette bienfaisance une certaine flamme céleste, comme il manque à tout cet esprit et à cet art social du XVIIIe siècle une fleur d'imagination et de poésie, un fond de lumière également céleste. Jamais on ne voit dans le lointain le bleu du ciel ni la clarté des étoiles.

Nous avons pu déjà nous faire une idée de la forme et de la qualité de l'esprit de Mme Geoffrin. La qualité dominante chez elle était la justesse et le bon sens. Horace Walpole que j'aime à citer, bon juge et peu suspect, avait beaucoup vu Mme Geoffrin avant d'être à Mme Du Def-

fand ; il la goûtait extrêmement et n'en parle jamais que
comme d'une des meilleures têtes, un des meilleurs *en-
tendements* qu'il ait rencontrés, et comme de la personne
qui possède la plus grande connaissance du monde. É-
crivant à lady Hervey après une attaque de goutte qu'il
venait d'avoir, il disait :

(Paris, 13 octobre 1765.) Mme Geoffrin est venue l'autre soir, et
s'est assise deux heures durant à mon chevet ; j'aurais juré que c'était
milady Hervey, tant elle fut pleine de bonté pour moi. Et c'était avec
tant de bon sens, de bonne information, de bon conseil et d'à-propos !
Elle a surtout une manière de vous reprendre qui me charme. Je n'ai
jamais vu, depuis que j'existe, personne qui atteigne si au vif les défauts, les vanités, les faux airs d'un chacun, qui vous les développe
avec tant de netteté, et qui vous en convainque si aisément. Je n'avais
jamais aimé à être redressé auparavant ; maintenant vous ne pouvez
vous imaginer combien j'y ai pris goût. Je la fais à la fois mon Confesseur et mon Directeur, et je commence à croire que je serai à la
fin une créature raisonnable, ce à quoi je n'avais jamais visé jusqu'ici.
La prochaine fois que je la verrai, je compte bien lui dire : ' O *Sens-
Commun*, assieds-toi là : j'ai été jusqu'ici pensant de telle et telle sorte ;
dis, n'est-ce pas bien absurde ? ' Quant à toute autre espèce de sens
et de sagesse, je ne les ai jamais aimés, et maintenant je vais les haïr
à cause d'elle. Si cela valait la peine qu'elle s'en mêlât, je puis vous
assurer, Madame, qu'elle pourrait me gouverner comme un enfant[1].

En toute rencontre, il parle d'elle comme de la raison
même.

On commence à se faire une idée de l'espèce de charme
singulier et grondeur qu'exerçait autour d'elle le bon sens
de Mme Geoffrin. Elle aimait à morigéner son monde,
et elle faisait le plus souvent goûter la leçon. Il est vrai
que si l'on ne s'y prêtait pas, si l'on se dérobait à son
envie de conseiller et de redresser, elle n'était pas contente, et un petit accent plus sec vous avertissait qu'elle
était piquée dans son faible, dans sa prétention de mentor
et de directeur.

On a dernièrement imprimé ce petit billet d'elle à
David Hume, comme échantillon de sa façon de *bourrer*
les gens quand elle en était contente ; je n'y supprime
que les fautes d'orthographe, car Mme Geoffrin ne savait
pas l'orthographe, et ne s'en cachait pas :

1 Walpole's *Letters*, VI. 321.

Il ne vous manquait, mon gros drôle, pour être un parfait petit-maître, que de jouer le beau rigoureux, en ne faisant pas de réponse à un billet doux que je vous ai écrit par Gatti. Et pour avoir tous les airs (*aires*) possibles, vous voulez vous donner celui d'être modeste.

Mme de Tencin appelait les gens d'esprit de son monde ses *bêtes*; Mme Geoffrin continuait un peu de les traiter sur le même pied et à la baguette. Elle était grondeuse par état, par bonne grâce de vieille, par contenance.

Elle jugeait ses amis, ses habitués, en toute rectitude, et on a retenu d'elle des mots terribles qui lui échappaient, non plus en badinant. C'est elle qui a dit de l'abbé Trublet[1], qu'on appelait devant elle un homme d'esprit: "Lui, un homme d'esprit! c'est *un sot frotté d'esprit*." Elle disait du duc de Nivernais[2]: "Il est *manqué* de partout, guerrier *manqué*, ambassadeur *manqué*, auteur *manqué*, etc." Rulhière[3] lisait dans les salons ses Anecdotes manuscrites sur la Russie; elle aurait voulu qu'il les jetât au feu, et elle lui offrait de l'en dédommager par une somme d'argent. Rulhière s'indignait, et mettait en avant tous les grands sentiments d'honneur, de désintéressement, d'amour de la vérité; elle ne lui répondit que par ces mots: "En voulez-vous davantage?" On voit que Mme Geoffrin n'était douce que quand elle le voulait, et que cette bénignité d'humeur et de bienfaisance recouvrait une expérience amère.

J'ai déjà cité Franklin à son sujet. Elle avait de ces maximes qui semblent provenir d'un même bon sens calculateur et ingénieux, tout pratique. Elle avait fait

[1]
> L'abbé Trublet alors avait la rage
> D'être à Paris un petit personnage;
> Au peu d'esprit que le bonhomme avait
> L'esprit d'autrui par supplément servait.
> Il entassait adage sur adage;
> Il compilait, compilait, compilait;
> On le voyait sans cesse écrire, écrire
> Ce qu'il avait jadis entendu dire.
> VOLTAIRE, *Le pauvre diable.*

All the same, Trublet's life of Fontenelle contains much valuable and interesting information.

[2] See *Caus. du Lundi*, XIII.   [3] See *Caus. du Lundi*, IV.

graver sur ses jetons cette maxime: "L'économie est la source de l'indépendance et de la liberté." Et cette autre: "Il ne faut pas laisser croître l'herbe sur le chemin de l'amitié."

Son esprit était de ces esprits fins dont Pascal a parlé, qui sont accoutumés à juger au premier abord et *tout d'une vue*, et qui ne reviennent guère à ce qu'ils ont une fois manqué. Ce sont des esprits qui redoutent un peu la fatigue et l'ennui, et dont le jugement sain et quelquefois perçant n'est pas continu. Mᵐᵉ Geoffrin, douée au plus haut degré de cette sorte d'esprit, différait tout à fait en cela de Mᵐᵉ Du Châtelet par exemple, laquelle aimait à suivre et à·épuiser un raisonnement. Ces esprits délicats et rapides sont surtout propres à la connaissance du monde et des hommes; ils aiment à promener leur vue plutôt qu'à l'arrêter. Mᵐᵉ Geoffrin avait besoin, pour ne pas se lasser, d'une grande variété de personnes et de choses. Les empressements la suffoquaient; ie trop de durée, même d'un plaisir, le lui rendait insupportable; "de la société la plus aimable, elle ne voulait que ce qu'elle en pouvait prendre à ses heures et à son aise." Une visite qui menaçait de se prolonger et de s'éterniser la faisait pâlir et tourner à la mort. Un jour qu'elle vit le bon abbé de Saint-Pierre s'installer chez elle pour toute une soirée d'hiver, elle eut un moment d'effroi, et, s'inspirant de la situation désespérée, elle fit si bien qu'elle tira parti du digne abbé, et le rendit amusant. Il en fut tout étonné lui-même, et, comme elle lui faisait compliment de sa bonne conversation en sortant, il répondit: "Madame, je ne suis qu'un instrument dont vous avez bien joué." Mᵐᵉ Geoffrin était une habile *virtuose*.

Je ne fais dans tout ceci qu'extraire et résumer les Mémoires du temps. C'est un plaisir plus grand qu'on ne suppose, de relire ces auteurs du XVIIIᵉ siècle qu'on répute secondaires, et qui sont tout simplement excellents dans la prose modérée. Il n'y a rien d'agréable, de délicat et de distingué comme les pages que Marmontel a consacrées dans ses Mémoires à Mᵐᵉ Geoffrin et à la peinture de cette société[1]. Morellet lui-même, quand il parle d'elle, est non pas un excellent peintre, mais un parfait analyste; la main qui écrit est bien un peu lourde, mais la plume est nette et fine. Il n'est pas jusqu'à Thomas, qu'on donne pour emphatique, qui ne soit très-agréable et très-heureux d'expression au sujet de Mme Geoffrin. On répète toujours que Thomas est enflé; mais nous-mêmes nous sommes devenus, dans notre habitude d'écrire, si enflés, si métaphoriques, que Thomas relu me paraît simple[2].

Le grand événement de la vie de Mme Geoffrin fut le voyage qu'elle fit en Pologne (1766), pour aller voir le roi Stanislas Poniatowski. Elle l'avait connu tout jeune homme à Paris, et l'avait rencontré comme tant d'autres dans ses bienfaits. A peine monté sur le trône de Pologne, il lui écrivit: *Maman, votre fils est roi*[3]; et il la pria avec instance de le venir visiter. Elle n'y résista point, malgré son âge déjà avancé; elle passa par Vienne, et y fut l'objet marqué des attentions des souverains. On a cru qu'une petite commission diplomatique se glissa au fond de ce voyage. On a les lettres de Mme Geoffrin écrites de Varsovie, elles sont charmantes; elles coururent Paris, et ce n'était pas avoir bon air dans ce temps-là que de les ignorer. Voltaire choisit ce moment pour lui écrire comme à une puissance; il la priait d'intéresser le roi de Pologne à la famille Sirven. Mme Geoffrin avait bonne tête, et ce voyage ne la lui tourna point. Marmontel, en lui écrivant, avait paru croire que ces attentions dont une simple particulière était l'objet de la part des monarques, allaient faire une révolution dans les idées; Mme Geoffrin le remet au vrai point de vue:

---

1 In book VI. of his *Memoirs*. From 1756 he lived in Mme Geoffrin's house.

2 Morellet, Thomas, and D'Alembert, Mme Geoffrin's largest legatees, all wrote *Éloges* of her. These were published together in 1812.

3 The true version is: "Ma chère maman, il me semble que j'ai encore plus de plaisir à vous appeler de ce nom depuis avant-hier. Dans toute notre histoire, il n'y a point d'exemple d'une élection aussi tranquille et aussi parfaitement unanime."

Non, mon voisin, lui répond-elle (*voisin*, parce que Marmontel logeait dans sa maison), non, pas un mot de tout cela : il n'arrivera rien de tout ce que vous pensez. Toutes choses resteront dans l'état où je les ai trouvées, et vous retrouverez aussi mon cœur tel que vous le connaissez, très-sensible à l'amitié.

Écrivant à d'Alembert, de Varsovie également, elle disait, en se félicitant de son lot, et sans ivresse :

Ce voyage fait, je sens que j'aurai vu assez d'hommes et de choses pour être convaincue qu'ils sont partout à peu près les mêmes. J'ai mon magasin de réflexions et de comparaisons bien garni pour le reste de ma vie.

Et elle ajoute dans un sentiment aussi touchant qu'é-levé, sur son royal pupille :

C'est une terrible condition que d'être roi de Pologne. Je n'ose lui dire à quel point je le trouve malheureux ; hélas ! il ne le sent que trop souvent. Tout ce que j'ai vu depuis que j'ai quitté mes pénates me fera remercier Dieu d'être née *Française* et *particulière*.

Au retour de ce voyage où elle avait été comblée d'honneurs et de considération, elle redoubla de modestie habile. On peut croire que cette modestie, chez elle, n'était qu'une manière plus douce, et pleine de goût, de porter son amour-propre et sa gloire. Mais elle excellait à cette manière discrète et proportionnée. Comme Mme de Maintenon, elle était de cette race des *glorieuses modestes*. Quand on la complimentait et qu'on l'interrogeait sur ce voyage, qu'elle répondît ou qu'elle ne répondît pas, elle ne mettait d'affectation ni dans ses paroles ni même dans son silence. Personne ne connaissait mieux qu'elle, mieux que cette bourgeoise de Paris, l'art d'en user les grands, d'en tirer ce qu'il fallait sans s'effacer ni se prévaloir, et de se tenir en tout et avec tous d'un air aisé sur la limite des bienséances.

Comme toutes les puissances, elle eut l'honneur d'être attaquée. Palissot essaya de la traduire deux fois sur la scène à titre de patronne des Encyclopédistes. Mais, de toutes les attaques, la plus sensible à Mme Geoffrin dut être la publication des Lettres familières de Montesquieu, que l'abbé de Guasco fit imprimer en 1767 pour lui être désagréable. Quelques mots de Montesquieu contre Mme Geoffrin indiquent assez ce qu'on pourrait d'ailleurs deviner, qu'il entre toujours un peu d'intrigue et de manège partout où il y a des hommes à gouverner, même quand ce sont les femmes qui s'en chargent. Mme Geoffrin, d'ailleurs, eut le crédit de faire arrêter l'édition, et on mit des cartons aux endroits où il était question d'elle[1].

La dernière maladie de Mme Geoffrin présenta des circonstances singulières. Tout en soutenant de ses libéralités l'*Encyclopédie*, elle avait toujours gardé un fond ou un coin de religion. La Harpe raconte qu'elle avait à sa dévotion un confesseur capucin, confesseur à trèslarge manche, pour la commodité de ses amis qui en auraient eu besoin; car si elle n'aimait pas, quand on était de ses amis, qu'on se fît mettre à la Bastille, elle n'aimait pas non plus qu'on mourût sans confession. Pour elle, tout en vivant avec les philosophes, elle allait à la messe, comme on va en bonne fortune, et elle avait sa tribune à l'église des Capucins, comme d'autres auraient eu leur petite maison. L'âge augmenta cette disposition sérieuse ou bienséante. A la suite d'un Jubilé qu'elle suivit trop exactement dans l'été de 1776, elle tomba en paralysie, et sa fille, profitant de cet état, ferma la porte aux philosophes, dont elle craignait l'influence sur sa mère. D'Alembert, Marmontel, Morellet, furent brusquement exclus; on juge de la rumeur[2]. Turgot écrivait à Condorcet: "Je plains cette pauvre Mme Geoffrin de sentir cet esclavage, et d'avoir ses derniers moments empoisonnés par sa vilaine fille." Mme Geoffrin ne s'appartenait plus; même en revenant à elle, elle sentit qu'il lui fallait choisir entre sa fille et ses amis, et le sang l'emporta: "Ma fille, disait-elle en souriant, est comme Godefroy de Bouillon, elle a voulu défendre mon tombeau contre les Infidèles." Elle faisait passer sous main à ces mêmes

1 Passages of Montesquieu's letters to the Abbé de Guasco, a Piedmontese and a Canon of Tournai, whom Mme Geoffrin expelled from her salon on the suspicion of being a spy, are printed by Ségur (p. 467).

2 See Ségur, *op. cit.* pp. 364–372.

Infidèles ses amitiés et ses regrets ; elle leur envoyait des cadeaux. Sa raison était affaiblie, mais sa forme d'esprit subsistait toujours, et elle se réveillait pour dire de ces mots qui la montraient encore semblable à elle-même. On s'entretenait autour de son lit des moyens que les Gouvernements pourraient employer pour rendre les peuples heureux, et chacun d'inventer de grandes choses : "Ajoutez-y, dit-elle, le soin de *procurer des plaisirs*, chose dont on ne s'occupe pas assez."

Elle mourut sur la paroisse de Saint-Roch, le 6 octobre 1777.—Le nom de Mme Geoffrin et son genre d'influence nous ont naturellement rappelé un autre nom aimable, qu'il est trop tard ici pour venir balancer avec le sien. La Mme Geoffrin de nos jours, Mme Récamier, eut de plus que l'autre la jeunesse, la beauté, la poésie, les grâces, l'étoile au front, ajoutons, une bonté non pas plus ingénieuse, mais plus angélique. Ce que Mme Geoffrin eut de plus dans son gouvernement de salon bien autrement étendu et considérable, ce fut une raison plus ferme et plus à domicile en quelque sorte, qui faisait moins de frais et d'avances, moins de sacrifices au goût des autres ; ce fut ce bon sens unique dont Walpole nous a si bien rendu l'idée, un esprit non-seulement délicat et fin, mais juste et *perçant*.

V

BEAUMARCHAIS[1]

IL n'y a pas plus de dix-huitième siècle complet sans Beaumarchais que sans Diderot, Voltaire ou Mirabeau; il en est un des personnages les plus originaux, les plus caractéristiques, les plus révolutionnaires. Quand il est révolutionnaire, il l'est par entraînement, par verve et sans parti-pris d'aller aussi loin qu'on le croirait. Il a, en ce sens, bien du rapport avec Voltaire, avec qui il partage l'honneur d'être peut-être l'homme le plus spirituel de son temps; je prends le mot esprit avec l'idée de source et de jet perpétuel. Mais Voltaire a de plus que Beaumarchais le goût; Beaumarchais suivait son esprit sur toutes les pentes, s'y abandonnait et ne le dominait point. En parlant de lui, il faut se garder d'être systématique, car lui-même il ne l'était pas: ce n'a été qu'un homme de grand naturel, jeté, porté et parfois noyé dans les flots de son siècle et surnageant dans bien des courants.

Un écrivain de nos jours qui s'est fait connaître avec distinction dans le genre de la biographie, M. de Loménie, professeur suppléant au Collège de France, a consacré cette année plusieurs leçons à Beaumarchais, et il a éclairé le caractère de ce personnage extraordinaire à l'aide de documents particuliers qu'il tient de la famille même. M. de Loménie prépare de Beaumarchais une biographie complète[2] qu'il fait espérer depuis longtemps; j'aurais aimé à être devancé par lui, mon but en ces esquisses rapides n'étant que de résumer le vrai et le

---

1 June 14 and 21, 1852; *Causeries du Lundi*, VI.

2 *Beaumarchais et son temps*, 2 vols. 1856; 3rd ed. 1873. More recent works are E. Lintilhac, *Beaumarchais et ses œuvres*, 1887; A. Hallays, *Beaumarchais* (*Grands écrivains français*), 1897.

connu, sans chercher à devancer personne. J'ai pu du moins profiter d'une conversation obligeante de M. de Loménie, en regrettant que ses communications se soient brusquement arrêtées là. Mais ce que j'ai fait, et ce que j'aurais fait en tout état de cause, j'ai beaucoup lu et feuilleté Beaumarchais, qui est l'homme le moins discret quand il parle de lui-même, et il me semble qu'à le bien écouter dans ses aveux et ses confidences familières, on en sait déjà presque assez.

Pierre-Augustin Caron, qui prit plus tard le nom de Beaumarchais, naquit à Paris le 24 janvier 1732, sur la paroisse Saint-Jacques-la-Boucherie. Sa famille, que M. de Loménie fera connaître en détail, originaire de Normandie, je crois, s'était depuis établie en Brie; elle avait été protestante. Le père de Beaumarchais, horloger de son état, et qui éleva son fils dans la même profession, paraît avoir été un homme bon, cordial, et qui avait conservé, des habitudes protestantes, un fonds de conviction et d'affection religieuse. Lorsque plus tard, dans ses fameux procès, on lui reprocha son extraction bourgeoise, Beaumarchais parla de ce père d'une manière charmante, et qui rappelle Horace:

Vous entamez ce chef-d'œuvre, disait-il à madame Goëzman (sa partie adverse), par me reprocher l'état de mes ancêtres. Hélas ! Madame, il est trop vrai que le dernier de tous réunissait à plusieurs branches de commerce une assez grande célébrité dans l'art de l'horlogerie. Forcé de passer condamnation sur cet article, j'avoue avec douleur que rien ne peut me laver du juste reproche que vous me faites d'être le fils de mon père....Mais je m'arrête ; car je le sens derrière moi qui regarde ce que j'écris, et rit en m'embrassant. (*Quel prompt, facile et affectueux tableau !*)

"O vous qui me reprochez mon père, vous n'avez pas l'idée de son généreux cœur. En vérité, horlogerie à part, je n'en vois aucun contre qui je voulusse le troquer....

Et lorsque ses ennemis voulaient consommer sa ruine dans le courant du même procès, lorsqu'il se voyait emprisonné, calomnié, ruiné, il montre la consternation de tous ses amis qui le visitaient dans sa prison:

La piété, la résignation même de mon vénérable père aggravait encore mes peines. En me disant avec onction de recourir à Dieu,

seul dispensateur des biens et des maux, il me faisait sentir plus vivement le peu de justice et de secours que je devais désormais espérer
des hommes.

Et il revient plus d'une fois sur ce caractère religieux
de son père: "Mes amis se taisaient, mes sœurs pleuraient,
mon père priait."

Ce père *sensible, honnête, vertueux,* qui a de la solennité et de la bonhomie dans l'effusion des sentiments,
écrivait un jour à son fils qui était en Espagne, et qui y
était allé pour venger l'une de ses sœurs (1764), une lettre
qu'on a publiée et qui serait digne du père de Diderot,
ou de Diderot lui-même faisant parler un père dans un
de ses drames:

Tu me recommandes modestement de t'aimer un peu. Cela
n'est pas possible, mon cher ami: un fils comme toi n'est pas fait pour
n'être qu'un peu aimé d'un père qui sent et pense comme moi. Les
larmes de tendresse qui tombent de mes yeux sur ce papier en sont
bien la preuve. Les qualités de ton excellent cœur, la force et la
grandeur de ton âme me pénètrent du plus tendre amour. Honneur
de mes cheveux gris, mon fils, mon cher fils, par où ai-je mérité de
mon Dieu les grâces dont il me comble dans mon cher fils! C'est,
selon moi, la plus grande faveur qu'il puisse accorder à un père *honnête* et *sensible,* qu'un fils comme toi. Mes grandes douleurs sont
passées d'hier, puisque je peux t'écrire. J'ai été cinq jours et quatre
nuits sans manger ni dormir et sans cesser de crier. Dans les inter-
valles où je souffrais moins, je lisais *Grandisson*[1], et en combien de
choses n'ai-je pas trouvé un juste rapport entre Grandisson et mon
fils! Père de tes sœurs, ami et bienfaiteur de ton père! si l'Angleterre,
me disais-je, a ses Grandisson, la France a ses Beaumarchais....

Pour s'expliquer un peu l'enthousiasme et le ton, il
faut dire que Beaumarchais, à cette date, venait en effet
de se signaler par un acte énergique de dévouement envers
les siens. Nous y voyons pourtant le style de la maison
dans les moments assez rares où on n'y rit pas. Il y avait
donc, nonobstant toutes les irrévérences et les impiétés
filiales du futur Figaro, un fonds de nature, de sensibilité vraie dans cette famille de Beaumarchais. Il s'y mê-
lait de la déclamation également naturelle, et qui ne

---

1 Richardson's *History of Sir Charles Grandison* (1753) was translated
under the title of *Grandisson* by the Abbé Prevost in 1755.

s'apercevait pas parce qu'elle se puisait dans les livres du jour. Une des sœurs de Beaumarchais l'a également comparé à Grandisson. Évidemment il était le héros et l'espoir de sa famille, fils unique entre cinq sœurs, dont trois seulement étaient restées en France, et qui toutes, soit pour l'esprit, soit pour le cœur, l'adoraient et l'admiraient. Doué des avantages physiques, d'un esprit inventif, plein de hardiesse et de gaieté, il avait dans ses actions et dans toute sa personne·quelque chose qui prévenait en sa faveur; et il était lui-même le premier prévenu. Lorsqu'il débuta dans les Lettres, assez tard, tous ceux qui parlent de lui ont relevé, dès l'abord, cet air d'assurance et de fatuité. Cette assurance, qui n'était qu'une grande confiance dans son esprit et dans ses ressources, il l'eut toujours; mais la fatuité n'était qu'à la surface, car tous ceux qui l'ont vu de près, et les plus divers, lui ont reconnu depuis de la bonhomie.

Je laisse à son biographe le soin de nous raconter ses premiers essais en vers, en prose rimée. J'ai vu une lettre de lui écrite à l'une de ses sœurs d'Espagne à l'âge de treize ans, où il y a déjà, à travers l'écolier, du Chérubin et du libertin, une facilité courante et de la gaieté. Cette gaieté est la veine essentielle chez Beaumarchais, et qui ne le trompera jamais lorsqu'il s'y abandonnera, tandis que sa sensibilité le poussera quelquefois vers le pathos.

Il resta assez longtemps dans l'horlogerie, et sans en souffrir dans sa vanité. Il y montra son talent d'invention par un *échappement*[1] dont il était l'auteur et que le sieur Lepaute lui contesta. Le procès fut porté à l'Académie des Sciences, et Beaumarchais le gagna. Ce premier titre d'honneur lui resta toujours cher, et il en conservait dans un coffre le parchemin à côté du manuscrit de *Figaro*. Cependant, après être resté ainsi une partie de sa jeunesse entre quatre vitres, comme il dit, il s'ennuya et prit son essor. C'est ici qu'il serait curieux de tracer en détail ce qu'il appelait "le roman philosophique de sa vie." Nous n'en indiquerons que quelques

1 escapement.

têtes de chapitres. Il aimait la musique, il chantait et faisait des couplets; il savait jouer de la guitare, de la harpe surtout, alors dans sa nouveauté, et il portait dans ces amusements cet esprit d'invention qu'il eut en toutes choses. Quel amateur délicieux, quel *Lindor*[1] séduisant et insinuant ce devait être que Beaumarchais à vingt-quatre ans! Il connut la femme d'un homme qui avait à la Cour un office subalterne; elle l'aima, et, le mari étant mort, il eut la charge en épousant, le 27 novembre 1756, cette veuve qui avait nom Marie-Madeleine Aubertin. Il eut la douleur de la perdre bientôt et fut veuf dès le 29 septembre 1757. Il avait pourtant à la Cour cette petite charge, qui lui donnait un pied chez les plus grands. Comme musicien, comme jeune homme agréable et sans conséquence, il fut introduit, vers 1760, dans la société de Mesdames Royales, filles de Louis XV: "J'ai passé quatre ans, disait-il, à mériter leur bienveillance par les soins les plus assidus et les plus désintéressés, sur divers objets de leurs amusements." Il était l'âme de leurs petits concerts; il s'insinuait avec grâce, avec respect, avec tout ce qu'on peut croire, jusqu'à exciter l'envie des courtisans. Il évitait ce qui eût trop rappelé l'infinie distance; il sentait qu'il était là pour plaire et non pour solliciter, et il savait observer une réserve, une dignité, qui ne laissait pas d'être utile.

Le grand financier Paris-Duverney[2], devenu, dans sa vieillesse, intendant de l'École militaire, dont il avait inspiré la première idée à madame de Pompadour, et dont il avait dirigé la fondation, souhaitait ardemment que la famille royale honorât d'une visite cet établissement patriotique où il mettait sa dernière pensée. C'était un de ces vœux de vieillard qui veulent être exaucés à tout prix, et pour lesquels on donnerait tout avant de mourir. Il n'avait pu obtenir encore ce suprême témoignage d'attention, quand Beaumarchais se chargea d'en

1 The name under which the Comte d'Almaviva courts Rosine.
2 One of four brothers of humble origin, all of whom made fortunes in finance.

éveiller chez Mesdames le désir, et de le communiquer par elles au Dauphin, et, s'il se pouvait, au Roi lui-même. Il y réussit. Duverney, reconnaissant, déclara hautement qu'il se chargeait de faire la fortune du jeune homme:

O monsieur Duverney! (s'écrie Beaumarchais dans l'un de ses Mémoires), vous l'aviez promis, solennellement promis à M. le Dauphin, à madame la Dauphine, père et mère du Roi (de Louis XVI), aux quatre princesses, tantes du Roi, devant toute la France, à l'École militaire, la première fois que la famille royale y vint voir exercer la jeune noblesse, y vint accepter une collation somptueuse, et faire pleurer de joie, à quatre-vingts ans, le plus respectable vieillard.

O l'heureux jeune homme que j'étais alors! Ce grand citoyen, dans le ravissement de voir enfin ses maîtres honorer le plus utile établissement de leur présence, après neuf ans d'une attente vaine et douloureuse, m'embrassa les yeux pleins de larmes, en disant tout haut: Cela suffit, cela suffit, mon enfant; je vous aimais bien; désormais, je vous regarderai comme mon fils: oui, je remplirai l'engagement que je viens de prendre, ou la mort m'en ôtera les moyens.

Cette sollennité pathétique fait un peu sourire, quand on songe que tout cela n'avait pour effet que d'associer Beaumarchais à des gains d'affaires, à des intérêts dans les vivres, et de le rendre riche à millions. Beaumarchais est le premier de nos écrivains qui ait ainsi porté la verve, et, jusqu'à un certain point, l'attendrissement, dans l'idée de spéculation financière et de fortune. En cela aussi il a fait école: des millions et des drames! ç'a été, depuis, la devise de plus d'un.

Duverney tint parole. Après diverses offres avantageuses qui n'avaient pas rendu ce qu'il voulait, "il avait imaginé d'acquitter d'un seul coup ses promesses en me prêtant, dit Beaumarchais, cinq cent mille francs pour acheter une charge, que je devais lui rembourser à l'aise sur le produit des intérêts qu'il me promettait dans de grandes entreprises." Cette charge, qui était, je crois, dans les forêts et domaines, bien qu'achetée par Beaumarchais, ne put être conservée par lui; il trouva comme obstacle insurmontable les prétentions liguées de la compagnie dans laquelle il voulait entrer, et qui ne l'en jugeait pas digne par ses antécédents d'horloger. Il fit ses réflexions philosophiques sur la sottise humaine, ne se chagrina point et se tourna autre part. Nous retrouvons, peu après, Beaumarchais propriétaire d'une autre charge en Cour, ayant acheté moyennant quittance des lettres de noblesse, et ayant titre: écuyer, conseiller-secrétaire du roi, lieutenant général des chasses au bailliage de la varenne du Louvre[1], dont le duc de La Vallière était capitaine. En cette qualité de lieutenant général des chasses, il connaissait de certains délits et était investi d'un office de judicature qu'il remplissait sans trop sourire.

En 1764 (il avait trente-deux ans), se place un des épisodes les plus dramatiques de sa vie et qu'il a raconté lui-même dans un de ses Factums: c'est l'histoire de *Clavico*[2] dont on a fait des drames, mais le seul vrai drame est chez Beaumarchais. Dans le procès qu'il eut dix ans plus tard contre le comte de La Blache et le conseiller Goëzman, ses ennemis et ses accusateurs cherchaient par tous les moyens à perdre Beaumarchais, et on fit circuler contre lui une prétendue lettre venue d'Espagne, qui allait à dénaturer et à flétrir un acte généreux de sa jeunesse. Beaumarchais, qui serait bien malheureux parfois et bien ennuyé s'il n'avait pas sur les bras toutes ces affaires, profite de cette occasion nouvelle pour donner au public une page de son Journal de voyage d'alors, qui ne devait, dit-il, jamais être publié. C'est chez lui, c'est dans son quatrième Mémoire contre Goëzman (février 1774), qu'il faut relire cet incomparable récit où le talent vient tout mouvoir et tout animer. Si Beaumarchais avait réellement écrit ces pages dès 1764, il était dès lors un écrivain et un metteur en scène consommé.

Pour nous en tenir au simple sommaire, Beaumarchais est informé que de ses deux sœurs établies depuis

---

1 The *varenne* (another form of *garenne* = warren) *du Louvre* extended from 35 to 45 miles round Paris. Beaumarchais had to hold a court once a week for the trial of poachers.

2 Goethe wrote and published his domestic tragedy of *Clavigo* in 1774. It was inspired by the fourth and last of the famous *Mémoires contre Goëzman*, which Beaumarchais published in the course of his defence before the Parlement against Goëzman's accusations (Aug. 1773—Feb. 1774).

longtemps en Espagne, la cadette, celle qui n'est pas mariée, a deux fois été près de l'être à un homme d'esprit, employé supérieur à Madrid, Clavico, qui deux fois a faussé sa promesse. Cette jeune sœur, mourante de son amour et de cet affront, invoque un défenseur et un vengeur. Beaumarchais part, muni de lettres de Paris-Duverney (y compris beaucoup de lettres de change), et appuyé de toutes manières auprès de l'ambassadeur. Il arrive à Madrid, va trouver Clavico sans se nommer, invente un prétexte, le tâte dans la conversation, le met sur la littérature, le flatte, le prend par l'amour-propre, puis tout à coup se retourne, aborde le point délicat, pousse sa pointe, tient quelque temps le fer en suspens pour mieux l'enfoncer encore: tout ce dialogue (avec la pantomime du patient) est un chef-d'œuvre de combinaison et de conduite, et qui, à chaque instant, touche au tragique et au comique à la fois. La fin de l'aventure pourtant répond peu au début, et peu s'en faut que Beaumarchais ne devienne la dupe du fourbe qu'il a démasqué et serré de si près. Cette affaire de famille terminée, et sorti des périls qu'elle lui a suscités, Beaumarchais resta encore toute une année en Espagne, à essayer de faire des affaires et des entreprises importantes au nom d'une compagnie française. Il s'agissait, autant qu'on l'entrevoit, de s'obliger d'approvisionner d'esclaves noirs, pour dix ans, différentes provinces de l'Amérique. Beaumarchais, même sans avoir réussi, laissa à tous ceux qu'il avait vus en Espagne une favorable idée de sa capacité et de ses talents. Il se montra un digne élève de Paris-Duverney, ayant en lui de ce qu'avaient les Orri, les Gourville[1], ces hommes à expédients, ces spéculateurs entendus et modérément scrupuleux. On verra bientôt Beaumarchais, entre deux comédies et entre deux procès, entreprendre de grandes choses, approvisionner d'armes et de munitions

---

1 Philibert Orri (1689–1747), a celebrated financier of the reign of Louis XV. For Jean Hérault, sieur de Gourville (1625–1703) see the article in *Caus. du Lundi* v., which opens with "Gourville est quelque chose comme le Gil Blas et le Figaro du dix-septième siècle."

l'Amérique du Nord insurgée, avoir ses vaisseaux, *sa marine,* même un vaisseau de guerre qui se distingue dans les rencontres, et qui mérite, après le combat de la Grenade, un éloge de d'Estaing. Il y avait de l'Ouvrard[1] et mieux, il y avait un coin du Fouquet de Belle-Isle dans Beaumarchais.

Jusque-là, et si nous le prenons à son retour d'Espagne (1765), il n'avait rien écrit pour le public; il va débuter, et ses premiers débuts ne sont pas heureux. Son drame d'*Eugénie,* donné en février 1767 à la Comédie-Française, est dans le goût du drame sérieux, honnête et domestique, que Diderot essayait de mettre à la mode. Dans l'*Essai* ou préface que Beaumarchais a fait imprimer en tête de son drame, il expose sa théorie, qui n'est autre que celle de l'imitation pure et vulgaire de la nature; il y révèle son absence de poésie élevée et d'idéal. Pour cette classe d'esprits, Sophocle et son Œdipe, Phidias et son Jupiter n'ont jamais existé. Selon cette théorie d'un faux bon sens ennemi du grand goût, il suffirait de transporter purement et simplement toute action émouvante et attendrissante de la vie bourgeoise sur le théâtre pour avoir atteint le plus haut point de l'art: "Si quelqu'un est assez *barbare,* assez *classique* (il est piquant de voir ces deux mots accolés par Beaumarchais et pris comme synonymes), pour oser soutenir la négative, il faut lui demander si ce qu'il entend par le mot drame ou pièce de théâtre n'est pas le tableau fidèle des actions des hommes." Dans ce drame d'*Eugénie,* et dans celui des *Deux Amis* qui suivit (janvier 1770), Beaumarchais n'est encore qu'un dramaturge sentimental, bourgeois, larmoyant sans gaieté, et procédant de La Chaussée[2] et

---

1 Gabriel-Julien Ouvrard, a financier of the Revolution and the First Empire, died in London in 1846.

2 Nivelle de La Chaussée, the originator of *comédie larmoyante* or sentimental comedy. Cp. Sheridan, *The Critic* (1779): *Dangle* (reading) "Bursts into tears and exit."—What, is this a tragedy? *Sneer:* No, that's a genteel comedy, not a translation—only taken from the French; it is written in a style which they have lately tried to run down; the true sentimental and nothing ridiculous in it from the beginning to the end.

de Diderot. Celui-ci même ne l'avoue point pour élève et pour fils, et Collé[1], qui se connaît en gaieté, ne devine nullement en lui un confrère et un maître: "M. de Beaumarchais (nous dit Collé) a prouvé, à ne point en douter, par son drame qu'il n'a *ni génie, ni talent, ni esprit*." Cette phrase de Collé, il la corrige dans une note pleine d'admiration et de repentir écrite après *le Barbier de Séville*[2].

Ce charmant *Barbier* était reçu à la Comédie-Française en 1772; on devait le jouer comme une farce de carnaval dès le mardi-gras de 1773, lorsque survint la violente querelle de Beaumarchais et du duc de Chaulnes, dans laquelle ce dernier voulut poignarder l'autre. Le gai *Barbier* supporta ce contre-temps: ce sera pour le carnaval prochain. En février 1774, on devait le jouer encore: le jour était pris, la Dauphine devait assister à la première représentation: la salle était louée pour six soirées. Nouvelle défense et interdiction au dernier moment, en raison du procès pendant de Beaumarchais devant le Parlement. *Le Barbier* en prit encore son parti; l'auteur, au lieu d'une comédie, en donna une autre: *le Barbier* n'ayant pas été représenté comme il devait l'être le samedi (12 février), le lendemain dimanche, l'auteur mettait en vente, la nuit même, au bal de l'Opéra, ce fameux quatrième Mémoire[3] dont il se débitait six mille exemplaires et plus, avant que l'autorité eût le temps d'intervenir et de l'arrêter. Cependant, de retard en remise, de carnaval en carnaval, l'heure du *Barbier* arrivait; il fut représenté le 23 février 1775; mais voilà bien un autre mécompte. Le public, sur la foi des récits de société, s'était attendu à tant de rire et de folie qu'il n'en trouva pas assez d'abord. La pièce était primitivement

1 Charles Collé (1709–1783) a writer of plays, songs, and interesting memoirs (*Journal historique*). His best and most successful play, *Partie de chasse de Henri IV*, appeared in 1774. He attacked the *comédie larmoyante*. There is an article on him in *Nouveaux Lundis*, VII.

2 Eleven pages are here omitted, of which nine refer to Beaumarchais's suit with the Comte de La Blache and the *affaire Goëzman*.

3 See above, p. 114.

en cinq actes, et elle parut longue; faut-il le dire? le premier jour elle ennuya. Il fut besoin, pour qu'elle réussît, que l'auteur la mît en quatre actes, qu'il se mît *en quatre*, comme on disait, ou plus simplement qu'il ôtât, comme il le dit lui-même, une cinquième roue à son carrosse. C'est alors que *le Barbier*, tel que nous l'avons, se releva et se mit à vivre de sa légère et joyeuse vie, pour ne plus mourir. Beaumarchais, en l'imprimant plus tard, se donna le plaisir de mettre au titre: *Le Barbier de Séville*, comédie en quatre actes, représentée et *tombée* sur le théâtre de la Comédie-Française, etc. Il excellait à ces malices, qui ajoutent au piquant et qui fouettent le succès.

Ce n'est pas aujourd'hui qu'un critique peut espérer découvrir quelque chose de nouveau sur *le Barbier de Séville*. L'auteur, en introduisant pour cette première fois Figaro, n'avait pas encore prétendu en faire ce personnage à réflexion et à monologue, ce raisonneur satirique, politique et philosophique qu'il est devenu plus tard entre ses mains: "Me livrant à mon gai caractère, dit-il, j'ai tenté dans *le Barbier de Séville* de ramener au théâtre l'ancienne et franche gaieté, en l'alliant avec le ton léger de notre plaisanterie actuelle; mais, comme cela même était une espèce de nouveauté, la pièce fut vivement poursuivie. Il semblait qui j'eusse ébranlé l'État..." La nouveauté du *Barbier de Séville* fut bien telle que Beaumarchais la définit ici. Il était naturellement et abondamment gai; il osa l'être dans *le Barbier*: c'était une originalité au dix-huitième siècle. "Faites-nous donc des pièces de ce genre, puisqu'il n'y a plus que vous qui *osiez rire en face*," lui disait-on. Collé, qui était de la bonne race gauloise, n'avait ni l'abondance ni le jet de verve de Beaumarchais, et il se complaisait un peu trop dans le graveleux. Beaumarchais y allait plus à cœur ouvert; et, en même temps, il avait le genre de plaisanterie moderne, ce tour et ce trait aiguisé qu'on aimait à la pensée depuis Voltaire; il avait la saillie, le pétillement continuel. Il combina ces qualités diverses et les réalisa dans des personnages vivants, dans un seul surtout qu'il anima et doua d'une vie puissante et d'une fertilité de ressources inépuisable. On peut dire de lui qu'il donna une nouvelle forme à l'esprit.

Le fond du *Barbier* est bien simple et pouvait sembler presque usé: une pupille ingénue et fine, un vieux tuteur amoureux et jaloux, un bel et noble amoureux au dehors, un valet rusé, rompu aux stratagèmes, et qui introduit son maître dans la place, quoi de plus ordinaire au théâtre[1]? mais comme tout ce commun se relève et se rajeunit à l'instant! Quel plus vif et plus engageant début que celui de la pièce, quand le comte et Figaro se retrouvent et se rencontrent sous le balcon! Dès ce premier dialogue, il y avait des gens qui vous disaient alors qu'il y avait trop d'esprit. N'a pas ce défaut qui veut. Beaumarchais nous a parlé quelque part d'un *Monsieur de beaucoup d'esprit, mais qui l'économise un peu trop*: lui, il n'était pas ce Monsieur-là. Il a tout son esprit à tous les instants; il le dépense, il le prodigue, il y a des moments même où il en fait, c'est alors qu'il tombe dans les lazzis, les calembours; mais le plus souvent il n'a qu'à suivre son jet et à se laisser faire. Sa plaisanterie a une sorte de verve et de pétulance qui est du lyrisme dans ce genre et de la poésie.

Les scènes de Rosine et du docteur au second acte, dans lesquelles la plus innocente, prise sur le fait, réussit à son tour à faire prendre le change au jaloux; celle de Bartholo qu'on rase pendant le duo de musique au troisième acte; l'excellente scène de stupéfaction de Bazile survenant à l'improviste et que chacun s'accorde à renvoyer en lui criant qu'il a la fièvre, si bien que le plat hypocrite s'éloigne en murmurant entre ses dents: "Qui diable est-ce donc qu'on trompe ici?" tout est fait pour amuser et pour ravir dans cette charmante complication de ruse et de folie. Et qu'est-ce que cela fait, je vous prie, que ce ne soit point parfaitement vraisemblable? Depuis

---

1 This is the theme of Molière's *Le Sicilien* (with the difference that the heroine of that play is an enfranchised slave instead of a ward) and of Regnard's *Les Folies amoureuses*.

quand la vraie gaieté au théâtre n'enlève-t-elle point l'in-
vraisemblable avec elle? Tout l'ensemble du *Barbier* est
gai de situation, de contraste, de pose, de motif et de jeu
de scène, de ces choses que la musique traduira aussi bien
ue la parole. La parole de Beaumarchais qui court là-
dessus est vive, légère, brillante, capricieuse et rieuse.
Attendez! bientôt sur ce canevas si follement tracé viendra une musique tout assortie, rapide, brillante aussi, légère, tendre, fine et moqueuse, s'insinuant dans l'âme par
tous les sens, et elle aura nom Rossini.

Le *Barbier* était destiné d'abord à être mis en musique. Beaumarchais voulait en faire un opéra-comique;
on dit même qu'il le présenta sous cette première forme
aux *Italiens* de son temps. Il changea heureusement
d'avis. Il voulait être le maître au théâtre, et le musicien
voulait l'être aussi; il n'y avait pas moyen de s'entendre.
Beaumarchais avait sur la musique dramatique des idées
fausses: il croyait qu'on ne pourrait commencer à l'employer sérieusement au théâtre que "quand on sentirait
bien qu'on ne doit y chanter que pour parler." Il se
trompait là dans le sens de la prose, et c'est tant mieux
qu'il se soit trompé. On lui a dû de refaire sa comédie
telle que nous l'avons, et, plus tard, un autre génie a repris le canevas musicalement et a fait la sienne.

L'œuvre dramatique de Beaumarchais se compose
uniquement de deux pièces, *le Barbier* et *le Mariage de
Figaro*; le reste est si fort au-dessous de lui qu'il n'en
faudrait même point parler pour son honneur. Je vais en
venir au *Mariage de Figaro*; mais disons-le tout d'abord,
il ne faut point tant de raisonnement pour expliquer la
vogue et le succès de Beaumarchais. On en avait assez
des pièces connues, et très-connues; il y avait longtemps
qu'il n'y avait point eu de nouveauté d'un vrai comique.
En voilà une qui se présente: une veine franche y jaillit,
elle frappe, elle monte, elle amuse; l'esprit moderne y
prend une nouvelle forme, bien piquante, bien folle et
bien frondeuse, bien à propos. Tout le monde applaudit;
Beaumarchais récidive et l'on applaudit encore.

En récidivant il abuse, il généralise, il a du système; il fait un monde à l'envers d'un bout à l'autre, un monde que son Figaro règle, *régente* et mène. Malgré tout, il y a eu là une infusion d'idées, de hardiesses, de folies et d'observations bien frappées, sur lesquelles on vivra cinquante ans et plus. Il a créé des personnages qui ont vécu leur vie de nature et de société: "Mais qui sait combien cela durera? dit-il plaisamment dans la préface du *Barbier*. Je ne voudrais pas jurer qu'il en fût seulement question dans cinq ou six siècles; tant notre nation est inconstante et légère!"

"Qui dit *auteur* dit *oseur*," c'est un mot de Beaumarchais, et nul n'a plus justifié que lui cette définition. En mêlant au vieil esprit gaulois les goûts du moment, un peu de Rabelais et de Voltaire, en y jetant un léger déguisement espagnol et quelques rayons du soleil de l'Andalousie, il a su être le plus réjouissant et le plus remuant Parisien de son temps, le Gil Blas de l'époque encyclopédique, à la veille de l'époque révolutionnaire; il a redonné cours à toutes sortes de vieilles vérités d'expérience ou de vieilles satires, en les rajeunissant. Il a refrappé bon nombre de proverbes qui étaient près de s'user. En fait d'esprit, il a été un grand *rajeunisseur*, ce qui est le plus aimable bienfait dont sache gré cette vieille société qui ne craint rien tant que l'ennui, et qui y préfère même les périls et les imprudences.

Beaumarchais est le littérateur qui s'est avisé de plus de choses modernes, bonnes ou mauvaises, mais industrieuses à coup sûr et neuves. En matière de publicité et de théâtre, il est maître passé, il a perfectionné l'art de l'affiche, de la réclame, de la préface, l'art des lectures de société qui forcent la main au pouvoir et l'obligent d'accorder tôt ou tard la représentation publique; l'art de préparer ces représentations par des répétitions déjà publiques à demi et où déjà la claque est permise; l'art de soutenir et de stimuler l'attention, même au milieu d'un succès immense, moyennant de petits obstacles imprévus ou par des actes de bruyante bienfaisance qui rompent à temps la monotonie et font accident. Mais n'anticipons point sur les ressorts et ficelles de *Figaro*, remarquons seulement que le succès du *Barbier de Séville* fut l'origine d'une grande réforme dans les rapports des auteurs dramatiques et des comédiens. Jusqu'alors les auteurs étaient à la merci des acteurs qui, après un certain nombre de représentations et quand la recette était descendue au-dessous d'un chiffre déterminé (ce qu'il était toujours facile d'obtenir), se croyaient en droit de confisquer les pièces et de s'en appliquer désormais les profits. Après trente-deux représentations du *Barbier*, Beaumarchais, qui ne croyait pas que "l'esprit des Lettres fût incompatible avec l'esprit des affaires," s'avisa de demander son compte aux comédiens. Ceux-ci éludèrent et voulurent s'opposer à ce que l'on compulsât leurs registres. Beaumarchais tint bon; il exigea, non pas une somme payable argent comptant (qu'on lui offrait bien volontiers), mais un compte exact et clair, un chiffre légitime qu'on refusait poliment; il l'exigeait moins pour lui encore qui n'en avait pas besoin, que pour ses confrères les gens de Lettres, jusque-là opprimés et dépouillés. L'affaire dura des années: Beaumarchais la poursuivit à tous les degrés de juridiction, depuis les gentilshommes de la Chambre jusque devant l'Assemblée constituante. Bref, il parvint le premier à bien établir ce que c'est que la propriété en matière d'œuvre dramatique, à la faire reconnaître et respecter. La Société des auteurs dramatiques, constituée de nos jours, ne devrait jamais s'assembler sans saluer le buste de Beaumarchais.

Pour consoler sans doute les comédiens de cette lutte où l'homme de Lettres ne consentait plus à être pris pour dupe, et pour les payer, eux aussi, en monnaie glorieuse, Beaumarchais, le premier, imagina, au lendemain de ces représentations qui étaient pour lui comme une bataille et une victoire, de faire son bulletin, et en imprimant sa pièce, après le signalement minutieux de chaque personnage, de distribuer l'éloge à l'acteur. On peut voir cela en tête du *Mariage de Figaro*.

Ce fameux *Mariage* était fait depuis longtemps et ne pouvait se produire au grand jour. C'était le prince de Conti qui, après *le Barbier de Séville*, avait porté à l'auteur le défi de reprendre ainsi son Figaro et de le montrer une seconde fois dans des circonstances plus développées, plus fortement nouées et agrandies. Beaumarchais tint la gageure, et *le Mariage* fut écrit ou crayonné dès 1775 ou 1776[1], c'est-à-dire dans cette période que je considère comme celle où Beaumarchais fut en possession de tout son esprit et de tout son génie, et après laquelle nous le verrons baisser légèrement et s'égarer de nouveau. Il y eut là pour lui cinq ou six années uniques (1771–1776) où, sous le coup de la lutte et de la nécessité, et dans le premier souffle de la faveur, il arriva à la pleine expansion de lui-même, et où il se sentit naître comme des facultés surnaturelles qu'il ne retrouvera plus jamais à ce degré. Il fallait encore plus d'esprit, a-t-on dit, pour faire jouer *le Mariage de Figaro* que pour l'avoir fait. Beaumarchais s'y employa durant des années. Il avait contre lui le roi, les magistrats, le lieutenant de police, le garde des sceaux, toutes les autorités sérieuses. Avec cette assurance et cet air osé qui n'est qu'à lui, il chercha aide et appui auprès même des courtisans, c'est-à-dire de ceux dont il s'était le plus moqué :

FIGARO.

. . . . . . J'étais né pour être courtisan.

SUZANNE.

On dit que c'est un métier si difficile !

FIGARO.

Recevoir, prendre et demander, voilà le secret en trois mots.

C'est donc aux courtisans directement qu'il s'adressa. Nul ne l'était plus que M. de Vaudreuil ; mais il l'était avec orgueil et prétention, et en se piquant de ne pas l'être. Et quelle plus belle preuve d'indépendance et de

1 *La Folle Journée ou Le Mariage de Figaro* was completed in 1778 and accepted by the *Comédie Française* at the close of 1781. Beaumarchais says in his preface that it " resta cinq ans en portefeuille."

détachement que de protéger *Figaro*! "Il n'y a, disait
celui-ci, que les petits hommes qui craignent les petits
écrits"; et il le leur avait persuadé en effet. La société
française était alors dans une singulière disposition d'esprit; c'était à qui s'y moquerait le plus de soi-même et de
sa classe, à qui en ferait le plus lestement les honneurs et
en hâterait la ruine. Cela semblait le seul beau rôle des
gens comme il faut. Beaumarchais, par le monde de M.
de Vaudreuil et de madame de Polignac, par le côté de
la reine et du comte d'Artois, par la curiosité excitée des
femmes et des courtisans, vit bien qu'il triompherait de
la résistance de Louis XVI: ce n'était pour lui qu'une
question de temps. On a presque jour par jour la suite
de ses manœuvres et comme de ses marches et contre-
marches dans cette entreprise effrontée: "Le roi ne veut
pas permettre la représentation de ma pièce, donc on la
jouera[1]." Le 12 juin 1783, il fut près de l'emporter par
surprise. Moyennant une tolérance tacite due à la protection du comte d'Artois, et sur une parole vague hardiment interprétée, il était parvenu à faire répéter sa pièce
sur le théâtre des Menus-Plaisirs, c'est-à-dire sur le théâtre
même du roi. Il y avait eu un certain nombre de répétitions à demi publiques: on allait passer outre et jouer.
Les billets étaient distribués, portant "une figure gravée
de *Figaro* dans son costume." Les voitures arrivaient à
la file; le comte d'Artois s'était mis en route déjà pour
venir de Versailles à Paris, quand le duc de Villequier fit
signifier aux comédiens qu'ils eussent à s'abstenir de jouer
la pièce, sous peine "d'encourir l'indignation de Sa Majesté."

À cet ordre du roi, Beaumarchais, déçu et furieux,
s'écria devant tous avec impudence: "Eh bien! Messieurs,
il ne veut pas qu'on la représente ici, et je jure, moi, que
plutôt que de ne pas être jouée, elle le sera, s'il le faut,
dans le chœur même de Notre-Dame."

---

1 Mme Campan read the play to Louis XVI and Marie Antoinette. After
Figaro's monologue, the King got up and said excitedly " C'est détestable.
cela ne sera jamais joué." (*Mémoires de Mme Campan*, ed. F. Barrière,
pp. 202-203.)

Ce n'était que partie remise. M. de Vaudreuil, l'un des patrons de l'auteur, obtint de faire jouer chez lui la pièce à Gennevilliers (26 septembre 1783), par les Comédiens-Français, devant trois cents personnes. La reine, pour cause d'indisposition, n'y put assister; mais le comte d'Artois, la duchesse de Polignac y étaient. Toute cette fleur de l'ancien régime venait applaudir à ce qui la perdait et la ridiculisait. Beaumarchais, présent, était dans l'ivresse: "Il courait de tous côtés, dit un témoin, comme un homme hors de lui-même; et, comme on se plaignait de la chaleur, il ne donna pas le temps d'ouvrir les fenêtres, et cassa tous les carreaux avec sa canne, ce qui fit dire, après la pièce, qu'il avait doublement cassé les vitres."

Fort de toutes ces approbations et presque de ces complicités, et sur un mot vague de M. de Breteuil, dont il s'était emparé comme d'une autorisation, Beaumarchais avait si bien fait qu'il avait persuadé aux comédiens de représenter sa pièce dans les derniers jours de février 1784; la répétition avait déjà eu lieu, et il fallut que le lieutenant de police (M. Le Noir) mandât l'auteur et les comédiens pour leur remémorer la défense formelle du roi. Beaumarchais repoussé ne se tint point pour battu.

Enfin, le 27 avril 1784, l'explosion eut lieu, et la défense étant levée, la pièce put être représentée à Paris. Rien ne manqua à la solennité ni à l'éclat de cette première représentation:

Ç'a été sans doute aujourd'hui, disent les *Mémoires secrets*, pour le sieur de Beaumarchais qui aime si fort le bruit et le scandale, une grande satisfaction de traîner à sa suite, non-seulement les amateurs et curieux ordinaires, mais toute la Cour, mais les princes du sang, mais les princes de la famille royale; de recevoir quarante lettres en une heure de gens de toute espèce qui le sollicitaient pour avoir des billets d'auteur et lui servir de *battoirs*; de voir madame la duchesse de Bourbon envoyer dès onze heures des valets de pied, au guichet, attendre la distribution des billets indiquée pour quatre heures seulement; de voir des Cordons bleus confondus dans la foule, se coudoyant, se pressant avec les Savoyards, afin d'en avoir; de voir des femmes de qualité, oubliant toute décence et toute pudeur, s'enfermer dans les loges des actrices dès le matin, y dîner et se mettre sous leur protection, dans l'espoir d'entrer les premières ; de voir enfin la garde dispersée, des portes enfoncées, des grilles de fer même n'y pouvant résister, et brisées sous les efforts des assaillants.

Plus d'une duchesse, dit Grimm, s'est estimée ce jour-là trop heureuse de trouver dans les balcons, où les femmes comme il faut ne se placent guère, un méchant petit tabouret à côté de mesdames Duthé, Carline et compagnie.

Trois cents personnes, dit La Harpe, ont dîné à la Comédie dans les loges des acteurs pour être plus sûres d'avoir des places, et, à l'ouverture des bureaux, la presse a été si grande, que trois personnes ont été étouffées. C'est une de plus que pour Scudéry....La première représentation a été fort tumultueuse, comme on peut se l'imaginer, et *si extraordinairement longue*, qu'on n'est sorti du spectacle qu'*à dix heures*, quoiqu'il n'y eût pas de petite pièce ; car la comédie de Beaumarchais remplit le spectacle entier, ce qui est même une sorte de nouveauté de plus.

Cette énormité de durée était de quatre heures et demie ou quatre heures, la pièce ayant commencé à cinq heures et demie.

Ainsi lancée après une telle résistance, la pièce alla au delà de cent représentations et fut un des grands événements politiques et moraux de ce temps-là. Ici il ne s'agissait plus, comme dans *le Barbier*, d'un simple imbroglio gai, piquant, amusant; il y avait dans *le Mariage* une Fronde armée, tout ce que le public, depuis que la pièce était défendue, avait cru y voir et y avait mis, tout ce que l'auteur lui-même cette fois avait songé bien réellement à y mettre. Napoléon disait de *Figaro* que "c'était la Révolution déjà en action." Les gens sensés et modérés du temps ne pensaient pas autrement. M. Suard en jugeait comme Napoléon, et La Harpe écrivait: "Il est facile de concevoir les jouissances et les joies d'un public charmé de s'amuser aux dépens de l'autorité, qui consent elle-même à être bernée sur les planches." Mais, où le rire général se mêle et où l'ivresse éclate, que peuvent les prévisions et les réserves de quelques esprits? que peuvent quelques La Harpe clair-semés, quelques froids et minces Suard, fussent-ils aussi nombreux qu'ils sont rares, contre un jouteur de la force et de l'entrain de Beaumarchais? Il y a des moments où il semble que la société

tout entière réponde aux avis du docteur comme Figaro :
" Ma foi ! Monsieur, les hommes n'ayant guère à choisir
qu'entre la sottise et la folie, où je ne vois point de profit
je veux au moins du plaisir ; et vive la joie ! qui sait si le
monde durera encore trois semaines?"

Pour peindre ce public français de la première représentation de *Figaro* et son pêle-mêle d'enthousiasme flot-
tant, deux faits suffisent : lorsque le héros de nos flottes,
le bailli de Suffren[1] entra dans la salle, il fut applaudi
avec transport ; lorsqu'un moment après, la charmante
actrice madame Dugazon, relevant d'une maladie dont
on savait trop la cause, parut sur le devant de sa loge, on
l'applaudit également.

Après que les événements sont accomplis, quand les
révolutions ont eu leur cours et se sont chargées de tirer
toutes les conséquences, ces choses d'un jour, dont la
portée ne se sentait pas, prennent une signification presque prophétique, et nous pouvons dire aujourd'hui : L'ancienne société n'aurait pas mérité, à ce degré, de périr, si
elle n'avait pas assisté ce soir-là, et cent fois de suite, avec
transport, à cette gaie, folle, indécente et insolente mo-
querie d'elle-même, et si elle n'avait pas pris une si mag-
nifique part à sa propre mystification.

Quand on relit aujourd'hui ou qu'on revoit *le Mariage
de Figaro* après toutes ces veines et toutes ces satires
épuisées, voici ce qu'il semble. Rien de charmant, de
vif, d'entraînant comme les deux premiers actes : la
comtesse, Suzanne, le page, cet adorable Chérubin qui
exprime toute la fraîcheur et le premier ébattement des
sens, n'ont rien perdu. Figaro, tel qu'il se dessine ici dès
l'entrée et tel qu'il se prononce à chaque pas en avançant
dans la pièce, jusqu'au fameux monologue du cinquième
acte, est peut-être celui qui perd le plus. Il a bien de

[1] Admiral Suffren de Saint-Tropez, the Nelson of France, fought five
desperate actions against the English Admiral, Sir Edward Hughes, off
the coasts of Madras and Ceylon in the year 1782. In all these battles,
though they were indecisive, the advantage rested with the French. Suffren
returned to France on March 28, 1784, just a month before the first repre-
sentation of *Figaro*.

l'esprit, mais il en veut avoir; il se pose, il se regarde, il
se mire, il déplaît. Un homme d'esprit et de sens, que
j'aime à consulter sur ces choses et ces personnages d'expérience humaine, me fait remarquer qu'il y a de la prétention et du métier dans les mots et les reparties de
Figaro. Ce n'est plus un Gil Blas tout simple et naturel,
se laissant aller au cours des événements et au fil de la
vie pour en tirer ensuite une expérience non amère. Le
Figaro du *Mariage* affecte la gaieté plus encore qu'il ne
l'a ; il est devenu un personnage, et il le sent ; il régente
et dirige tout un monde, et il s'en pique. Quand il s'arrête
sous les marronniers au dernier acte, et qu'au lieu de
songer tout simplement à ne pas être comme Sganarelle,
il se met à se tourner vers le parterre, et à lui raconter sa
vie en drapant la société et en satirisant toutes choses, il
est pédant, il y a un commencement de clubiste en lui ;
il n'est pas loin de celui qui montera le premier sur une
chaise au jardin du Palais-Royal et qui fera également
un discours en plein vent et à tout propos. Avec cela de
l'intérêt et de la cupidité affichée, tendant la main sans
honte, croyant à l'or et le disant, y mettant même une
sorte de cynisme, c'est ce qui déplaît en lui. Je sais que
dans une troisième pièce, dans *la Mère coupable*, il se cor-
rigera et que l'auteur essaiera de l'ennoblir; mais laissons
ce Figaro final vertueux et dégénéré, qui ne se ressemble
plus à lui-même. Il n'y a plus de vrai Figaro chez Beaumarchais après *le Mariage*.

Au contraire, les autres personnages plaisent et sé-
duisent par une touche légère et d'une nuance bien naturelle: et Suzanne, "la charmante fille, toujours riante,
verdissante, pleine de gaieté et d'esprit, d'amour et de
délices," très-peu sage, quoi qu'on en dise, très-peu dis-
posée du moins à rester telle, mais qui n'en est encore
qu'à la rouerie innocente et instinctive de son sexe; de
même, dans un ordre plus élevé, la comtesse, si habile
déjà à son corps défendant, et si perfectionnée en femme
du monde, sans avoir pourtant failli encore au devoir et
à la vertu. Le comte Almaviva, au milieu de situations

qui perdraient et dégraderaient tout autre, sait conserver son grand air, sa noblesse et un fonds d'élévation qui n'est pas à l'usage ni à la portée de Figaro; il est toujours dupe et jamais colère, ou du moins jamais rancunier ni méchant; c'est l'homme qui supporte le plus décemment le ridicule; il le sauve par la bonne humeur et par des sentiments qui se sentent de leur origine. Bref, il est *bien né*, on ne l'oublie pas malgré ses fautes, et, si Beaumarchais avait songé à faire par lui une critique de son Figaro, il y aurait réussi. Dans ses conversations avec Figaro, le comte n'a pas toujours tort. Après cette fameuse tirade sur la politique: "Feindre d'ignorer ce qu'on sait, de savoir tout ce qu'on ignore, etc...," quand le comte répond à Figaro: "Eh! c'est l'intrigue que tu définis," et non la politique, il a simplement raison[1]. Enfin, si l'on prend les deux personnages comme types de deux sociétés aux prises et en présence, il y a lieu à hésiter (quand on est galant homme) si l'on n'aimerait pas mieux vivre, après tout, dans une société où régneraient les Almaviva, que dans une société que gouverneraient les Figaro.

Figaro est comme le professeur qui a enseigné systématiquement, je ne dirai pas à la bourgeoisie, mais aux parvenus et aux prétendants de toutes classes, l'insolence.

Chérubin, à lui seul, est une création exquise et enchanteresse de Beaumarchais; il y a personnifié un âge, un premier moment de la vie de chacun, dans toute cette fraîcheur et cette émotion naissante, fugitive, irréparable: il n'a jamais été plus poète que ce jour-là. Quand on veut pourtant bien apprécier les qualités propres du talent de Beaumarchais, et ses limites du côté de la poésie et de l'idéal, il convient de lire, après ces scènes de la comtesse et de Chérubin, celles du premier chant du *Don Juan* de Byron, où ce jeune Don Juan à l'état de Chérubin engage sa première aventure avec l'amie de sa mère et la femme de Don Alfonso, avec Doña Julia. On y verra la différence d'un premier crayon naturel et vif à une peinture passionnée et pleine de flamme.

1 Act III. Sc. v.

Je n'ai jamais pu goûter les derniers actes du *Mariage de Figaro*, et c'est tout si j'ai jamais bien compris le cinquième. La pièce pour moi se gâte du moment que la Marceline, en étant reconnue la mère de celui qu'elle prétend épouser, introduit dans la comédie un faux élément de drame et de sentiment : cette Marceline et ce Bartholo père et mère me salissent les fraîches sensualités du début. Il y a jusqu'à la fin de délicieux détails; mais le tout finit dans un parfait imbroglio et dans un tohubohu d'esprit. La prétendue moralité finale est une dérision. Une telle pièce où la société entière était traduite en mascarade et en déshabillé comme dans un carnaval de Directoire; où tout était pris à partie et retourné sensdessus-dessous, le mariage, la maternité, la magistrature, la noblesse, toutes les choses de l'État; où le maître-laquais tenait le dé d'un bout à l'autre, et où la licence servait d'auxiliaire à la politique, devenait un signal évident de révolution. Je n'assurerais pas que Beaumarchais en ait senti lui-même toute la portée; je l'ai dit, il était entraîné par les courants de son siècle, et, s'il lui arriva d'en accélérer le cours, il ne les domina jamais. On le voit, pendant tout le temps de la vogue de *Figaro*, occupé de sa pièce comme un auteur entendu qui sait les rubriques du métier, et qui ne songe qu'à en tirer tout le parti possible pour le bruit et pour le plaisir. Dès la quatrième représentation, on vit pleuvoir des troisièmes loges dans la salle des centaines d'exemplaires imprimés d'une chanson satirique contre la pièce, que quelques-uns attribuaient tout bas à un grand personnage, à un prince (le futur Louis XVIII), et où ce bel-esprit classique et caustique avait peut-être trempé. Mais l'impression et la distribution, à ce qu'on assurait, s'étaient faites par ordre secret de Beaumarchais. C'était une des manœuvres qui lui étaient réputées familières: s'emparer d'une calomnie, d'une méchanceté dont il était l'objet, et la propager pour y mieux répondre, pour en tirer avantage et se faire des amis de tous les badauds indignés. Quelques jours après, c'était une lettre de lui qui courait et qu'on disait adressée à un duc et pair qui lui aurait demandé une petite loge grillée, d'où quelques femmes de la Cour voulaient voir la pièce sans être vues:

> Je n'ai nulle considération, monsieur le duc (disait Beaumarchais dans la lettre qui courait le monde), pour des femmes qui se permettent de voir un spectacle qu'elles jugent malhonnête, pourvu qu'elles le voient en secret; je ne me prête point à de pareilles fantaisies. J'ai donné ma pièce au public pour l'amuser et non pour l'instruire, non pour offrir à des bégueules mitigées le plaisir d'en aller penser du bien en petite loge, à condition d'en dire du mal en société. Les plaisirs du vice et les honneurs de la vertu, telle est la pruderie du siècle. Ma pièce n'est point un ouvrage équivoque, il faut l'avouer ou la fuir.
>
> Je vous salue, monsieur le duc, et je garde ma loge.

Mais bientôt, si l'on remontait à la source, on s'apercevait que la lettre n'était point adressée à un duc et pair, et Beaumarchais en convenait lui-même, ce qui rabattait fort de la hardiesse et de l'insolence; elle était tout simplement adressée au président Dupaty, ami de l'auteur, et écrite "dans le premier feu d'un léger mécontentement." En attendant, l'effet était produit, et ç'avait été pendant quelques jours, dans le grand monde, une nouvelle réclame en faveur de ce *Figaro* qui en avait si peu besoin[1].

1 In the four remaining pages of this *causerie* Sainte-Beuve relates the circumstances which led to Beaumarchais' incarceration by order of the king in Saint-Lazare (March 1785). The rest of his life is recounted in a third article. In 1785 he had a warm controversy with Mirabeau, in which he was decidedly worsted. In 1787, being now very rich, he began to build a house on 2½ acres of ground opposite the Bastille, and furnished it with great sumptuousness, the whole cost amounting to 1,663,000 francs. He went to live there in 1791, but before the end of the next year he had to leave it as a fugitive and he did not return till 1796. During the interval he lived chiefly at Hamburg, in great distress. On May 18, 1799, he was found dead in his bed—it is said of apoplexy. The only dramatic work of his latter years was *Tarare*, a rather poor *opéra-comique* (1787), and *La Mère coupable* (1792), a sequel to *Le Mariage de Figaro*, serious in tone but very inferior in style and general merit to its brilliant predecessor.

VI

LA FONTAINE[1]

PARLER de La Fontaine n'est jamais un ennui, même quand on serait bien sûr de n'y rien apporter de nouveau : c'est parler de l'expérience même, du résultat moral de la vie, du bon sens pratique, fin et profond, universel et divers, égayé de raillerie, animé de charme et d'imagination, corrigé encore et embelli par les meilleurs sentiments, consolé surtout par l'amitié ; c'est parler enfin de toutes ces choses qu'on ne sent jamais mieux que lorsqu'on a mûri soi-même. Ce La Fontaine qu'on donne à lire aux enfants ne se goûte jamais si bien qu'après la quarantaine ; c'est ce vin vieux dont parle Voltaire et auquel il a comparé la poésie d'Horace : il gagne à vieillir, et, de même que chacun en prenant de l'âge sent mieux La Fontaine, de même aussi la littérature française, à mesure qu'elle avance et qu'elle se prolonge, semble lui accorder une plus belle place et le reconnaître plus grand. Longtemps on n'a osé le mettre tout à fait au même rang que les autres grands hommes, que les autres grands poètes qui ont illustré son siècle : "*Le Savetier et le Financier*, disait Voltaire, *les Animaux malades de la peste, le Meunier, son Fils et l'Ane*, etc., etc., tout excellents qu'ils sont dans leur genre, ne seront jamais mis par moi au même rang que la scène d'Horace et de Curiace, ou que les pièces inimitables de Racine, ou que le parfait *Art poétique* de Boileau, ou que *le Misanthrope* ou le *Tartufe* de Molière." Voltaire peut-être a raison, et pourtant la postérité, qui n'a pas à opter entre ces chefs-d'œuvre divers ni à se

---

1 *Causeries du Lundi*, VII. This article did not appear originally in *Le Constitutionnel*, and is not dated, but as it is an answer to Lamartine's diatribe against La Fontaine, which appeared in 1849, it was probably written in that year. If so, it is earlier than the *Causerie* on Mme Geoffrin.

décider pour l'un au détriment des autres, la postérité, qui n'est pas homme de lettres, ne se pose point la question de la sorte; elle ne recherche pas ce qui est plus ou moins difficile ou élevé comme art, comme composition; elle oublie les genres, elle ne voit plus que le trésor moral de sagesse, de vérité humaine, d'observation éternelle qui lui est transmis sous une forme si parlante et si vive. Elle jouit de ces charmants tableaux encore plus qu'elle ne songe à les mesurer ou à les classer; elle en aime l'auteur, elle le reconnaît pour celui qui a le plus reproduit en lui et dans sa poésie toute réelle les traits de la race et du génie de nos pères; et, si un critique plus hardi que Voltaire vient à dire: "Notre véritable Homère, l'Homère des Français, qui le croirait? c'est La Fontaine[1]," cette postérité y réfléchit un moment, et elle finit par répondre: *C'est vrai.*

La vie de La Fontaine a été écrite avec détail par M. Walckenaer[2], dont c'est le meilleur ouvrage littéraire; on n'a plus qu'à lui emprunter les principaux faits qui donnent à connaître le caractère de l'homme. Né le 8 juillet 1621, à Château-Thierry, en Champagne, d'un père maître des eaux et forêts, Jean de La Fontaine paraît n'avoir reçu d'abord qu'une éducation assez négligée; jeune, il étudiait selon les rencontres et lisait à l'aventure ce qui lui tombait sous la main. Quelques livres de piété que lui prêta un chanoine de Soissons lui firent croire d'abord qu'il avait du goût pour l'état ecclésiastique et pour la retraite: il fut reçu à l'institution de l'Oratoire le 27 avril 1641 et envoyé à Paris au séminaire de Saint-Magloire. Il avait un frère cadet qu'il y attira également; ils n'y restèrent ni l'un ni l'autre. Il paraît que le même chanoine qui avait prêté à notre La Fontaine des livres

1 Taine said it in his thesis on La Fontaine (see next note) which appeared a month or two later than this volume of the *Causeries.*

2 *Histoire de la vie et des ouvrages de Jean de La Fontaine*, 1820; 4th ed. 2 vols. 1858. There is a good summary of this admirable life in G. Lafenestre, *La Fontaine* (*Grands Écrivains français*), 1895. See also Saint Marc Girardin, *La Fontaine et les Fabulistes*, 2 vols. 1867, and above all H. Taine, *La Fontaine et ses Fables*, 1853; 3rd ed. (revised), 1861.

de piété, le voyant peu propre à cette profession, l'aida à en sortir et lui fit épouser une de ses parentes.   Autre erreur.   La Fontaine est célèbre comme mari par ses oublis et ses inadvertances ; son père, à l'époque de ce mariage, lui avait transmis sa charge de maître des eaux et forêts, et La Fontaine n'y porta pas moins de négligence qu'à ses autres devoirs.   Il était l'homme de l'instinct, du génie naturel, des penchants divers et abandonnés ; on le pourrait définir le plus naturel des hommes, et qui n'avait toute sa réflexion que quand il rêvait.   Grand, bien fait et d'une belle taille s'il s'était mieux tenu, avec une figure à longs traits expressifs et fortement marqués, laquelle exprimait la bonhomie, et qui aux clairvoyants eût permis, par éclairs, de deviner de la force ou de la grandeur, il se laissa aller, durant cette première partie de sa vie en province, au hasard des compagnies et des camaraderies qu'il rencontrait.   Une ode de Malherbe qu'il entendit réciter lui révéla, dit-on, son talent poétique ; il lut nos vieux auteurs, il exprima le suc de Rabelais, il emprunta de Marot son tour, il aima dans Racan un maître ou plutôt un frère en rêverie, et y apprit les élévations de pensée mêlées aux nonchalances.   Le premier ouvrage qu'il publia fut la traduction en vers de *l'Eunuque* de Térence en 1654 ; il avait trente-trois ans ; cette traduction est contemporaine des premières pièces de Molière.   Un parent de madame de La Fontaine, Jannart, qui était substitut de Fouquet dans la charge de procureur général au Parlement de Paris, eut occasion de recommander le poète à ce surintendant spirituel et ami généreux des Lettres. La Fontaine vint à Paris, plut à Fouquet, bon juge de l'esprit, et le voilà transporté tout d'un coup au milieu de la société la plus brillante, devenu le poëte ordinaire des merveilles et des magnificences de Vaux.

On a paru s'étonner de ce succès si prompt de La Fontaine dans ce monde de Cour.   Ceux qui, sur la foi de quelques anecdotes exagérées, se font de lui une sorte de rêveur toujours absent, ont raison de n'y rien comprendre : mais c'est que l'aimable poète n'était point ce qu'ils se figurent. Il avait, certes, ses distractions, ses ravissements intérieurs, son doux enthousiasme qui l'enlevait souvent loin des humains; le jour où il faisait parler *dame Belette* et où il suivait *Jeannot Lapin* dans la rosée, ils lui semblaient plus intéressants tous deux à écouter qu'un cercle de beau monde ou même de brillants esprits[1]. Mais quand La Fontaine n'était pas dans sa veine de composition, quand il était arrêté sous le charme auprès de quelqu'une de ces femmes spirituelles et belles qu'il a célébrées et qui savaient l'agacer avec grâce, quand il voulait plaire enfin, tenez pour assuré qu'il avait tout ce qu'il faut pour y réussir, au moins en causant. Et qui donc a mieux défini que lui la conversation parfaite, et tout ce qu'elle demande de sérieux ou de léger?

> . . . .
> Jusque-là qu'en votre entretien
> La bagatelle a part: le monde n'en croit rien.
> Laissons le monde et sa croyance.
> La bagatelle, la science,
> Les chimères, le rien, tout est bon; je soutiens
> Qu'il faut de tout aux entretiens:
> C'est un parterre où Flore épand ses biens;
> Sur différentes fleurs l'abeille s'y repose,
> Et fait du miel de toute chose[2].

Ce qu'il disait là à madame de La Sablière, il dut le pratiquer souvent, mais avec ceux qui lui plaisaient, et à ses heures. Voltaire, dans une lettre à Vauvenargues, rapportant le talent de La Fontaine à l'instinct, à condition que ce mot *instinct* fût synonyme de *génie*, ajoutait: "Le caractère de ce bonhomme était si simple, que dans la conversation il n'était guère au-dessus des animaux qu'il faisait parler…L'abeille est admirable, mais c'est dans sa ruche; hors de là l'abeille n'est qu'une mouche." On vient de voir, au contraire, que La Fontaine voulait qu'on fût abeille, même dans l'entretien.

---

1 He once arrived an hour late at a dinner-party, because he had stopped on the way to watch an ant's funeral.

2 *Les deux Rats, le Renard et l'Œuf*, x. i.

Dans ce monde de Fouquet, La Fontaine composa *le Songe de Vaux* et des Épîtres, Ballades, Sizains et Dizains ; le surintendant lui avait donné une pension, sous cette clause gracieuse qu'il en acquitterait chaque quartier par une pièce de vers. Ces premières poésies légères de La Fontaine sont dans le goût de Voiture et de Sarrasin et ne s'élèvent guère au-dessus des agréables productions de ces deux beaux esprits ; on sent seulement que chez lui le flot est plus abondant et plus naturel. Il fut bon pour La Fontaine que la faveur de Fouquet l'initiât à la vie du monde, et lui donnât toute sa politesse ; mais il lui fut bon aussi que ce cercle trop libre ne le retînt pas trop longtemps, et qu'après la chute de Fouquet il fût averti que l'époque devenait plus sérieuse et qu'il avait à s'observer davantage. Le danger, du côté de La Fontaine, ne sera jamais dans le trop de régularité et de décorum. Si le règne de Fouquet avait duré, il eût été à craindre que le poète ne s'y relâchât et ne se laissât aller en tous sens aux pentes, aux fuites trop faciles de sa veine. Les *Contes* lui seraient aisément venus dans ce lieu-là, non pas les *Fables* ; les belles fables de La Fontaine, très-probablement, ne seraient jamais écloses dans les jardins de Vaux et au milieu de ces molles délices : il fallut, pour qu'elles pussent naître avec toute leur morale agréable et forte, que le bonhomme eût senti élever son génie dans la compagnie de Boileau, de Racine, de Molière, et que, sans se laisser éblouir par Louis XIV, il eût pourtant subi insensiblement l'ascendant glorieux de cette grandeur. Un des caractères propres, en effet, du talent de La Fontaine, c'est de recéler d'instinct toutes les variétés et tous les tons, mais de ne les produire que si quelque chose au dehors l'excite et l'avertit. Autrement et de lui seul, que fera-t-il donc ? Il y aura toujours deux choses qu'il aimera mieux encore que de rimer, et, par ces deux choses, j'entends rêver et dormir.

Si vous voulez exprimer sous forme toute littéraire cette distinction que je fais entre le ton du poète à ses débuts et sa manière ensuite perfectionnée, je dirai qu'il y a deux La Fontaine, l'un avant et l'autre après Boileau.

La chute de Fouquet fit toutefois éclater le génie et le cœur de La Fontaine. On sait sa touchante Élégie :

> Remplissez l'air de cris en vos grottes profondes,
> Pleurez, Nymphes de Vaux, faites croître vos ondes !
> . . . .
> Les Destins sont contents : Oronte est malheureux !

Dans cette pièce, comme dans le Discours en vers à madame de La Sablière sur l'idée finale de conversion, comme dans le début de *Philémon et Baucis*, comme dans *le Songe d'un Habitant du Mogol*[1], La Fontaine a trouvé pour l'expression de ses vœux, de ses regrets et de ses goûts, un alexandrin plein et facile qui sait rendre coulamment le naturel, la tendresse, la hauteur de l'âme et l'indulgence, et qui se loge de lui-même dans la mémoire. C'est là un alexandrin qui est bien à lui autant que ceux de Corneille et de Racine leur appartiennent. Tout ce qu'ont dit certains critiques contre les vers inégaux et boiteux du Fabuliste ne saurait s'appliquer à cette partie large de son courant et de sa veine.

Je me détourne de ses *Contes* qu'il entreprit d'abord (1665) pour plaire à la duchesse de Bouillon[2], une des nièces de Mazarin, et qu'il continua de tout temps pour se complaire à lui-même, et j'en viens aux *Fables* qui lui avaient été demandées pour Monseigneur le Dauphin. Les *Fables* de La Fontaine, dans leur ensemble, parurent successivement en trois Recueils : le premier Recueil contenant les six premiers livres fut publié en 1668 ; le second Recueil contenant les cinq livres suivants jusqu'au onzième inclusivement fut publié en 1678 ; le douzième et dernier livre, qu'on a appelé le chant du cygne, et où tout n'est pas d'égale force, fut composé presque en entier à l'intention du jeune duc de Bourgogne et ne fut recueilli qu'en 1694. C'est dans le second Recueil, dans celui de

---

1 *Épitres*, xviii.; *Fables*, XII. xxviii.; *Fables*, XI. iv.
2 Marie-Anne Mancini.

1678, que La Fontaine me paraît avoir atteint à toute la plénitude et la variété de son génie sous la forme à la fois la plus animée, la plus légère et la plus sévère.

Le fond de ses Fables est emprunté de toutes parts ; la vieille littérature française en fournissait en abondance et plus même que La Fontaine de son temps n'en connaissait. Un des poèmes les plus curieux du Moyen-Age, et qui constitue une véritable épopée satirique, est le *Roman de Renart* avec ses diverses branches ; les animaux divers y figurent comme des personnages distincts, ayant un caractère soutenu, et engageant entre eux une série d'aventures, de conflits et de revanches qui, jusqu'à un certain point, s'enchaînent. Quand on a lu le *Roman de Renart* et les Fabliaux du Moyen-Age, on comprend que déjà La Fontaine est là tout entier, et en quel sens on peut dire qu'il est notre Homère. Le piquant, c'est que La Fontaine ne connaissait pas ces poèmes gaulois à leur source, qu'il n'était pas remonté à tous ces petits Ésopes restés en manuscrits, à ces *Ysopets*, comme on les appelait, et que, s'il les reproduisait et les rassemblait en lui, c'était à son insu : il n'en est que plus naturel et n'en obéit que mieux à la même sève. Il avait lu çà et là tous ces apologues et toutes ces fables dans les livres de seconde main où les sujets avaient passé, dans les auteurs du seizième siècle, chez les Italiens ou ailleurs ; car il en lisait de tous bords. Son originalité est toute dans la *manière*, et non dans la *matière*. Comme Montaigne, comme madame de Sévigné, et mieux encore, La Fontaine a au plus haut degré l'invention du détail. Eux, ils ne l'ont que dans le style, et lui, il l'a dans le style à la fois et dans le jeu des petites scènes. En France, où les grandes conceptions poétiques fatiguent aisément, et où elles dépassent la mesure de notre attention, si vite déjouée ou moqueuse, on demande surtout aux poètes ce genre d'imagination et de fertilité qui n'occupe que peu d'instants ; et il y excelle.

La Fontaine, en s'appliquant à mettre en vers des sujets de fables qui lui étaient fournis par la tradition, ne sort pas d'abord des limites du genre. Son premier livre est un essai ; on y voit la Fable pure et simple, dans ce qu'elle a de nu, *la Cigale et la Fourmi, le Corbeau et le Renard*[1], etc. ; il cherche à mettre sa moralité bien en rapport avec le sujet. Ainsi conçue, le dirai-je ? la Fable me paraît un petit genre, et assez insipide. Chez les Orientaux, à l'origine, quand la sagesse primitive s'y déguisait sous d'heureuses paraboles pour parler aux rois, elle pouvait avoir son élévation et sa grandeur ; mais, transplantée dans notre Occident et réduite à n'être qu'un récit tout court qui amène après lui son distique ou son quatrain moral, je n'y vois qu'une forme d'instruction véritablement à l'usage des enfants. Ésope, Babrius ou Phèdre ont pu y exceller ; ce n'est pas moi qui, les ayant lus, irai les relire. Ce Phèdre que d'habiles gens ne veulent nullement reconnaître pour être du siècle d'Auguste, mais qui est classique du moins par son exacte pratique du genre conçu dans toute sa simplicité et son élégance, est un auteur qu'il est permis de ne pas rouvrir quand on a une fois fini sa quatrième. Pourquoi donc La Fontaine a-t-il su être un grand poète dans ce même genre de la Fable ? C'est qu'il en est sorti, c'est qu'il se l'est approprié et n'y a vu, à partir d'un certain moment, qu'un prétexte à son génie inventif et à son talent d'observation universelle[1].

Dans sa première manière pourtant, à la fin du premier livre, dans *le Chêne et le Roseau*[2], il a atteint la perfection de la Fable proprement dite ; il a trouvé moyen d'y introduire de la grandeur, de la haute poésie, sans excéder d'un seul point le cadre ; il est maître déjà. Dans *le Meunier, son Fils et l'Ane*[2], il se joue, il cause, il fait causer les maîtres, Malherbe et Racan, et l'apologue n'est plus qu'un ornement de l'entretien. Mais sa seconde manière commence plus distinctement et se déclare, ce me semble, avec son second Recueil, au VIIe livre qui s'ouvre par la fable des *Animaux malades de la peste*. Le

---

1 I. i.; I. ii.   2 I. xxii.   3 III. i.

poëte, dans sa préface, reçonnait lui-même qu'il est un peu sorti ici du pur genre d'Ésope, "qu'il a cherché d'autres enrichissements, et étendu davantage les circonstances de ses récits." Quand on prend le volume des Fables à ce VIIᵉ livre et qu'on se met à le relire de suite, on est ravi ; *c'est proprement un charme,* comme le dit le poëte dans la Dédicace ; ce ne sont presque que petits chefs-d'œuvre qui se succèdent, *le Coche et la Mouche, la Laitière et le Pot au lait, le Curé et le Mort*[1], et toutes celles qui suivent ; à peine s'il s'en glisse, parmi, quelqu'une de médiocre, telle que *la Tête et la Queue du Serpent.* La fable qui clôt le livre VIIᵉ, *un Animal dans la Lune,* nous révèle chez La Fontaine une faculté philosophique que son ingénuité première ne laisserait pas soupçonner : cet homme simple qu'on croirait crédule quand on raisonne avec lui, parce qu'il a l'air d'écouter vos raisons plutôt que de songer à vous donner les siennes, est un émule de Lucrèce et de cette élite des grands poètes qui ont pensé. Il traite des choses de la nature avec élévation et fermeté. Dans le monde physique pas plus que dans le monde moral, l'apparence ne le déçoit. A-t-il à parler du soleil, il dira en un langage que Copernic et Galilée ne désavoueraient pas :

> J'aperçois le soleil : quelle en est la figure?
> Ici-bas ce grand corps n'a que trois pieds de tour ;
> Mais, si je le voyais là-haut dans son séjour,
> Que serait-ce à mes yeux que l'œil de la nature?
> Sa distance me fait juger de sa grandeur :
> Sur l'angle et les côtés ma main la détermine.
> L'ignorant le croit plat ; j'épaissis sa rondeur,
> *Je le rends immobile, et la terre chemine.*

En voilà plus que Pascal lui-même n'osait dire sur le mouvement de la terre, tout géomètre qu'il était. Ainsi, dans sa fable de *Démocrite et les Abdéritains*[2], il placera sa pensée plus haut que les préjugés du vulgaire. Nul en son temps n'a plus spirituellement que lui réfuté Descartes et les Cartésiens sur l'âme des bêtes, et sur

VII. ix.–xi.   2 VIII. xxvi.

ces prétendues machines que ce philosophe altier ne connaissait pas mieux que l'homme qu'il se flattait d'expliquer aussi[1]. Dans la fable, *les Deux Rats, le Renard et l'Œuf*[2], adressée à madame de La Sablière, La Fontaine discute, il raisonne sur ces matières subtiles, il propose même son explication, et, en sage qu'il est, il se garde d'oser conclure. Dans *les Souris et le Chat-Huant*[3], il revient sur ce sujet philosophique ; dans *les Lapins*[4], adressés à M. de La Rochefoucauld, il y revient et en raisonne encore ; mais il égaye vite son raisonnement, selon son usage, et fait passer au travers comme un parfum de bruyère et de thym.

A la fin de cette fable d'*un Animal dans la Lune*, La Fontaine célèbre le bonheur de l'Angleterre qui échappait alors aux chances de la guerre, et, dans cette première et pleine gloire de Louis XIV, il fait entendre des paroles de paix ; il le fait avec délicatesse et en saluant les exploits du monarque, en reconnaissant que cette paix si désirée n'est point nécessaire :

> La paix fait nos souhaits, et non point nos soupirs.

Toutes les fois qu'il a eu à parler des maîtres de la terre et du *Lion* qui les représente en ses Fables, La Fontaine a marqué qu'il n'était point séduit ni ébloui, et l'on a raconté à ce sujet une anecdote que je veux mettre ici parce qu'elle est moins connue que d'autres ; elle est, d'ailleurs, très-authentique et vient de Brossette, qui la tenait de la bouche de Boileau :

" M. Racine, racontait celui-ci, s'entretenait un jour avec La Fontaine sur la puissance absolue des rois. La Fontaine, qui aimait l'indépendance et la liberté, ne pouvait s'accommoder de l'idée que M. Racine lui voulait donner de cette puissance absolue et indéfinie. M. Racine s'appuyait sur l'Écriture qui parle du choix que le peuple juif voulut faire d'un roi en la personne de Saül, et de

---

1 Descartes held that a beast was a mere machine, like a watch or any other mechanical construction that has been wound up and set going.

2 X. i.   3 XI. ix.   4 X. xv.

l'autorité que ce roi avait sur son peuple. Mais, répliqua La Fontaine, si les rois sont maîtres de nos biens, de nos vies et de tout, il faut qu'ils aient droit de nous regarder comme des fourmis à leur égard, et je me rends si vous me faites voir que cela soit autorisé par l'Écriture. Hé quoi! dit M. Racine, vous ne savez donc pas ce passage de l'Écriture : *Tanquam formicæ deambulabitis coram rege vestro?*—Ce passage était de son invention, car il n'est point dans l'Écriture ; mais il le fit pour se moquer de La Fontaine, qui le crut bonnement[1]."

Cette anecdote nous peint assez bien, d'une part, les sentiments naturels de La Fontaine, et de l'autre, sa facilité dans la discussion ; quand il avait exprimé en poésie ce qu'il pensait, ce qu'il avait de plus cher, il se souciait assez peu de le maintenir en prose devant les gens qui voulaient le contredire. De tout ce qu'il a mis dans ses vers contre les monarques et les lions, on aurait bien tort d'ailleurs de conclure que La Fontaine eût un parti pris et qu'il fût hostile à rien. Cette manière de l'entendre est étroite et bien peu poétique ; et si, parlant auprès des grands et des puissants, il ne retenait pas la leçon qui lui échappait sur eux, il songeait certes encore moins à flatter le peuple, ce peuple d'Athènes qu'il appelle quelque part *l'animal aux têtes frivoles.*

Je n'ai pas ici la prétention de classer les Fables de La Fontaine ; ce serait en méconnaître l'esprit et attenter à leur diversité. Mais au premier rang dans l'ordre de la beauté, il faut placer ces grandes fables morales *le Berger et le Roi, le Paysan du Danube*[2] où il entre un sentiment éloquent de l'histoire et presque de la politique ; puis ces autres fables qui, dans leur ensemble, sont un tableau complet, d'un tour plus terminé, et pleines également de philosophie, *le Vieillard et les trois Jeunes Hommes, le Savetier et le Financier*[3], cette dernière parfaite en soi comme une grande scène, comme une comédie resserrée de Molière. Il y a des élégies proprement dites : *Tircis*

1 Cizeron-Rival, *Récréations littéraires*, p. 111.
2 X. x.; XI. vii.   3 XI. viii.; VIII. ii.

et Amarante[1], et d'autres élégies sous forme moins directe et plus enchanteresse, telles que *les Deux Pigeons*[2]. Si la nature humaine a paru souvent traitée avec sévérité par La Fontaine, s'il ne flatte en rien l'espèce, s'il a dit que l'enfance est *sans pitié* et que la vieillesse est *impitoyable* (l'âge mûr s'en tirant chez lui comme il peut), il suffit, pour qu'il n'ait point calomnié l'homme et qu'il reste un de nos grands consolateurs, que l'amitié ait trouvé en lui un interprète si habituel et si touchant. Ses *Deux Amis*[3] sont le chef-d'œuvre en ce genre ; mais, toutes les autres fois qu'il a eu à parler de l'amitié, son cœur s'entr'ouvre, son observation railleuse expire ; il a des mots sentis, des accents ou tendres ou généreux, comme lorsqu'il célèbre dans une de ses dernières fables, en madame Harvey[4],

> Une noblesse d'âme, un talent pour conduire
>   Et les affaires et les gens,
> Une humeur franche et libre, et *le don d'être amie*
> *Malgré Jupiter même et les temps orageux*[5].

C'est quand on a lu ainsi dans une journée cette quantité choisie des meilleures Fables de La Fontaine, qu'on sent son admiration pour lui renouvelée et afraîchie, et qu'on se prend à dire avec un critique éminent : " Il y a dans La Fontaine une plénitude de poésie qu'on ne trouve nulle part dans les autres auteurs français[6]."

De sa vie nonchalante et trop déréglée, de ses dernières années trop rabaissées par des habitudes vulgaires, de sa fin ennoblie du moins et relevée par une vive et sincère pénitence, qu'ai-je à dire que tout le monde ne sache ? Car la vie de La Fontaine est devenue comme une légende, et il suffit de commencer à raconter de lui une anecdote pour que tout lecteur l'achève aussitôt. Il mourut le 13 avril 1695, à l'âge de près de soixante-quatorze ans, dans

---

1 VIII. xiii.   2 IX. ii.   3 VIII. xi.
4 Widow of Sir Daniel Harvey and sister of Ralph Montagu, first Duke of Montagu, whose town house is now the British Museum.
5 *Le Renard Anglais*, XII. xxiii.
6 Joubert, *Pensées*.

l'hôtel de son ami M. d'Hervart[1], et assisté des soins pieux
de Racine. Mais, laissant de côté ces choses connues, j'ai
à cœur aujourd'hui de revenir sur la plus grande attaque
qui ait été portée à la réputation de La Fontaine, et de
discuter un moment l'opinion de M. de Lamartine.

C'est dans une page détachée de ses *Mémoires* que le
célèbre poète moderne, parlant des premiers livres qu'on
lui donnait à lire dans son enfance, s'est exprimé ainsi :
"On me faisait bien apprendre aussi par cœur quelques
Fables de La Fontaine ; mais ces vers boiteux, disloqués,
inégaux, sans symétrie ni dans l'oreille ni sur la page, me
rebutaient. D'ailleurs, ces histoires d'animaux qui parlent,
qui se font des leçons, qui se moquent les uns des autres,
qui sont égoïstes, railleurs, avares, sans pitié, sans amitié,
plus méchants que nous, me soulevaient le cœur. Les
Fables de La Fontaine sont plutôt la philosophie dure,
froide et égoïste d'un vieillard que la philosophie aimante,
généreuse, naïve et bonne d'un enfant : c'est du fiel[2]...."
J'abrège cette page injurieuse, et je n'y veux voir que ce
qui y est en effet, l'antipathie des deux natures et le conflit
des deux poésies. Réduisant l'opinion de M. de Lamartine
à son véritable sens, j'y cherche moins encore une erreur
de son jugement qu'une conséquence de sa manière d'être
et de sentir.

Voltaire, voulant expliquer le peu de goût de Louis XIV
pour La Fontaine, a dit : "Vous me demandez pourquoi
Louis XIV ne fit pas tomber ses bienfaits sur La Fontaine
comme sur les autres gens de lettres qui firent honneur
au grand siècle. Je vous répondrai d'abord qu'il ne goûtait
pas assez le genre dans lequel ce conteur charmant excella.
Il traitait les Fables de La Fontaine comme les tableaux
de Teniers, dont il ne voulait voir aucun dans ses apparte-
ments." C'est à une antipathie de ce genre qu'il faut rap-

1 When, on the death of his protectress, Mme de La Sablière, in 1693,
La Fontaine was left without a home or resources, he met his old friend
M. d'Hervart, one of the Masters of Requests, coming to offer him hospi-
tality. "J'y allais," was the poet's answer.
2 The entire passage may be read in the preface to *Les Méditations*
(July 2, 1849).

porter l'anathème lancé par M. de Lamartine contre La Fontaine. Lui aussi, il a naturellement le goût noble, celui de l'harmonie régulière et des grandes lignes en tout genre. Et de plus M. de Lamartine représente une poésie sentimentale, élevée, un peu métaphysique, qui était nouvelle en France au moment où il parut, et qui se trouvait opposée à l'esprit français en ce que celui-ci a toujours eu de positif, de malin, de moqueur.

Qu'on veuille bien se retracer avec netteté la différence des deux races : d'une part, nos vieux Gaulois, nos auteurs de Contes et de Fabliaux, Villon, Rabelais, Regnier, et tous ceux, plus ou moins connus, dont l'esprit vient se résumer et se personnifier en La Fontaine comme en un héritier qui les couronne et les rajeunit, si bien qu'on le peut définir le dernier et le plus grand des vieux poètes français, l'Homère en qui ils s'assemblent une dernière fois librement, et se confondent. D'une autre part, il y a eu en France, à divers moments, des tentatives pour introduire et naturaliser le genre élevé, romanesque, sentimental ; mais toujours ce genre, après une vogue passagère, a plus ou moins échoué et a été sacrifié en définitive : l'esprit de la race gauloise première a prévalu. On a eu, du temps de d'Urfé, un essai de roman qui rappelle à quelques égards le genre métaphysique et analytique moderne. Cet essai a continué jusque dans les grands romans si chers à l'hôtel de Rambouillet. Au temps de Jean-Jacques Rousseau, la tentative a été reprise par une plume ardente, avec un talent supérieur et une appropriation directe à l'état des âmes. A partir seulement de cette date, on peut dire que le sentimental, aidé de l'éloquence et secondé du pittoresque, a fait invasion dans notre littérature. La philosophie du dix-huitième siècle, en attaquant le Christianisme, en avait, par contre-coup, ravivé le sentiment dans quelques âmes. Madame de Staël et M. de Chateaubriand, en survenant à l'heure propice, éveillèrent, chacun à sa manière, le goût du mystérieux ou de l'infini ; il y eut une génération où plus d'un esprit ressentit de ces malaises et de ces désirs inconnus à nos

pères. Le Christianisme, quand il se retire des âmes, y
fait, a-t-on dit, un vide et un désert qu'elles ne connaissaient
point avant lui. C'est alors que Lamartine paraissant
trouva en poésie des accents nouveaux qui répondirent
à ce vague état moral des imaginations et des cœurs.
Toute sa première tentative poétique, la seule qui compte
véritablement pour l'originalité, la tentative des *Méditations*, a consisté à vouloir doter la France d'une poésie
sentimentale, métaphysique et un peu mystique, lyrique
et musicale, religieuse et pourtant humaine, prenant les
affections au sérieux et ne souriant pas. Il est tout simple
que le grand représentant de cette poésie qui avait toujours
manqué à la France s'en prenne à La Fontaine qui est
l'Homère de la vieille race gauloise. C'est après tout, et
sous une forme assez naturelle, le combat des dieux nouveaux contre les dieux anciens.

Et notez bien que, s'il n'y avait pas de La Fontaine
dans le passé, ou que si l'on cessait de le goûter et de
l'aimer dans l'avenir, il n'y aurait pas ce coin d'esprit
français mêlé jusque dans la poésie, qui ne se contente
pas de la sensibilité pure, qui raille le vague du sentiment,
et, pour tout dire, qui sourit souvent même aux beaux
endroits de Lamartine. En deux mots, Lamartine vise
habituellement à l'ange, et La Fontaine, s'il semble élever
les bêtes jusqu'à l'homme, n'oublie jamais non plus que
l'homme n'est que le premier des animaux.

On opposera peut-être à mon explication que Bernardin de Saint-Pierre, de qui Lamartine procède à bien des
égards si évidemment, et qui est un des maîtres de l'école
idéale et harmonieuse, goûte pourtant et chérit La Fontaine autant que personne, et qu'il ne perd aucune occasion
de le citer et de le louer. Mais je ferai remarquer que
Bernardin de Saint-Pierre, en adoptant ainsi la morale
du Fabuliste, n'est point, autant qu'on pourrait croire, en
contradiction avec lui-même ; car, si Bernardin est opti-
miste, c'est pour les hommes tels qu'il les rêve, et nullement
pour ceux qu'il a rencontrés et connus ; il juge ces derniers
avec sévérité bien plus qu'avec indulgence. Je ferai re-

marquer encore qu'il y a sous l'idéal de Bernardin de Saint-Pierre un arrière-fond de réalité, comme il convient à un homme qui a beaucoup vécu de la vie pauvre et naturelle. On n'aurait même pas de peine à découvrir chez lui un certain goût sensuel que l'on pourrait dire innocent et primitif, contemporain des patriarches, mais qui l'empêche de se perdre dans le raffiné des sentiments. Il avait beaucoup observé les animaux, et il s'était accoutumé à ne voir en eux qu'une sorte d'étage très-développé de l'édifice humain, une sorte de démembrement varié de l'harmonie humaine dans ses parties simples. Il disait de La Fontaine : "Si ses Fables n'étaient pas l'histoire des hommes, elles seraient encore pour moi un supplément à celle des animaux." Lamartine, tout en tenant beaucoup de Bernardin, n'a pas également ce côté naturel ; il échappe à la matière dès qu'il le peut, il n'a point de racines en terre, et il ramène volontiers en chaque rencontre son idéal séraphique et céleste : ce qui est l'opposé de La Fontaine.

Voilà, ce me semble, le point du débat bien défini et dégagé de tout ce qui serait trop personnel et injurieux. Maintenant La Fontaine sera-t-il vaincu ? Sortira-t-il de la lutte amoindri et tant soit peu diminué en définitive, et cette belle poésie première de Lamartine, qui a excité tant d'émotions, fera-t-elle baisser d'un cran la sienne, si naturelle, si précise et si parlante ? Je ne le crois pas, et l'on peut déjà s'en apercevoir : la poésie des *Méditations* est noble, volontiers sublime, éthérée et harmonieuse, mais vague ; quand les sentiments généraux et flottants auxquels elle s'adressait dans les générations auront fait place à un autre souffle et à d'autres courants, quand la maladie morale qu'elle exprimait à la fois et qu'elle charmait, qu'elle caressait avec complaisance, aura complètement cessé, cette poésie sera moins sentie et moins comprise, car elle n'a pas pris soin de s'encadrer et de se personnifier sous des images réelles et visibles, telles que les aime la race française, peu idéale et peu mystique de sa nature. Nous ne savons pas bien, personne, quelle est cette figure vaporeuse et à demi angélique d'*Elvire*. Le poète a essayé depuis de nous la montrer en prose, mais ses vers ne le disaient pas. *Le Lac*, si admirable d'inspiration et de souffle, n'est pas lui-même si bien dessiné que *les Deux Pigeons* ; et, quand j'entends réciter aujourd'hui, à quelques années de distance, quelqu'une de ces belles pièces lyriques qui sont de Lamartine ou de son école, j'ai besoin, moi-même qui ai été malade en mon temps de ce mal-là, d'y appliquer toute mon attention pour la saisir, tandis que La Fontaine me parle et me rit dès l'abord dans ses peintures :

> Du palais d'un jeune Lapin
> Dame Belette, un beau matin,
> S'empara : c'est une rusée.
> Le maître étant absent, ce lui fut chose aisée.
> Elle porta chez lui ses pénates, un jour
> Qu'il était allé faire à l'Aurore sa cour
> Parmi le thym et la rosée[1]...

Et le début de *Perrette* au pot au lait, et celui des *Deux Chèvres*, et celui de *la Perdrix*[2] :

> Quand la Perdrix
> Voit ses petits
> En danger, et n'ayant qu'une plume nouvelle...

et cent autres débuts brillants de vie et de fraîcheur, comme ils nous prennent aujourd'hui aussi vivement qu'au premier jour ! comme ils ne vieillissent ni ne pâlissent pas ! Ici rien ne s'évanouit. Évidemment, La Fontaine ne se met à conter et à peindre que quand il a vu. Son tableau lui échappe pour ainsi dire, et nous saute aux yeux ; et, dès les quatre premiers vers, il nous a fait tout voir.—Je laisse à chacun de poursuivre la comparaison, et de conclure, s'il y a lieu. Ma conviction bien paisible, c'est que La Fontaine, comme Molière, n'a rien qu'à gagner du temps ; le bon sens, si profondément mêlé à son talent unique et naïf, lui assure de plus en plus l'avenir[3].

1 *Le Chat, la Belette et le petit Lapin*, VII. xvi.

2 VII. x.; XII. iv.; X. i. (entitled *Les deux Rats, le Renard et l'Œuf*, not *La Perdrix*).

3 Sainte-Beuve's admiration for Lamartine cooled considerably after the Revolution of 1848.

VII

LA BRUYÈRE[1]

LE livre de La Bruyère est du petit nombre de ceux qui ne cesseront jamais d'être à l'ordre du jour. C'est un livre fait d'après nature, un des plus pensés qui existent et des plus fortement écrits. "Comme il y a un beau sens enveloppé sous des tours fins, une seconde lecture en fait mieux sentir toute la délicatesse." Il n'est point propre d'ailleurs à être lu de suite, étant trop plein et trop dense de matière, c'est-à-dire d'esprit, pour cela ; mais, à quelque page qu'on l'ouvre, on est sûr d'y trouver le fond et la forme, la réflexion et l'agrément, quelque remarque juste relevée d'imprévu, de ce que Bussy-Rabutin appelait le *tour* et que nous appelons l'*art*.

La Bruyère a été, de nos jours, l'objet de travaux qui peuvent être, à très-peu près, considérés comme définitifs. M. Walckenaer, dans sa copieuse édition (1845), a rassemblé tout ce que fournit de curieux la comparaison des nombreuses éditions originales données par La Bruyère lui-même, et aussi tout ce qu'on a pu savoir ou conjecturer des personnages qui avaient posé devant lui[2]. Cette savante édition, devenue la base des autres qui ont suivi et qu'elle rendait faciles, n'était pas exempte toutefois de quelques fautes d'inadvertance et même d'étourderie, s'il est permis d'appliquer un mot si léger au respectable érudit à qui on la devait ; M. Joseph d'Ortigue avait relevé ces fautes et ces *lapsus* dans une brochure assez piquante. Cependant un homme instruit et modeste, M. Adrien Destailleur, qui avait un goût particulier pour le genre de La Bruyère et un culte pour l'auteur lui-même, travaillait lentement, de son côté, à une édition qui parut

1 October 28, 1861; *Nouveaux Lundis*, I.
2 This was the first critical edition.

pour la première fois en 1854 dans la Bibliothèque-Jannet: elle se recommandait dès lors par un très-bon texte, ce qui est l'essentiel en pareille matière. Mais aujourd'hui, en donnant une édition nouvelle, M. Destailleur a profité plus amplement des travaux de ses devanciers; il a complété sa Notice biographique sur La Bruyère[1], et y a introduit ce qu'avaient appris, dans l'intervalle, les recherches du très-habile fureteur, M. Édouard Fournier; il a mis au bas des pages quelques notes biographiques utiles sur les originaux qu'on reconnaît au passage, et quelques pensées des moralistes célèbres qu'on aime à rapprocher de leur grand émule. Je voudrais qu'il eût tout à fait supprimé les autres petites notes de critique littéraire dans lesquelles il se contente d'approuver son auteur et de dire: "*Pensée noble et noblement exprimée.... Distinction fine et vraie....Jolie expression*, etc...." Il n'y a pas de raison pour ne pas mettre cela presque à chaque paragraphe. Il est encore certaines *Observations morales* d'un anonyme qu'il aurait pu faire tirer à part, s'il l'avait voulu, et ne pas joindre à l'édition: c'est appeler la confrontation avec le maître du genre et compliquer le rôle d'éditeur. Est-ce qu'on irait glisser (si l'on en faisait) de ses propres fables à la fin d'une édition de La Fontaine? A part ces quelques taches et ces imperfections légères, l'édition de M. Destailleur, telle qu'elle s'offre à nous sous cette dernière forme, me paraît très-voisine de la perfection qu'on est en droit de réclamer dans tout ce qui se rapporte à La Bruyère.

La Bruyère vit tout entier dans son livre; c'est là qu'il

[1] Destailleur's second edition was published in 1861. Both he and Walckenaer rendered great services to the study of La Bruyère, but to-day the best edition is that of G. Servois in *Les grands écrivains de la France*, 3 vols. 1865–81. All that is known of La Bruyère's life has been carefully collected in the *Notice biographique* prefixed to vol. I. (2nd ed. 1912). A smaller edition in one volume by the same editor and A. Rébelliau (6th ed. 1906) is very serviceable and will be found sufficient for most students. La Bruyère was a favourite author of Sainte-Beuve's; he treated him in two other articles (*Port. litt.* I. and *Nouv. Lundis*, X.) and his own copy of *Les Caractères* has numerous marginal notes. (See G. Michaud, *Le La Bruyère de Sainte-Beuve*, in *Rev. d'hist. litt.* 1906.)

le faut chercher, non ailleurs. Qu'ont appris de nouveau sur lui les actives investigations dont il a été récemment l'objet? Bien peu de chose en effet. On croit savoir maintenant qu'il est né en 1646, étant mort en 1696, âgé de cinquante ans ou environ, dit l'acte de décès[1]. Son père était conseiller-secrétaire du roi et de ses finances[2]. On conjecture que, né dans un village près de Dourdan, il fut élevé à la campagne; car il garda toujours de la nature une impression vive qu'il a exprimée avec bonheur, et il porte à l'homme des champs, pour l'avoir vu de près à la peine, un sentiment de compassion et d'humanité qu'il a rendu d'une manière poignante. Il paraît avoir passé par les écoles et peut-être par la congrégation de l'Oratoire[3]. Il connut certainement la province et y demeura sans doute quelque temps; il sait trop bien sa petite ville pour n'y avoir pas couché *deux nuits* et plus[4]. Il venait, dit-on, d'acheter une charge de trésorier de France à Caen, lorsqu'il fut appelé à Paris pour y enseigner l'histoire à M. le Duc, petit-fils du grand Condé. On suppose que ce fut vers 1680; il avait trente-quatre ou trente-cinq ans[5]. Ce fut sur la recommandation de Bossuet, qui le connaissait on ne sait d'où, et auprès de qui il était déjà en estime, qu'il dut la bonne fortune d'être désigné pour cet honorable emploi. Il avait été auparavant, et sans doute après quelque revers de famille, dans une condition moins

1 Sainte-Beuve adds a note saying that he was baptized on August 15, 1645, in the church of Saint-Christophe en la Cité at Paris. The certificate was discovered by Jal.

2 His father was Controller of Paris Corporation Stock (*rentes de la ville*).

3 Nothing is known of his education except that it included Greek. He took the degree of Licentiate in Laws at Orleans in June 1665, and was admitted as an advocate of the Paris *Parlement*.

4 The reference is to the well-known vignette in *De la Société et de la Conversation* of a little town on the side of a hill, sheltered from the north by a forest, and with a river flowing round its walls.

5 In 1673 he purchased the office of treasurer-general of the finances for the district (*généralité*) of Caen, but he did not have to reside there and for the next eleven years he lived at Paris with his mother. In 1684 he was appointed tutor for geography, history, and the institutions of France to Condé's grandson.

heureuse, et l'un de ses contemporains[1] nous l'a montré dans une chambre voisine du ciel et "séparée en deux par une légère tapisserie que le vent soulevait,"—une pauvre chambre d'étudiant.

Ce qui est certain, c'est que l'événement décisif de sa vie fut son entrée, son initiation à la maison de Condé. Qu'aurait-il été sans ce jour inattendu qui lui fut ouvert sur le plus grand monde, sans cette place de *coin* qu'il occupa dans une première loge au grand spectacle de la vie humaine et de la haute comédie de son temps? Il aurait été comme un chasseur à qui le gibier manque, le gros gibier, et qui est obligé de se contenter d'un pauvre lièvre qu'il rencontre en plaine. La Bruyère réduit à observer la bourgeoisie, les lettrés, s'en serait tiré encore; mais qu'il y aurait perdu, et que nous y aurions perdu avec lui!

Cette maison de Condé était une singulière maison, et le descendant d'un vieux ligueur (car un des ancêtres de La Bruyère avait, dit-on, marqué dans la Ligue) dut sourire en lui-même plus d'une fois de penser qu'il lui était ainsi donné d'observer de près, et en naturaliste, une branche si bizarre et si extravagante de la maison de Bourbon. Ce n'est pas ici le lieu de la peindre. Le grand Condé vivait encore, mais bien affaibli de tête. Son fils, qui devint bientôt M. le Prince, était un homme d'esprit qui avait, quand il le voulait, bien du fin et du galant avec le génie des fêtes, d'ailleurs le plus capricieux, le plus singulier des hommes, au point de paraître atteint de manie. Saint-Simon et M. de Lassay en disent sur son compte plus qu'on n'ose en répéter[2]. M. le Duc, l'élève de La Bruyère, est peint par Saint-Simon avec des airs terribles, et par M. de Lassay sous un aspect

---

1 Vigneul de Marville (Bonaventure d'Argonne, a Carthusian) in *Des mélanges d'histoire et de littérature*.

2 For Saint-Simon's portrait of Henri-Jules de Bourbon, see his *Mémoires*, VI. 326–335, and for that of the Marquis de Lassay, who married Mlle de Châteaubriant, his natural daughter, see Sainte-Beuve, *Caus. du Lundi*, IX. 190. The latter portrait begins with "M. le Prince n'a aucun vertu."

tout simplement méprisable[1]. Et notez que Lassay connaissait les Condé de plus près encore que Saint-Simon, ayant épousé une bâtarde de cette branche et y vivant sur le pied de l'intimité. Quand on a lu les portraits de M. le Prince et de M. le Duc dans Saint-Simon et dans Lassay, il est utile, pour compléter la galerie et posséder toute la collection, de lire le portrait de la duchesse du Maine, sœur de M. le Duc, que nous a laissé Mme de Staal-Delaunay, une domestique spirituelle et terrible, le La-Bruyère des femmes. Savez-vous que c'est redoutable encore plus que flatteur, d'avoir dans son domestique une femme comme Mlle Delaunay et un familier comme La Bruyère?

Au milieu d'un tel monde, il y avait pour un homme d'esprit et capable plus d'un rôle à tenter et plus d'une visée à suivre. Gourville[2], l'homme entendu, était devenu le gouverneur et le maître des affaires du grand Condé, et il y avait remis l'ordre. Dans une autre maison princière, Chaulieu, tout poète qu'il était, prenait en main les affaires des Vendôme, et il n'y oubliait pas les siennes. M. de Malezieu allait être l'oracle absolu, le Pythagore de Sceaux et l'arbitre des volontés de la duchesse du Maine[3]. La Bruyère, lui, vrai philosophe et d'un cœur élevé, ne pensa qu'à être témoin, spectateur et moraliste au profit du public. Que lui fallait-il de plus? il avait devant lui la matière la plus riche pour l'observation, et il venait d'acquérir dans la maison de Condé, en s'y abritant, ce que d'autres y auraient perdu, l'indépendance.

Son mérite y trouvait encore cet avantage d'avoir tout

---

1 "C'étoit un homme très-considérablement plus petit que les plus petits hommes, qui sans être gras étoit gros de partout, la tête grosse à surprendre, et un visage qui faisoit peur....Il étoit d'un jaune livide, l'air presque toujours furieux....Il avoit de l'esprit, de la lecture, des restes d'une excellente éducation, de la politesse et des grâces même, quand il vouloit, mais il le vouloit très-rarement" (Saint-Simon, *Mémoires*, VII. 287).

2 See above, p. 115, n. 1.

3 For the Court of Sceaux see *Caus. du Lundi*, III. 206 ff.; Desnoireterres, *Les Cours galantes*, vol. IV. It was Malezieu who said to Voltaire, when he submitted *La Henriade* to him, "Les Français n'ont pas la tête épique."

près de soi, et dans son cadre même, des connaisseurs délicats et des appréciateurs. Au milieu de ses vices et de ses monstruosités qui présentaient dans un abrégé commode et comme dans un miroir grossissant les travers et les crudités enhardies de la nature humaine, cette maison de Condé avait le goût de l'esprit, et, avec de la méchanceté, le talent de la fine raillerie. Ce n'était pas seulement un balcon pour tout voir, ce n'était pas seulement un refuge inviolable contre les inimitiés du dehors, qu'offrait à La Bruyère l'hôtel de Condé; il y avait encore là pour lui une très-bonne école. Chantilly, "l'écueil des mauvais ouvrages[1]," méritait d'être le berceau d'un livre excellent. La Bruyère profita de tout. Il s'y sentit bientôt si goûté, si à l'aise, si en plein dans son élément et dans sa veine d'observation, qu'il est venu jusqu'à nous des témoignages et comme des échos de ses joies. On a tiré grand parti, dans ces derniers temps, de quelques billets de M. de Pontchartrain[2], desquels il résulterait que La Bruyère était sujet à des accès de gaieté extravagante. Il se mettait parfois à danser subitement et à chanter, bien qu'il n'eût pas une belle voix. Il n'y avait pas de plus fou ni de plus lancé que lui dans les parties de plaisir de Chantilly. N'exagérons rien pourtant et ne tirons pas les moindres mots par les cheveux. Cela ne change pas notablement l'idée qu'on doit se faire de La Bruyère, et ne fait que la compléter. Il n'est pas extraordinaire, quand on a tant de goût et de facilité à tracer de malins portraits et quand on se sent si en train d'y réussir, que l'on s'en amuse un peu tout le premier et qu'on rie aux éclats, au moins par instants.

De la sagacité et de l'humeur dont il était, l'idée de son livre dut lui venir du premier jour et en observant.

1 "I saw the prince de Condé. He had a great quickness of apprehension, and was thought the best judge in France both of wit and learning." Burnet, *History of his own times*, quoted by the Duc d'Aumale, *Hist. des Princes de Condé*, VII. 695, n. 2.

2 Jérôme Phélypeaux, Comte de Pontchartrain, who at the age of nineteen was associated with his father, the future Chancellor, in the Secretaryship of State for *la Marine et la Maison du Roi*.

Ce livre est, en effet, un livre de première main et un tableau d'après nature ; c'est ce que j'ai à cœur de maintenir. On a voulu, de nos jours, en diminuer l'originalité. De ce que, trente ans auparavant, il y avait eu une mode de portraits de société, et de ce que la grande Mademoiselle, aidée de Segrais, avait fait imprimer un Recueil de Portraits¹ de ce genre, on s'est hâté de conclure que, sans ce Recueil, La Bruyère n'aurait probablement pas composé ses *Caractères*. Cette idée, jetée en l'air et à l'étourdie par un homme de grand talent, qui sait sans doute autant et mieux que personne son XVIIᵉ siècle, mais dont le premier jugement est rarement juste et précis, a été soigneusement ramassée et amplifiée par les disciples et les esprits à la suite. On a même récemment réimprimé ce volume, cette Galerie de Portraits de société, très-augmentée, et l'on doit peut-être des remercîments à l'éditeur ; car il est bon de ne rien oublier et de tout connaître. Mais, bon Dieu ! si l'on excepte trois ou quatre portraits finement traités, quel volume insipide, affadissant, nauséabond et d'une lecture écœurante ! et se peut-il que des critiques distingués et judicieux se soient laissés aller à le louer avec tant de complaisance ! Pour moi, je suis toujours porté à m'étonner quand je vois de jeunes esprits indistinctement curieux et avides de butin à tout prix se plonger si avant dans l'étude de la littérature du XVIIᵉ siècle, pour en rapporter précisément ce que ce siècle a condamné en dernier ressort, ce qu'il avait, en grande partie, rejeté. Non, ce ne saurait être dans un tel recueil de société qui n'est bon qu'à donner la nausée aux gens de goût, que La Bruyère aurait été prendre l'idée d'un genre littéraire qu'il voulait rendre surtout jeune et neuf. Ses vrais devanciers et parents, les émules directs qu'il avait en vue, et dont il avait à la fois à se distinguer, il nous les indique lui-même : c'est Théophraste, c'est La Rochefoucauld et Pascal, pour ne point parler de la divine sagesse de Salomon. Voilà les vrais devanciers de La Bruyère, ceux qu'il avoue, les seuls livres qu'il eut présents

1 1659 ; ed. É. de Barthélemy, 1860.

à la pensée, à côté du livre toujours ouvert devant lui de la nature humaine.

Quand il entreprit d'écrire, puis de mettre au jour cet ouvrage tant médité, La Bruyère pensait donc peu à des fadaises dès longtemps oubliées et aussi enterrées que les romans des Scudéri; il pensait à ce qui est vivant, aux antiques et aux récents modèles; il songeait surtout à la difficulté de satisfaire tant de juges délicats et rassasiés, tous ceux qu'il a énumérés dans son Discours de réception à l'Académie, cercle redoutable et sévère, sourcilleux aréopage et qui, sur la fin du grand siècle, devait être tenté de dire à chaque nouveau venu: "Il est trop tard, tous les chefs-d'œuvre sont faits!" Et puis il y avait la difficulté inhérente au genre, le péril de la satire, de la peinture individuelle, reconnaissable, frappante, à appliquer à des vivants et à faire accepter de tous sans trop de scandale. Il y fallait bien de la hardiesse et de l'adresse.

Théophraste lui servit heureusement de passe-port et comme de paravent. La première édition des *Caractères* (1688), sans nom d'auteur, semble d'abord tout à l'intention et à l'honneur de l'ancien Théophraste, dont on offrait au public la traduction: le Théophraste moderne venait, comme on dit, par-dessus le marché. Il faut le voir dans cette petite édition première[1]: il ne se glisse qu'à la suite, par manière d'essai et sans qu'on ait l'air d'y tenir. Qu'importe! le trou est fait, l'ennemi est dans la place, il s'est faufilé. Les cadres y sont; il n'y a plus qu'à les remplir. Peu à peu, à chaque édition nouvelle, pendant *huit* éditions consécutives, l'auteur va doubler et tripler la dose[2]. Il va gonfler et grossir son livre jusqu'à le bourrer. L'audace lui est venue avec le succès; il mettra double et triple charge; il chargera à balle forcée la carabine. Tout coup porte. En vain les blessés crient; il a pour lui le public;

---

[1] *Les Caractères de Théophraste traduits du Grec avec les Caractères ou les Mœurs de ce siècle*, preceded by a *Discours sur Théophraste*, 12mo, 1688. La Bruyère's *Caractères* occupy pp. 53–360, and the number of *remarques* is 420, or about a third of the work as we know it in its definitive form.

[2] In the eighth edition (1693), and in the ninth, published in 1696, shortly before La Bruyère's death, there are 1120 *remarques*.

il a les Condé dont l'orgueil le protège, car son succès fait partie de leur amour-propre; il a Louis XIV lui-même pour soutien silencieux et pour approbateur. On ne cite aucun mot du grand roi sur La Bruyère et sa libre tentative; mais, à certain moment, sans nul doute, quand les courtisans émus en parlèrent devant le maître à Versailles, le front majestueux de Jupiter indiqua, par un léger signe, qu'il avait permis et qu'il consentait.

A prendre l'ouvrage dans sa forme définitive, tel qu'il était déjà à partir de la cinquième édition, c'est, je l'ai dit, un des livres les plus substantiels, les plus consommés que l'on ait, et qu'on peut toujours relire sans jamais l'épuiser, un de ceux qui honorent le plus le génie de la nation qui les a produits. Il n'en est pas de plus propre à faire respecter l'esprit français à l'étranger (ce qui n'est pas également vrai de tous nos chefs-d'œuvre domestiques), et en même temps il y a profit pour chacun de l'avoir, soir et matin, sur sa table de nuit. Peu à la fois et souvent: suivez la prescription, et vous vous en trouverez bien pour le régime de l'esprit.

La composition, pour être dissimulée, n'en est point absente. La Bruyère a évité tout ce qui aurait donné à son recueil l'air d'un traité. Il entre et débute en plein sujet par une suite de chapitres dont on ne voit pas très-bien d'abord le lien et l'enchaînement: *Des Ouvrages de l'Esprit, Du Mérite personnel, Des Femmes, Du Cœur, De la Société et de la Conversation.* Mais les quatre chapitres qui suivent vont nous peindre successivement les mœurs des principales classes de la société, des gens de finance et *de fortune*, des gens *de la Ville*, des gens *de la Cour*, des *Grands* proprement dits et princes du sang, héros ou demi-dieux: le tout se couronnera par un chapitre, *du Souverain ou de la République*, avec le buste ou la statue de Louis XIV tout au bout en perspective. Un livre composé sous Louis XIV ne serait pas complet en effet, et, j'ajouterai, ne serait pas assuré contre le tonnerre, s'il n'y avait au milieu une image du roi. La Bruyère n'a manqué ni à la précaution ni à la règle, et, en grand artiste, il a disposé les choses de telle façon qu'on arrive à cette image par des degrés successifs, et comme par une longue avenue. L'autel est au centre et au cœur de l'œuvre, un peu plus près de la fin que du commencement et à un endroit élevé d'où il est en vue de toutes parts. Après quoi, l'on passe incontinent au chapitre *de l'Homme*. Des sublimités de Louis le Grand à l'homme vu au naturel, le saut est brusque : La Bruyère est bien capable de l'avoir fait exprès, et, pour mon compte, je ne doute pas de l'intention philosophique qu'il y a mise. Vous êtes violemment secoué sans que rien vous ait averti : c'est ce qu'il a voulu. Chez lui le manque absolu de transition est souvent un calcul de l'art.

Après avoir peint dans toutes les conditions, et depuis les plus sordides jusqu'aux plus hautes, les mœurs de son temps, l'auteur en vient donc à considérer l'humanité en général ; on voit la gradation. Mais bientôt son dessein paraît s'interrompre et s'oublier dans plusieurs chapitres mêlés, et qui ont pour titre : *Des Jugements*, *De la Mode*, *De quelques Usages :* on va à droite ou à gauche, à l'aventure, on revient en arrière. Il a cependant à cœur de terminer par ce qu'il y a de plus élevé dans la société comme dans l'homme, la Religion. Avant de montrer et de caractériser la vraie, il avait commencé par flétrir courageusement la fausse dans le chapitre *de la Mode*. Le chapitre *de la Chaire*, l'avant-dernier du livre, bien qu'essentiellement littéraire et relevant surtout de la rhétorique, achemine pourtant, par la nature même du sujet, au dernier chapitre tout religieux, intitulé *des Esprits forts* ; et celui-ci, trop poussé et trop développé certainement pour devoir être considéré comme une simple précaution, termine l'œuvre par une espèce de traité à peu près complet de philosophie spiritualiste et religieuse. Cette fin est beaucoup plus suivie et d'un plus rigoureux enchaînement que le reste. On peut dire que ce dernier chapitre tranche d'aspect et de ton avec tous les autres : c'est une réfutation en règle de l'incrédulité. Chrétien sincère, bien que souvent inconséquent dans l'application, La Bruyère semble appartenir d'avance, par cette conclusion remarquable, à une classe d'esprits philosophiques que nous connaissons bien, rationalistes, néo-cartésiens, éclectiques, qui auront des tendances et des convictions religieuses intellectuelles plus encore que des croyances. Mais, quoi qu'on pense du fond des idées, on ne se trompera point en observant que cette pointe finale vers le Ciel était, après l'éloge du roi, un second paratonnerre.

Telle est l'*architecture* du livre, et son économie sous une apparence de désordre. On est frappé d'abord de la variété, et l'on distingue bientôt l'intention. La Bruyère cherche avant tout cette variété et fuit la méthode. Il aime à tenir un fil, mais un fil seulement, et dans un labyrinthe[1].

La Bruyère, dis-je, aime la variété, et même il l'affecte un peu. Soit dans la distribution, soit dans le détail, l'art chez lui est grand, très-grand; il n'est pas suprême, car il se voit et il se sent; il ne remplit pas cet éloge que le poète donne aux jardins enchantés d'Armide:

> *E quel che'l bello e'l caro accresce all' opre,*
> *L' arte che tutto fa, nulla si scopre*[2].

"Et ce qui ajoute à la beauté et au prix des ouvrages, l'art qui a présidé à tout ne se découvre nulle part."

Tout est soigné dans La Bruyère: il a de grands morceaux à effet; ce sont les plus connus, les plus réputés classiques, tels que celui-ci: "*Ni les troubles, Zénobie, qui agitent votre empire*[3], etc.*"; ce ne sont pas ceux qu'on préfère quand on l'a beaucoup lu; mais ils sont d'une

1 I would suggest that La Bruyère's plan, so far as he has one, is to work in concentric circles, of which the common centre is himself. Thus, first, he gives us his personal thoughts and feelings with regard to books (c. I.), ambition (c. II.), love and friendship (cc. III., IV.), and social intercourse (c. V.). Then combining observation from without with personal experience he surveys the larger field of Paris *bourgeois* society (cc. VI., VII.). Next, from his observation-post at Chantilly or Versailles he passes in review the Court (c. VIII.), the great nobles (c. IX.) and the sovereign (c. X.). Finally, assuming the more detached attitude of a moralist and philosopher, he treats of man in general (cc. XI.–XIV.), and of religion (cc. XV., XVI.).

2 Tasso, *Gerusalemme liberata*, canto XVI. stanza 9.

3 *Des biens de la fortune.*

construction, d'une suspension parfaite et d'un laborieux achevé. Si cependant, dans ce célèbre morceau du pâtre enrichi qui achète pour l'embellir la maison de ses maîtres, La Bruyère a songé à Gourville embellissant la capitainerie de Saint-Maur, il a un peu surchargé la description en vue du dramatique[1]. Il parle comme si l'intendant enrichi avait acheté ni plus ni moins que Versailles.

En fait de toiles de moyenne dimension, on n'a avec lui que l'embarras du choix. On sait les beaux portraits du *Riche* et du *Pauvre*[2], auxquels il n'y a qu'à admirer: c'est mieux encore que du Théophraste. La Bruyère excelle et se complaît à ces portraits d'un détail accompli, qui vont deux par deux, mis en regard et contrastés ou même concertés: *Démophile* et *Basilide*, le nouvelliste *Tant-pis* et le nouvelliste *Tant-mieux*[3]; *Gnathon* et *Cliton*, le gourmand vorace qui engloutit tout, et le gourmet qui a fait de la digestion son étude[4]. N'oubliez pas, entre tant d'autres, l'incomparable personnage du ministre *plénipotentiaire*[5]. Quand j'appelle cela des portraits, il y a toutefois à dire qu'ils ne sont jamais fondus d'un jet ni rassemblés dans l'éclair d'une physionomie; la vie y manque: ils se composent, on le sent trop, d'une quantité de remarques successives; ils représentent une somme d'additions patientes et ingénieuses. Aussi La Bruyère ne les a-t-il pas intitulés *portraits*, mais *caractères*.

. Lorsqu'on s'est une fois familiarisé avec lui et avec sa manière, on l'aime bien mieux, ce me semble, hors de ces morceaux de montre et d'apprêt, dans les esquisses plus particulières d'originaux, surtout dans les remarques soudaines, dans les traits vifs et courts, dans les observations pénétrantes qu'il a logées partout et qui sortent de tous les coins de son œuvre. Il en a de très-fines, et qui sont toujours vraies, sur les femmes. La Bruyère les a

---

1 Condé had given Saint-Maur to Gourville for his lifetime. It had once belonged to Catherine de' Medici (Zénobie?).
2 Portraits of Giton and Phédon in *Des biens de la fortune.*
3 *Du Souverain.*
4 *De l'Homme.*
5 *Du Souverain.*

bien connues, et il les a estimées. Il les connaissait mieux que Pascal ; il les estimait plus que La Rochefoucauld. On ne sait rien de bien précis sur ses liaisons de cœur, mais tout nous prouve qu'il était fait pour les plus nobles attachements. Comme il sent bien le mérite de certaines femmes, leur charme élevé, profond, quand elles joignent l'agrément à l'honnêteté ! Il en aima pourtant qui passèrent pour légères, et il s'est piqué de les venger. On cite une madame d'Aligre de Boislandry, dont il a fait un portrait charmant, d'un tour inattendu : "Il disait que l'esprit dans cette belle personne...." C'est un diamant pur que ce petit *fragment*, comme il l'intitule[1]. Et si l'on regarde à la nature des méchants propos qui sont restés attachés au nom de cette dame, on admire la délicatesse du peintre d'avoir ainsi loué une femme qui avait eu les plus odieux démêlés avec son mari et qui avait été chansonnée. Quel plus touchant dédommagement et quelle revanche immortelle contre l'opinion qui la harcelait et l'insultait ! M. Destailleur veut douter que tant d'éloges puissent s'adresser à une femme compromise : c'est n'apprécier qu'à demi la générosité de La Bruyère.

A propos de femmes, on parle encore d'une liaison qu'il eut avec Mlle de Saillans du Terrail, mariée plus tard à M. de Saurois, trésorier de l'extraordinaire des guerres, et avec laquelle on le croyait secrètement marié lui-même ; mais, à sa mort, il ne se trouva point de contrat de mariage. La Bruyère, le philosophe, qu'on croyait marié et qu'on supposait honteux de l'être, c'est assez piquant.

La Bruyère n'avait pas eu les débuts faciles ; il lui avait fallu bien de la peine et du temps, et une occasion unique, pour percer. L'homme de mérite et aussi l'homme de lettres en lui avaient secrètement souffert. Le ressentiment qu'il en a gardé se laisse voir en maint endroit de son livre, et s'y marque même parfois avec une sorte

---

1 The portrait of Arténice in *Des Jugements*. For Mme d'Aligre see Desnoireterres, *Les cours galantes*, II. 244-275. The authority for identifying her with Arténice is Chaulieu.

d'amertume. Ayant passé presque en un seul jour de l'obscurité entière au plein éclat et à la vogue, il sait à quoi s'en tenir sur la faiblesse et la lâcheté de jugement des hommes; il ne peut s'empêcher de se railler de ceux qui n'ont pas su le deviner ou qui n'ont pas osé le dire. "Personne presque, remarque-t-il, ne s'avise de lui-même du mérite d'un autre." On ne se rend au mérite nouveau qu'*à l'extrémité*. Mais l'élévation chez lui l'emporte, en fin de compte, sur la rancune; l'honnête homme triomphe de l'auteur. Le chapitre *du Mérite personnel*, qui est le second de son livre, et qui pourrait avoir pour épigraphe ce mot de Montesquieu: "Le mérite console de tout," est plein de fierté, de noblesse, de fermeté. On sent que l'auteur possède son sujet, et qu'il en est maître sans en être plein.

Le talent de La Bruyère aurait pu prendre plus d'une forme littéraire, différente même de celle qu'il a préférée. Une anecdote, à la fin du chapitre *des Femmes*, et qu'a relevée avec raison M. Destailleur, l'histoire d'une belle et superbe indifférente, d'une insensible qui cesse de l'être, qui devient passionnée par jalousie, puis folle de cœur, puis tout à fait furieuse et qui s'emporte aux derniers dérèglements, nous montre que La Bruyère eût été, s'il eût voulu, un excellent auteur de nouvelles ou de romans. En général, il n'était pas d'avis qu'un talent en exclut nécessairement un autre; il se raille des vues courtes et des esprits bornés ou envieux qui arguent d'une de vos qualités pour vous refuser une qualité voisine ou même opposée. Lui-même était porté à s'accorder intérieurement une capacité plus étendue encore et plus diverse qu'il n'en a donné l'idée dans son livre. Par certaines pensées de lui sur l'ambition, il est évident que La Bruyère, témoin inaperçu et très-présent à la Cour, placé dans les coulisses de ce théâtre d'intrigues et de compétition, s'était dit maintes fois, en voyant les élévations journalières de gens dont il mesurait le mérite: "Pourquoi pas moi? Ne réussirais-je donc pas autant? ne ferais-je pas aussi bien et mieux?"

Il s'était rêvé ainsi tour à tour ministre, conseiller d'État, diplomate et ambassadeur, bien des choses enfin. Puis, rentrant en lui-même, il s'était dit, pour se consoler: "Ce que je suis vaut mieux encore; ce que je fais est de plus de portée et plus durable."

Dans tout écrivain, même supérieur, il y a le côté faible, le défaut de la cuirasse, ce qu'on appelle le talon d'Achille. Si l'on cherche cet endroit vulnérable en La Bruyère, si l'on se demande à quel préjugé de son temps il a payé tribut, on est assez embarrassé de le dire. En jugeant de si près les hommes et les choses de son pays, il paraît désintéressé comme le serait un étranger, et déjà un homme de l'avenir. Il a peu voyagé, et il pense comme s'il avait voyagé et comparé. Je ne vois guère que deux points où son bon sens si ferme se trouve en défaut: la révocation de l'Édit de Nantes, qu'il a louée comme l'a fait presque tout son siècle[1] (mais peut-être, de sa part, était-ce une pure concession politique), et le détrônement de Jacques II; en ce dernier cas il a certainement obéi à une indignation généreuse et à un sentiment de pitié. En présence du monarque malheureux, le philosophe s'est fait plus jacobite que de raison. Son humanité a égaré sa justice. Dans sa ferveur de légitimité, il insulte à Guillaume III, sans daigner entrer dans la profondeur et la réalité de ce grand personnage; mais ce qui était permis à un honnête homme étroit comme Arnauld, ou à un génie essentiellement oratoire comme Bossuet, ne l'était pas à un sage comme La Bruyère. Il n'a donc pas vu qu'en histoire le droit dont on a mésusé cesse, à une certaine heure, d'être le droit. Ne soyons pas trop fiers pourtant, grâce à nos révolutions, de nous sentir là-dessus plus avancés que lui.

Après la publication de son livre, le Discours de réception de La Bruyère à l'Académie a été le grand évé-

---

1 There were a few honourable exceptions, notably Vauban and Saint-Simon. "Rien n'est si beau," wrote Mme de Sévigné, and Bossuet, in his funeral oration on Le Tellier, exclaimed, "Dieu seul a fait cette merveille." The "marvel" cost France over 200,000 capable and industrious citizens.

nement de sa vie littéraire; c'est le seul même qui soit arrivé jusqu'à nous dans un parfait éclaircissement. On conçoit qu'un moraliste satirique et souvent personnel comme il l'était, se fût fait une nuée d'ennemis que l'incroyable succès de son livre excitait sans cesse. Lorsqu'on sut que l'Académie songeait à lui encore plus qu'il ne songeait à elle, ce furent des cris d'indignation, des rires ironiques; on parut croire que c'était impossible. Quoi! un libelliste, un pamphlétaire à l'Académie! n'en avait-on pas chassé Furetière[1]? Une première fois pourtant, en 1691, La Bruyère, sans l'avoir sollicité, avait obtenu sept voix. Une seconde fois, en 1693, sans l'avoir sollicité davantage, par le bon office de Racine et avec l'appui du parti des vrais classiques, il fut élu pour remplacer l'abbé de La Chambre, — presque à l'unanimité; c'est lui qui le dit. Son Discours de réception était fort attendu; on prétendait qu'il ne savait faire que des portraits, qu'il était incapable de *suite*, de *transitions*, de liaison, de tout ce qui est nécessaire dans un morceau d'éloquence. La Bruyère, ainsi mis au défi, se piqua d'honneur, et voulut que son discours comptât et fît époque dans les fastes académiques.

Depuis que Fléchier avait inauguré ce genre de compliment et de remercîment public en 1673, vingt ans s'étaient écoulés; le genre avait eu le temps de s'user déjà: La Bruyère se proposa pour difficulté de le renouveler, et il y réussit à tel point, il fit tant de bruit et d'éclat par la nouveauté de sa manière, qu'on a prétendu que c'est de ce jour et à cause de lui que l'Académie, toujours prudente et en garde contre l'extraordinaire, jugea à propos de soumettre préalablement le discours du récipiendaire à une commission.

Reçu dans la même séance que l'abbé Bignon, qui n'avait d'autre titre que son nom et sa naissance, La Bruyère, se levant après lui et prenant la parole, montra

---

1 He was expelled nominally for preparing a rival dictionary to that of the Academy, but he had made many enemies among his colleagues by his satirical pen.

qu'il pouvait à la fois rester peintre de caractères et devenir orateur. Son discours, un peu long, était certes le plus remarquable que l'Académie eût entendu à cette date, de la bouche d'un récipiendaire. Il contenait de frappants et ingénieux portraits des plus éminents académiciens, et notamment des cinq grands écrivains, des cinq génies que la Compagnie possédait alors, La Fontaine, Boileau, Racine, Bossuet, Fénelon : lui entrant faisait le sixième. La Bruyère y parlait d'eux, et à eux en face, comme la postérité le devait faire : le portrait de Bossuet notamment était de toute grandeur. Racine y était plus loué que ne le supportaient alors les partisans zélés du vieux Corneille. Ils sortirent outrés de la séance. Thomas Corneille avait pour lui le journal littéraire d'alors, *le Mercure Galant*[1] ; il en usa. Il y eut le lendemain et les jours suivants un déchaînement artificiel contre La Bruyère. On essaya de nier le succès et de retourner l'opinion. On prétendit que l'Académie avait bâillé à sa harangue. Attaqué avec tant de mauvaise foi et de violence, La Bruyère crut devoir répondre en faisant précéder son Discours, à l'impression, d'une Préface excellente, bien qu'un peu longue. Il y prend à partie un certain *Théobalde*, en qui il personnifie la tourbe de ses ennemis[2]. Il montre très-bien que le complément nécessaire de tout succès est la fureur des médiocres et des jaloux. Plaire à Virgile et à Horace, n'est pas assez ; pour être sûr d'avoir bien fait, il faut encore avoir déplu à Mévius[3].

Trois ans après sa réception à l'Académie, La Bruyère

1 La Bruyère had written in his chapter *Des Ouvrages de l'esprit*, "Le H*** G*** (Hermès galant) est immédiatement au-dessous de rien," and in his fourth edition he had made the allusion still clearer by substituting M*** for H***. Thomas Corneille was one of the editors of the journal, and Fontenelle was one of the chief contributors.

2 The Preface first appeared in the eighth edition of *Les Caractères* (1693). *Théobalde* here stands for Fontenelle.

3 Bavius and Maevius were jealous poetasters who attacked Virgil and Horace. The line of Virgil, "qui Bavium non odit amet tua carmina, Maevi" (*Ecl.* III. 90), has made their names a by-word. Maevius has also been pilloried by Horace in *Epod.* X. 2.

mourut d'apoplexie, à Versailles, en deux ou trois heures, le 11 juin 1696. Il perdit dès le premier instant la parole, non la connaissance; il montrait sa tête comme le siège du mal. Toute la médecine de la Cour, appelée en toute hâte, n'y put rien[1].

Une agréable anecdote est venue se mêler aux détails un peu secs, donnés par les bibliographes sur les nombreuses éditions qu'eurent *les Caractères* avant et depuis sa mort. On raconte que La Bruyère, encore inconnu, venait presque journellement s'asseoir dans la boutique d'un libraire de la rue Saint-Jacques, nommé Michallet, pour y feuilleter les nouveautés. La fille du libraire était une gentille enfant qu'il avait prise en amitié. Un jour il dit au père, en tirant de sa poche un manuscrit : "Voulez-vous imprimer cela? Je ne sais si vous y trouverez votre compte; mais, en cas de succès, le produit sera pour ma petite amie." Le libraire accepta. Le livre fit fortune et rapporta deux ou trois cent mille francs. La petite Michallet, ainsi dotée, épousa un homme de finance nommé Jully qui devint fermier général et qui sut rester honnête homme: il eut de sa femme, le jour du mariage, plus de cent mille livres argent comptant. Que dites-vous de cette libéralité du philosophe, qui se contentait pour lui de mille écus de pension? Pourquoi M. Destailleur, racontant le fait, en tire-t-il cette conclusion que "La Bruyère ne paraît pas avoir connu tout le prix de son œuvre, ni en avoir pressenti le prodigieux succès"? J'aime à croire que La Bruyère pressentait, au contraire, la vogue possible de son livre et qu'il pensait bien faire à sa *petite amie* un véritable et solide cadeau. Pour moi, je ne sais pas de plus jolie application du principe de la propriété littéraire.

1 For June read May. "At nine he had supper, in good health; at ten he felt ill and at eleven he was dead. It is a pity, for he was very intelligent, but it is not surprising that he had an apoplectic attack, for he had a very short neck and an enormous head." (Duchess of Orleans to the Electress Sophia, Versailles, May 13, 1696.)

VIII

SAINTE-BEUVE'S METHOD[1]

IL est donc convenu que, pour aujourd'hui, on m'accorde d'entrer dans quelques détails touchant la marche et la méthode que j'ai cru la meilleure à suivre dans l'examen des livres et des talents.

La littérature, la production littéraire, n'est point pour moi distincte ou du moins séparable du reste de l'homme et de l'organisation; je puis goûter une œuvre, mais il m'est difficile de la juger indépendamment de la connaissance de l'homme même; et je dirais volontiers: *tel arbre, tel fruit.* L'étude littéraire me mène ainsi tout naturellement à l'étude morale.

Avec les Anciens, on n'a pas les moyens suffisants d'observation. Revenir à l'homme, l'œuvre à la main, est impossible dans la plupart des cas avec les véritables Anciens, avec ceux dont nous n'avons la statue qu'à demi brisée. On est donc réduit à commenter l'œuvre, à l'admirer, à rêver l'auteur et le poète à travers. On peut refaire ainsi des figures de poètes ou de philosophes, des bustes de Platon, de Sophocle ou de Virgile, avec un sentiment d'idéal élevé; c'est tout ce que permet l'état des connaissances incomplètes, la disette des sources et le manque de moyens d'information et de retour. Un grand fleuve, et non guéable dans la plupart des cas, nous sépare des grands hommes de l'Antiquité. Saluons-les d'un rivage à l'autre.

Avec les modernes, c'est tout différent; et la critique, qui règle sa méthode sur les moyens, a ici d'autres devoirs. Connaître et bien connaître un homme de plus, surtout si cet homme est un individu marquant et

1 July 22, 1862; *Nouveaux Lundis*, III. This is the second of two *causeries* on Chateaubriand.

célèbre, c'est une grande chose et qui ne saurait être à dédaigner.

L'observation morale des caractères en est encore au détail, aux éléments, à la description des individus et tout au plus de quelques espèces : Théophraste et La Bruyère ne vont pas au delà. Un jour viendra, que je crois avoir entrevu dans le cours de mes observations, un jour où la science sera constituée, où les grandes familles d'esprits et leurs principales divisions seront déterminées et connues. Alors le principal caractère d'un esprit étant donné, on pourra en déduire plusieurs autres. Pour l'homme, sans doute, on ne pourra jamais faire exactement comme pour les animaux ou pour les plantes ; l'homme moral est plus complexe ; il a ce qu'on nomme *liberté* et qui, dans tous les cas, suppose une grande mobilité de combinaisons possibles. Quoi qu'il en soit, on arrivera avec le temps, j'imagine, à constituer plus largement la science du moraliste ; elle en est aujourd'hui au point où la botanique en était avant Jussieu[1], et l'anatomie comparée avant Cuvier[2], à l'état, pour ainsi dire, anecdotique. Nous faisons pour notre compte de simples monographies, nous amassons des observations de détail ; mais j'entrevois des liens, des rapports, et un esprit plus étendu, plus lumineux, et resté fin dans le détail, pourra découvrir un jour les grandes divisions naturelles qui répondent aux familles d'esprits.

Mais même, quand la science des esprits serait organisée comme on peut de loin le concevoir, elle serait toujours si délicate et si mobile qu'elle n'existerait que pour ceux qui ont une vocation naturelle et un talent d'observer : ce serait toujours un *art* qui demanderait un artiste habile, comme la médecine exige le tact médical dans celui qui l'exerce, comme la philosophie devrait

---

1 Antoine-Laurent de Jussieu (1748–1836), founder of the natural system of classification in botany. His *Genera Plantarum secundum ordines naturales disposita* appeared in 1789.

2 Georges Cuvier (1769–1832), the great zoologist, comparative anatomist, and palæontographist.

exiger le tact philosophique chez ceux qui se prétendent philosophes, comme la poésie ne veut être touchée que par un poète.

Je suppose donc quelqu'un qui ait ce genre de talent et de facilité pour entendre les groupes, les familles littéraires (puisqu'il s'agit dans ce moment de littérature) ; qui les distingue presque à première vue ; qui en saisisse l'esprit et la vie ; dont ce soit véritablement la vocation; quelqu'un de propre à être un bon naturaliste dans ce champ si vaste des esprits.

S'agit-il d'étudier un homme supérieur ou simplement distingué par ses productions, un écrivain dont on a lu les ouvrages et qui vaille la peine d'un examen approfondi? comment s'y prendre, si l'on veut ne rien omettre d'important et d'essentiel à son sujet, si l'on veut sortir des jugements de l'ancienne rhétorique, être le moins dupe possible des phrases, des mots, des beaux sentiments convenus, et atteindre au vrai comme dans une étude naturelle?

Il est très-utile d'abord de commencer par le commencement, et, quand on en a les moyens, de prendre l'écrivain supérieur ou distingué dans son pays natal, dans sa race. Si l'on connaissait bien la race physiologiquement, les ascendants et ancêtres, on aurait un grand jour sur la qualité secrète et essentielle des esprits; mais le plus souvent cette racine profonde reste obscure et se dérobe. Dans les cas où elle ne se dérobe pas tout entière, on gagne beaucoup à l'observer.

On reconnaît, on retrouve à coup sûr l'homme supérieur, au moins en partie, dans ses parents, dans sa mère surtout, cette parente la plus directe et la plus certaine; dans ses sœurs aussi, dans ses frères, dans ses enfants mêmes. Il s'y rencontre des linéaments essentiels qui sont souvent masqués, pour être trop condensés ou trop joints ensemble, dans le grand individu ; le fond se retrouve, chez les autres de son sang, plus à nu et à l'état simple : la nature toute seule a fait les frais de l'analyse. Cela est très-délicat et demanderait à être éclairci par des noms propres, par quantité de faits particuliers ; j'en indiquerai quelques-uns.

Prenez les sœurs par exemple. Ce Chateaubriand dont nous parlions avait une sœur qui avait *de l'imagination*, disait-il lui-même, *sur un fonds de bêtise*, ce qui devait approcher de l'extravagance pure ;—une autre, au contraire, divine (Lucile, l'*Amélie* de *René*), qui avait la sensibilité exquise, une sorte d'imagination tendre, mélancolique, sans rien de ce qui la corrigeait ou la distrayait chez lui: elle mourut folle et se tua[1]. Les éléments qu'il unissait et associait, au moins dans son talent, et qui gardaient une sorte d'équilibre, étaient distinctement et disproportionnément répartis entre elles.

Je n'ai point connu les sœurs de M. de Lamartine, mais je me suis toujours souvenu d'un mot échappé à M. Royer-Collard qui les avait connues, et qui parlait d'elles dans leur première jeunesse comme de quelque chose de charmant et de mélodieux, comme d'un nid de rossignols. La sœur de Balzac, Mme Surville[2], dont la ressemblance physique avec son frère saute aux yeux, est faite en même temps pour donner à ceux qui, comme moi, ont le tort peut-être de n'admirer qu'incomplètement le célèbre romancier, une idée plus avantageuse qui les éclaire, les rassure et les ramène. La sœur de Beaumarchais, Julie, que M. de Loménie nous a fait connaître, représente bien son frère par son tour de gaieté et de raillerie, son humeur libre et piquante, son irrésistible esprit de saillie ; elle le poussait jusqu'à l'extrême limite de la décence, quand elle n'allait pas au delà ; cette aimable et gaillarde fille mourut presque la

1 See for Lucile, who died November 9, 1804, Sainte-Beuve, *Chateaubriand et son groupe littéraire*, pp. 96–99; Anatole France, *Le génie latin*, nouv. éd. 1917, pp. 305–324. There is no evidence that her death was due to other than natural causes.

2 Laure Balzac who married M. Surville, a civil engineer, was two years younger than her brother and was his chief confidant. Her life of him, which originally appeared in 1858, is printed in vol. XXIV. of the *Œuvres complètes*.

chanson à la bouche : c'était bien la sœur de Figaro, le même jet et la même sève[1].

De même pour les frères. Despréaux le satirique avait un frère aîné, satirique également, mais un peu plat, un peu vulgaire ; un autre frère chanoine, très-gai, plein de riposte ; riche en belle humeur, mais un peu grotesque, un peu trop chargé et trop enluminé ; la nature avait combiné en Despréaux les traits de l'un et de l'autre, mais avec finesse, avec distinction, et avait aspergé le tout d'un sel digne d'Horace. A ceux pourtant qui voudraient douter de la fertilité et du naturel du fonds chez Despréaux, qui voudraient nier sa verve de source et ne voir en lui que la culture, il n'est pas inutile d'avoir à montrer les alentours évidents et le voisinage de la race[2].

Mme de Sévigné, je l'ai dit plus d'une fois, semble s'être dédoublée dans ses deux enfants ; le chevalier léger, étourdi, ayant la grâce, et Mme de Grignan, intelligente, mais un peu froide, ayant pris pour elle la raison. Leur mère avait tout ; on ne lui conteste pas la grâce, mais à ceux qui voudraient lui refuser le sérieux et la raison, il n'est pas mal d'avoir à montrer Mme de Grignan, c'est-à-dire la raison toute seule sur le grand pied et dans toute sa pompe. Avec ce qu'on trouve dans les écrits, cela aide et cela guide.

Et n'est-ce pas ainsi, de nos jours, que certaines filles de poètes, morts il y a des années déjà, m'ont aidé à mieux comprendre et à mieux me représenter le poète leur père ? Par moments je croyais revoir en elles l'enthousiasme, la chaleur d'âme, quelques-unes des qualités paternelles premières à l'état pur et intègre, et, pour ainsi dire, conservées dans de la vertu.

C'est assez indiquer ma pensée, et je n'abuserai pas.

---

1 Julie Beaumarchais, who never married, was her brother's life-long counsellor and helper. She was brilliant and accomplished, full of fun, and deeply religious.

2 Sainte-Beuve has worked out the resemblances between Boileau and his brothers more fully in *Caus. du Lundi*, VI. 496–498. He sums up by saying "Gilles (the eldest brother) est l'*ébauché*, Jacques (the abbé) est la *charge*, Nicolas est le *portrait*."

Quand on s'est bien édifié autant qu'on le peut sur les origines, sur la parenté immédiate et prochaine d'un écrivain éminent, un point essentiel est à déterminer, après le chapitre de ses études et de son éducation ; c'est le premier milieu, le premier groupe d'amis et de contemporains dans lequel il s'est trouvé au moment où son talent a éclaté, a pris corps et est devenu adulte. Le talent, en effet, en demeure marqué, et quoi qu'il fasse ensuite, il s'en ressent toujours.

Entendons-nous bien sur ce mot de *groupe* qu'il m'arrive d'employer volontiers. Je définis le groupe, non pas l'assemblage fortuit et artificiel de gens d'esprit qui se concertent dans un but, mais l'association naturelle et comme spontanée de jeunes esprits et de jeunes talents, non pas précisément semblables et de la même famille, mais de la même *volée* et du même printemps, éclos sous le même astre, et qui se sentent nés, avec des variétés de goût et de vocation, pour une œuvre commune. Ainsi la petite sociéte de Boileau, Racine, La Fontaine et Molière vers 1664, à l'ouverture du grand siècle: voilà le groupe par excellence,—tous génies! Ainsi, en 1802, à l'ouverture du XIXᵉ siècle, la réunion de Chateaubriand, Fontanes, Joubert... Ce groupe-là, à s'en tenir à la qualité des esprits, n'était pas trop chétif non plus ni à mépriser. Ainsi encore, pour ne pas nous borner à nos seuls exemples domestiques, ainsi à Gœttingue, en 1770, le groupe de jeunes étudiants et de jeunes poètes qui publient l'*Almanach des Muses*, Bürger, Voss, Hœlty, Stolberg[1], etc.; ainsi, en 1800, à Édimbourg, le cercle critique dont Jeffrey est le chef, et d'où sort la célèbre Revue à laquelle il préside[2]. A propos d'une de ces associations dont faisait partie

---

[1] The *Göttinger Musenalmanach* was founded in 1770; Voss, the translator of Homer and the author of the well-known realistic idyll *Luise*, became editor in 1775, and Bürger in 1778. The latter's famous ballad of *Lenore* appeared in it in 1774. Hölty, who died young, and Friedrich Leopold zu Stolberg were lyrical poets. The latter translated the *Iliad* and his elder brother, Christian, Sophocles.

[2] The circle included Brougham, Horner, and Sydney Smith. *The Edinburgh Review* was founded in 1802.

Thomas Moore dans sa jeunesse, à l'université de Dublin, un critique judicieux a dit: "Toutes les fois qu'une association de jeunes gens est animée d'un généreux souffle et se sent appelée aux grandes vocations, c'est par des associations particulières qu'elle s'excite et se féconde. Le professeur, dans sa chaire, ne distribue guère que la science morte; l'esprit vivant, celui qui va constituer la vie intellectuelle d'un peuple et d'une époque, il est plutôt dans ces jeunes enthousiastes qui se réunissent pour échanger leurs découvertes, leurs pressentiments, leurs espérances[1]."

Je laisse les applications à faire en ce qui est de notre temps. On connaît de reste le cercle critique du *Globe* vers 1827, le groupe tout poétique de la *Muse française* en 1824, le *Cénacle* en 1828. Aucun des talents, jeunes alors, qui ont séjourné et vécu dans l'un de ces groupes, n'y a passé impunément[2]. Je dis donc que, pour bien connaître un talent, il convient de déterminer le premier centre poétique ou critique au sein duquel il s'est formé, le groupe naturel littéraire auquel il appartient, et de l'y rapporter exactement. C'est sa vraie date originelle.

Les très-grands individus se passent de groupe: ils font centre eux-mêmes, et l'on se rassemble autour d'eux. Mais c'est le groupe, l'association, l'alliance et l'échange actif des idées, une émulation perpétuelle en vue de ses égaux et de ses pairs, qui donne à l'homme de talent toute sa *mise en dehors*, tout son développement et toute sa valeur. Il y a des talents qui participent de plusieurs groupes à la fois et qui ne cessent de voyager à travers des milieux successifs, en se perfectionnant, en se transformant ou en se déformant. Il importe alors de noter, jusque dans ces variations et ces conversions lentes ou brusques, le ressort caché et toujours le même, le mobile persistant.

Chaque ouvrage d'un auteur vu, examiné de la sorte, à son point, après qu'on l'a replacé dans son cadre et

---

1 M. Forcade in the *Rev. des Deux Mondes*, for Feb. 15, 1853.
2 Sainte-Beuve belonged to all these three groups.

entouré de toutes les circonstances qui l'ont vu naître, acquiert tout son sens,—son sens historique, son sens littéraire,—reprend son degré juste d'originalité, de nouveauté ou d'imitation, et l'on ne court pas risque, en le jugeant, d'inventer des beautés à faux et d'admirer à côté, comme cela est inévitable quand on s'en tient à la pure rhétorique.

Sous ce nom de rhétorique, qui n'implique pas dans ma pensée une défaveur absolue, je suis bien loin de blâmer d'ailleurs et d'exclure les jugements du goût, les impressions immédiates et vives ; je ne renonce pas à Quintilien, je le circonscris. Être en histoire littéraire et en critique un disciple de Bacon, me paraît le besoin du temps et une excellente condition première pour juger et goûter ensuite avec plus de sûreté.

Une très-large part appartiendra toujours à la critique de première lecture et de première vue, à la critique mondaine, aux formes démonstratives, académiques. Qu'on ne s'alarme pas trop de cette ardeur de connaître à fond et de pénétrer : il y a lieu et moment pour l'employer, et aussi pour la suspendre. On n'ira pas appliquer les procédés du laboratoire dans les solennités et devant tous les publics. Les académies, les chaires oratoires sont plutôt destinées à montrer la sociéte et la littérature par les côtés spécieux et par l'*endroit*; il n'est pas indispensable ni peut-être même très-utile que ceux qui ont pour fonction de déployer et de faire valoir éloquemment les belles tentures et les tapisseries, les regardent et les connaissent trop par le dessous et par l'*envers* : cela les gênerait.

L'analyse pourtant a son genre d'émotion aussi et pourrait revendiquer sa poésie, sinon son éloquence. Qui n'a connu un talent que tard et ne l'a apprécié que dans son plein ou dans ses œuvres dernières ; qui ne l'a vu jeune, à son premier moment d'éclat et d'essor, ne s'en fera jamais une parfaite et naturelle idée, la seule vivante. Vauvenargues, voulant exprimer le charme qu'a pour le talent un premier succès et un début heureux dans la jeunesse, a dit avec bien de la grâce : " Les feux de l'aurore ne sont pas si doux que les premiers regards de la gloire." De même pour le critique qui étudie un talent, il n'est rien de tel que de le surprendre dans son premier feu, dans son premier jet, de le respirer à son heure matinale, dans sa fleur d'âme et de jeunesse. Le portrait vu dans sa première épreuve a pour l'amateur et pour l'homme de goût un prix que rien dans la suite ne peut rendre. Je ne sais pas de jouissance plus douce pour le critique que de comprendre et de décrire un talent jeune, dans sa fraîcheur, dans ce qu'il a de franc et de primitif, avant tout ce qui pourra s'y mêler d'acquis et peut-être de fabriqué.

Heure première et féconde de laquelle tout date ! moment ineffable ! C'est entre les hommes du même âge et de la même heure, ou à peu près, que le talent volontiers se choisit pour le reste de sa carrière ou pour la plus longue moitié, ses compagnons, ses témoins, ses émules, ses rivaux aussi et ses adversaires. On se fait chacun son vis-à-vis et son point de mire. Il y a de ces rivalités, de ces défis et de ces *piques*, entre égaux ou presque égaux, qui durent toute la vie. Mais fussions-nous un peu primés, ne désirons jamais qu'un homme de notre génération tombe et disparaisse, même quand ce serait un rival et quand il passerait pour un ennemi : car si nous avons une vraie valeur, c'est encore lui qui, au besoin et à l'occasion, avertira les nouvelles générations ignorantes et les jeunes insolents, qu'ils ont affaire en nous à un vieil athlète qu'on ne saurait mépriser et qu'il ne faut point traiter à la légère ; son amour-propre à lui-même y est intéressé : il s'est mesuré avec nous dans le bon temps, il nous a connus dans nos meilleurs jours. Je revêtirai ma pensée de noms illustres. C'est encore Cicéron qui rend le plus noble hommage à Hortensius. Un mot d'Eschine est resté le plus bel éloge de Démosthène. Et le héros grec Diomède, parlant d'Énée dans Virgile, et voulant donner de lui une haute idée : "Croyez-en, dit-il, celui qui s'est mesuré avec lui ! "

Rien ne juge un esprit pour la portée et le degré

d'élévation, comme de voir quel antagoniste et quel rival il s'est choisi de bonne heure. L'un est la mesure de l'autre. Calpé est égal à Abyla[1].

Il n'importe pas seulement de bien saisir un talent au moment du coup d'essai et du premier éclat, quand il apparaît tout formé et plus qu'adolescent, quand il se fait adulte ; il est un second temps non moins décisif à noter, si l'on veut l'embrasser dans son ensemble : c'est le moment où il se gâte, où il se corrompt, où il déchoit, où il dévie. Prenez les mots les moins choquants, les plus doux que vous voudrez, la chose arrive à presque tous. Je supprime les exemples ; mais il est, dans la plupart des vies littéraires qui nous sont soumises, un tel moment où la maturité qu'on espérait est manquée, ou bien, si elle est atteinte, est dépassée, et où l'excès même de la qualité devient le défaut ; où les uns se roidissent et se dessèchent, les autres se lâchent et s'abandonnent, les autres s'endurcissent, s'alourdissent, quelques-uns s'aigrissent ; où le sourire devient une ride. Après le premier moment où le talent dans sa floraison brillante s'est fait homme et jeune homme éclatant et superbe, il faut bien marquer ce second et triste moment où il se déforme et se fait autre en vieillissant.

Une des façons laudatives très-ordinaires à notre temps est de dire à quelqu'un qui vieillit : " Jamais votre talent n'a été plus jeune." Ne les écoutez pas trop, ces flatteurs ; il vient toujours un moment où l'âge qu'on a au dedans se trahit au dehors. Cependant il est, à cet égard, il faut le reconnaître, de grandes diversités entre les talents et selon les genres. En poésie, au théâtre, en tout comme à la guerre, les uns n'ont qu'un jour, une heure brillante, une victoire qui reste attachée à leur nom et à quoi le reste ne répond pas : c'est comme Augereau, qui aurait mieux fait de mourir le soir de Castiglione[2]. D'autres

1 Calpe (Gibraltar) and Abyla, a mountain above Ceuta on the opposite coast, were the so-called pillars of Hercules.
2 This is a little severe on Augereau, whose victory over the Austrian vanguard at Castiglione (near Lake Garda) was gained on August 3, 1796.

ont bien des succès qui se varient et se renouvellent avec les saisons. Quinze ans d'ordinaire font une carrière; il est donné à quelques-uns de la doubler, d'en recommencer ou même d'en remplir une seconde. Il est des genres modérés auxquels la vieillesse est surtout propre, les mémoires, les souvenirs, la critique, une poésie qui côtoie la prose; si la vieillesse est sage, elle s'y tiendra. Sans prendre trop à la lettre le précepte, *Solve senescentem...*, sans mettre précisément son cheval à l'écurie, ce qu'elle ne doit faire que le plus tard possible, elle le mènera doucement par la bride à la descente: cela ne laisse pas d'avoir très-bon air encore. On a vu par exception des esprits, des talents, longtemps incomplets ou épars, paraître valoir mieux dans leur vieillesse et n'avoir jamais été plus à leur avantage: ainsi cet aimable Voltaire suisse, Bonstetten[1], ainsi ce quart d'homme de génie Ducis. Ces exemples ne font pas loi.

On ne saurait s'y prendre de trop de façons et par trop de bouts pour connaître un homme, c'est-à-dire autre chose qu'un pur esprit. Tant qu'on ne s'est pas adressé sur un auteur un certain nombre de questions et qu'on n'y a pas répondu, ne fût-ce que pour soi seul et tout bas, on n'est pas sûr de le tenir tout entier, quand même ces questions sembleraient le plus étrangères à la nature de ses écrits :—Que pensait-il en religion?—Comment était-il affecté du spectacle de la nature?—Comment se comportait-il sur l'article des

---

"N'oublions pas qu'il nous a sauvés à Castiglione," was Napoleon's reply to some jealous critics of the general, and he conferred on him the title of Duc de Castiglione. Marbot, who was his aide-de-camp, has an interesting account of him (*Mémoires*, I. c. xx.).

1 Charles-Victor de Bonstetten (1745–1832), philosopher and naturalist, came to Cambridge in December 1769, with a letter of introduction to Gray, and completely won the poet's heart. He stayed at Cambridge till the following March. "His cursed father," Gray writes, "will have him home in the autumn." Saint-Beuve devoted three *causeries* (*Caus. du Lundi*, XIV.) to him, in the first of which he quotes the reminiscences of Cambridge and Gray to which M. Arnold refers in his article on the poet. He also quotes him as saying, "I have never seen anybody who gave me such an idea of a perfect gentleman as Gray."

femmes? sur l'article de l'argent?—Était-il riche, était-il
pauvre?—Quel était son régime, quelle était sa manière
journalière de vivre? etc.—Enfin, quel était son vice ou
son faible? Tout homme en a un. Aucune des réponses
à ces questions n'est indifférente pour juger l'auteur d'un
livre et le livre lui-même, si ce livre n'est pas un traité
de géométrie pure, si c'est surtout un ouvrage littéraire,
c'est-à-dire où il entre de tout.

Très-souvent un auteur, en écrivant, se jette dans
l'excès ou dans l'affectation opposée à son vice, à son
penchant secret, pour le dissimuler et le couvrir; mais
c'en est encore là un effet sensible et reconnaissable,
quoique indirect et masqué. Il est trop aisé de prendre
le contre-pied en toute chose; on ne fait que retourner
son défaut. Rien ne ressemble à un creux comme une
bouffissure.

Quoi de plus ordinaire en public que la profession et
l'affiche de tous les sentiments nobles, généreux, élevés,
désintéressés, chrétiens, philanthropiques? Est-ce à dire
que je vais prendre au pied de la lettre et louer pour
leur générosité, comme je vois qu'on le fait tous les
jours, les plumes de cygne ou les langues dorées qui
me prodiguent et me versent ces merveilles morales et
sonores? J'écoute, et je ne suis pas ému. Je ne sais quel
faste ou quelle froideur m'avertit; la sincérité ne se fait
pas sentir. Ils ont des talents royaux, j'en conviens;
mais là-dessous, au lieu de ces âmes pleines et entières
comme les voudrait Montaigne, est-ce ma faute si j'entends raisonner des âmes vaines?—Vous le savez bien,
vous qui, en écrivant, dites poliment le contraire; et
quand nous causons d'eux entre nous, vous en pensez
tout comme moi.

On n'évite pas certains mots dans une définition
exacte des esprits et des talents; on peut tourner autour,
vouloir éluder, périphraser, les mots qu'on chassait et
qui nomment reviennent toujours. Tel, quoi qu'il fasse
d'excellent ou de spécieux en divers genres, est et restera
toujours un rhéteur. Tel, quoi qu'il veuille conquérir ou

peindre, gardera toujours de la chaire, de l'école et du professeur. Tel autre, poète, historien, orateur, quelque forme brillante ou enchantée qu'il revête, ne sera jamais que ce que la nature l'a fait en le créant, un improvisateur de génie. Ces appellations vraies et nécessaires, ces qualifications décisives ne sont cependant pas toujours si aisées à trouver, et bien souvent elles ne se présentent d'elles-mêmes qu'à un moment plus ou moins avancé de l'étude. Chateaubriand s'est défini un jour à mes yeux "un épicurien qui avait l'imagination catholique," et je ne crois pas m'être trompé. Tâchons de trouver ce nom caractéristique d'un chacun et qu'il porte gravé moitié au front, moitié au dedans du cœur, mais ne nous hâtons pas de le lui donner.

De même qu'on peut changer d'opinion bien des fois dans sa vie, mais qu'on garde son caractère, de même on peut changer de genre sans modifier essentiellement sa manière. La plupart des talents n'ont qu'un seul et même procédé qu'ils ne font que transposer, en changeant de sujet et même de genre. Les esprits supérieurs ont plutôt un cachet qui se marque à un coin ; chez les autres, c'est tout un moule qui s'applique indifféremment et se répète.

On peut jusqu'à un certain point étudier les talents dans leur postérité morale, dans leurs disciples et leurs admirateurs naturels. C'est un dernier moyen d'obser-vation facile et commode. Les affinités se déclarent librement ou se trahissent. Le génie est un roi qui crée son peuple. Appliquez cela à Lamartine, à Hugo, à Michelet, à Balzac, à Musset. Les admirateurs en-thousiastes sont un peu des complices : ils s'adorent eux-mêmes, qualités et défauts, dans leur grand repré-sentant. Dis-moi qui t'admire et qui t'aime, et je te dirai qui tu es. Mais il importe de discerner pour chaque auteur célèbre son vrai public naturel, et de séparer ce noyau original qui porte la marque du maître, d'avec le public banal et la foule des admirateurs vulgaires qui vont répétant ce que dit le voisin.

Les disciples qui imitent le genre et le goût de leur modèle en écrivant sont très-curieux à suivre et des plus propres, à leur tour, à jeter sur lui de la lumière. Le disciple, d'ordinaire, charge ou parodie le maître sans s'en douter : dans les écoles élégantes, il l'affaiblit ; dans les écoles pittoresques et crues, il le force, il l'accuse à l'excès et l'exagère : c'est un miroir grossissant. Il y a des jours, quand le disciple est chaud et sincère, où l'on s'y tromperait vraiment, et l'on serait tenté de s'écrier, en parodiant l'épigramme antique[1] : " O Chateaubriand ! O Salvandy[2] ! lequel des deux a imité l'autre ? " Changez les noms, et mettez-en de plus modernes, si vous le voulez : l'épigramme est éternelle.

Quand le maître se néglige et quand le disciple se soigne et s'endimanche, ils se ressemblent ; les jours où Chateaubriand fait mal, et où Marchangy[3] fait de son mieux, ils ont un faux air l'un de l'autre ; d'un peu loin, par derrière, et au clair de lune, c'est à s'y méprendre.

Tous les disciples ne sont pas nécessairement des copies et des contre-façons ; tous ne sont pas compromettants : il y en a, au contraire, qui rassurent et qui semblent faits tout exprès pour cautionner le maître. N'est-ce pas ainsi que M. Littré a élucidé et perfectionné Auguste Comte ? Je connais, même dans la pure littérature, des admirateurs et des disciples de tel ou tel talent hasardeux qui m'avertissent à son sujet, et qui m'apprennent à respecter celui que, sans eux, j'aurais peut-être traité plus à la légère.

S'il est juste de juger un talent par ses amis et ses clients naturels, il n'est pas moins légitime de le juger

1 "O Life! O Menander! which of the two has imitated the other?" is attributed to Aristophanes the Alexandrian critic.

2 The Comte de Salvandy (1795–1856) was an active journalist and politician. He wrote poetical prose and was called " Le clair de lune de Chateaubriand."

3 1782–1828, advocate-general of the Cours de Cassation and a strong royalist. His chief work, now forgotten, was *La Gaule poétique*, written in poetical prose. There is intentional malice in the coupling of his name and Salvandy's with Chateaubriand's.

et *contre*-juger (car c'est bien une contre-épreuve en effet) par les ennemis qu'il soulève et qu'il s'attire sans le vouloir, par ses contraires et ses antipathiques, par ceux qui ne le peuvent instinctivement souffrir. Rien ne sert mieux à marquer les limites d'un talent, à circonscrire sa sphère et son domaine, que de savoir les points justes où la révolte contre lui commence. Cela même, dans le détail, devient piquant à observer ; on se déteste quelquefois toute sa vie dans les Lettres sans s'être jamais vus. L'antagonisme des familles d'esprits achève ainsi de se dessiner. Que voulez-vous ? c'est dans le sang, dans le tempérament, dans les premiers partis pris qui souvent ne dépendaient pas de vous. Quand ce n'est pas de la basse envie, ce sont des haines de race. Comment voulez-vous obliger Boileau à goûter Quinault ; et Fontenelle à estimer grandement Boileau ? et Joseph de Maistre ou Montalembert à aimer Voltaire ?

C'est assez longuement parler pour aujourd'hui de la méthode naturelle en littérature. Elle trouve son application à peu près complète dans l'étude de Chateaubriand. On peut, en effet, répondre avec certitude à presque toutes les questions qu'on se pose sur son compte. On connaît ses origines bretonnes, sa famille, sa race ; on le suit dans les divers groupes littéraires qu'il a traversés dès sa jeunesse, dans ce monde du XVIIIe siècle qu'il n'a fait que côtoyer et reconnaître en 89, et plus tard dans son cercle intime de 1802, où il s'est épanoui avec toute sa fleur. Les sympathies et les antipathies, de tout temps si vives, qu'il devait susciter, se prononcent et font cercle dès ce moment autour de lui. On le retrouve, ardent écrivain de guerre, dans les factions politiques en 1815 et au delà, puis au premier rang du parti libéral quand il y eut porté sa tente, sa vengeance et ses pavillons. Il est de ceux qui ont eu non pas une, mais au moins deux carrières. Jeune ou vieux, il n'a cessé de se peindre, et, ce qui vaut mieux, de se montrer, de se laisser voir, et, en posant solennellement d'un côté, de se livrer nonchalamment de l'autre, à son insu et avec une sorte de distraction. Si, après toutes ces facilités d'observation auxquelles il prête plus que personne, on pouvait craindre de s'être formé de lui comme homme et comme caractère une idée trop mêlée de restrictions et trop sévère, on devrait être rassuré aujourd'hui qu'il nous est bien prouvé que ses amis les plus intimes et les plus indulgents n'ont pas pensé de lui dans l'intimité autrement que nous, dans notre coin, nous n'étions arrivé à le concevoir, d'après nos observations ou nos conjectures.

Son *Éloge* reste à faire, un Éloge littéraire, éloquent, élevé, brillant comme lui-même, animé d'un rayon qui lui a manqué depuis sa tombe, mais un Éloge qui, pour être juste et solide, devra pourtant supposer *en dessous* ce qui est dorénavant acquis et démontré.

IX

TAINE[1]

JE me suis laissé traîner à la remorque pour parler de ce livre important: c'est que, malgré le désir que j'avais de lui rendre toute justice, je sentais mon insuffisance pour en juger pertinemment et en pleine connaissance de cause, pour l'explorer et l'embrasser, comme il le faudrait, dans ses différentes parties. J'en dirai pourtant, après bien des sondes fréquentes et réitérées, ce que j'en ai rapporté de plus certain ou de plus probable. C'est, tout compte fait, un grand livre, et qui, ne dût-il atteindre qu'un quart de son objet, avance la question et ne laissera pas les choses, après, ce qu'elles étaient auparavant. La tentative est la plus hardie qu'on ait encore faite dans cet ordre d'histoire littéraire, et l'on ne saurait s'étonner qu'elle ait soulevé tant d'objections et de résistances chez des esprits prévenus et accoutumés à des manières de voir antérieures. On ne déloge pas en un jour les vieux procédés ni les routines. L'auteur eût diminué peut-être le nombre des contradicteurs s'il avait donné au livre son vrai titre: *Histoire de la race et de la civilisation anglaises par la littérature.* Les lecteurs de bonne foi n'auraient eu alors qu'à approuver le plus souvent et à admirer la force et l'ingénieux de la démonstration. La littérature, en effet, n'est pour M. Taine qu'un appareil plus délicat et plus sensible qu'un autre pour mesurer tous les degrés et toutes les variations d'une même civilisation, pour saisir tous les caractères, toutes les qualités et les nuances de l'âme d'un peuple. Mais, en abordant directement et de front l'histoire des œuvres littéraires et des auteurs, sa méthode

1 May 30, 1864; *Nouveaux Lundis*, VIII. This is the first of three articles on Taine's *Histoire de la littérature anglaise,* which was published in 3 vols. at the end of 1863. A fourth volume was added in 1867.

scientifique non ménagée a effarouché les timides et les a fait trembler. Les rhétoriciens en désarroi se sont réfugiés derrière les philosophes ou soi-disant tels, eux-mêmes ralliés pour plus de sûreté sous le canon de l'orthodoxie; ils ont tous vu dans la méthode de l'auteur je ne sais quelle menace apportée à la morale, au libre arbitre, à la responsabilité humaine, et ils ont poussé les hauts cris.

Il n'est pas douteux pourtant que, quoi que l'homme veuille faire, penser ou *écrire* (puisqu'il s'agit ici de littérature), il dépend d'une manière plus ou moins prochaine de la *race* dont il est issu et qui lui a donné son fonds de nature; qu'il ne dépend pas moins du *milieu* de société et de civilisation où il s'est nourri et formé, et aussi du *moment* ou des circonstances et des événements fortuits qui surviennent journellement dans le cours de la vie[1]. Cela est si vrai que l'aveu nous en échappe à nous tous involontairement en nos heures de philosophie et de raison, ou par l'effet du simple bon sens. Lamennais, le fougueux, le personnel, l'obstiné, celui qui croyait que la volonté de l'individu suffit à tout, ne pouvait s'empêcher à certain jour d'écrire: "Plus je vais, plus je m'émerveille de voir à quel point les opinions qui ont en nous les plus profondes racines dépendent du temps où nous avons vécu, de la société où nous sommes nés, et de mille circonstances également passagères. Songez seulement à ce que seraient les nôtres si nous étions venus au monde dix siècles plus tôt, ou, dans le même siècle, à Téhéran, à Bénarès, à Taïti." C'est si évident, qu'il semblerait vraiment ridicule de dire le contraire. Hippocrate, le premier, dans son immortel *Traité des Airs, des Eaux et des Lieux*, a touché à grands traits cette influence du milieu et du

---

1 Taine uses *moment* in its sense of momentum, and defines it as the "impulse at a given stage of development" and elsewhere as the "impulse already acquired." It may be applied to a whole nation, in which case it is equivalent to "epoch" or "age," or to a particular kind of literature, as, for instance, French tragedy. Sainte-Beuve has misunderstood Taine on this point. Taine defines *race* as "dispositions innées et héréditaires," or "le ressort du dedans." *Milieu*, "la pression du dehors," comprises "milieu physique" or climate, "milieu politique," and "milieu social."

climat sur les caractères des hommes et des nations. Montesquieu l'a imité et suivi, mais de trop haut et comme un philosophe qui n'est pas assez médecin de son métier ni assez naturaliste. Or, M. Taine n'a fait autre chose qu'essayer d'étudier méthodiquement ces différences profondes qu'apportent les races, les milieux, les moments, dans la composition des esprits, dans la forme et la direction des talents.—Mais il n'y réussit pas suffisamment, dira-t-on ; il a beau décrire à merveille la race dans ses traits généraux et ses lignes fondamentales, il a beau caractériser et mettre en relief dans ses peintures puissantes les révolutions des temps et l'atmosphère morale qui règne à de certaines saisons historiques, il a beau démêler avec adresse la complication d'événements et d'aventures particulières dans lesquelles la vie d'un individu est engagée et comme engrenée, il lui échappe encore quelque chose, il lui échappe le plus vif de l'homme, ce qui fait que de vingt hommes ou de cent, ou de mille, soumis en apparence presque aux mêmes conditions intrinsèques ou extérieures, pas un ne se ressemble, et qu'il en est un seul entre tous qui excelle avec originalité. Enfin l'étincelle même du génie en ce qu'elle a d'essentiel, il ne l'a pas atteinte, et il ne nous la montre pas dans son analyse ; il n'a fait que nous étaler et nous déduire brin à brin, fibre à fibre, cellule par cellule, l'étoffe, l'organisme, le parenchyme (comme vous voudrez l'appeler) dans lequel cette âme, cette vie, cette étincelle, une fois qu'elle y est entrée, se joue, se diversifie librement (ou comme librement) et triomphe.—N'ai-je pas bien rendu l'objection, et reconnaissez-vous là l'argument des plus sages adversaires ? Eh bien ! qu'est-ce que cela prouve ? C'est que le problème est difficile, qu'il est insoluble peut-être dans sa précision dernière. Mais n'est-ce donc rien, demanderai-je à mon tour, que de poser le problème comme le fait l'auteur, de le serrer de si près, de le cerner de toutes parts, de le réduire à sa seule expression finale la plus simple, de permettre d'en mieux peser et calculer toutes les données? Tout compte fait, toute part faite aux éléments généraux ou particuliers et aux circonstances, il reste encore assez de place et d'espace autour des hommes de talent pour qu'ils aient toute liberté de se mouvoir et de se retourner. Et d'ailleurs, le cercle tracé autour de chacun fût-il très-étroit, chaque talent, chaque génie, par cela même qu'il est à quelque degré un magicien et un enchanteur, a un secret qui n'est qu'à lui pour opérer des prodiges dans ce cercle et y faire éclore des merveilles. Je ne vois pas que M. Taine, s'il a trop l'air de la négliger, conteste et nie absolument cette puissance : il la limite, et, en la limitant, il nous permet en maint cas de la mieux définir qu'on ne faisait. Certes, quoi qu'en disent ceux qui se contenteraient volontiers de l'état vague antérieur, M. Taine aura fait avancer grandement l'analyse littéraire, et celui qui après lui étudiera un grand écrivain étranger, ne s'y prendra plus désormais de la même manière ni aussi à son aise qu'il l'aurait fait à la veille de son livre.

I

J'aimerais à pouvoir lui appliquer sa propre méthode à lui-même, pour le présenter et l'expliquer de mon mieux à nos lecteurs.

Taine est né à Vouziers, dans les Ardennes, en 1828. —Et tout d'abord je voudrais être peintre et paysagiste comme lui pour savoir décrire les Ardennes et ce qu'il a pu devoir de sensations d'enfance, continues et profondes, à ce grand paysage des forêts. Ces Ardennes, en effet, puissantes et vastes, ce grand lambeau subsistant des antiques forêts primitives, ces collines et ces vallées boisées qui recommencent sans cesse et où l'on ne redescend que pour remonter ensuite comme perdu dans l'uniformité de leurs plis, ces grands aspects mornes, tristes, pleins d'une vigueur majestueuse, ont-ils contribué en effet à remplir, à meubler de bonne heure l'imagination du jeune et grave enfant ? Ce qui est certain, c'est qu'il y a dans son talent des masses un peu fortes, des suites un peu compactes et continues, et où l'éclat et la magnificence même n'épargnent pas la fatigue. On admire cette drue végétation, cette sève verdoyante, inépuisable, moelle d'une terre généreuse; mais on lui voudrait parfois plus d'ouvertures et plus d'éclaircies dans ses riches Ardennes.

Son milieu de famille fut simple, moral, affectueux, d'une culture modeste et saine. Son grand-père[1] était sous-préfet à Rocroi, en 1814–1815, sous la première Restauration; son père, avoué de profession, aimait par goût les études; il fut le premier maître de son fils et lui apprit le latin: un oncle revenu d'Amérique[2] lui apprenait l'anglais en le tenant tout enfant sur ses genoux. Il perdit son père âgé de quarante et un ans et quand lui-même n'en avait que douze. Sa mère, cousine de son père, est une personne d'une grande bonté, et elle est tout l'amour de son fils; il a deux sœurs mariées[3]. Cet esprit si fort de pensée, si ferme et si rigoureux de doctrine, se trouve être l'âme la plus douce et la plus tendre dans le cercle du foyer.

Venu à Paris vers 1842[4] avec sa mère, il fit ses études depuis la troisième au collège Bourbon, c'est-à-dire en externe. Il eut au concours le prix d'honneur en rhétorique, et les deux seconds prix en philosophie. Il entra à l'École normale en 1848, le premier de sa promotion; M. Edmond About était de cette même année. M. Prevost-Paradol[5] fut de la promotion suivante, comme M. Weiss[6] avait été de la précédente. Tous ces noms se pressaient

1 His maternal grandfather, Nicolas Bezanson.

2 Alexandre Bezanson.

3 Mme Letorsay and Mme de Chevrillon, mother of André Chevrillon, the well-known writer on English subjects.

4 In 1841.

5 Anatole Prévost-Paradol (1829–1870) was the most intimate friend of Taine's youth. A brilliant writer on literature and politics for the *Journal des Débats*, he became an Academician at thirty-five, and ambassador at Washington at forty. On landing at New York he heard of the outbreak of the war with Germany, and a few days later he died by his own hand. Sainte-Beuve (who always writes Prevost without an accent) has an article on his *Essais de politique et de littérature* in *Nouv. Lundis*, 1. His best known work is *Essais sur les moralistes français*.

6 J.-J. Weiss (1827–1891), well known as a journalist and dramatic critic.

et se rencontrèrent un moment dans le cercle des trois années d'études que comprend l'École. M. Taine pourrait seul raconter tout ce que lui et ses amis trouvèrent moyen de faire tenir en ces trois ans. On jouissait alors, à l'École, d'une grande liberté pour l'ordre et le détail des exercices, à tel point qu'avec son extrême facilité M. Taine faisait le travail de cinq ou six semaines en une seule, et les quatre ou cinq semaines restantes pouvaient être ainsi consacrées à des travaux personnels, à des lectures. Il y lut tout ce qu'on pouvait lire en philosophie depuis Thalès jusqu'à Schelling; en théologie et en patrologie, depuis Hermas jusqu'à saint Augustin. Un pareil régime absorbant, dévorant, produisait son effet naturel sur de jeunes et vigoureux cerveaux; on vivait dans une excitation perpétuelle et dans une discussion ardente. Pour que rien ne manquât au contraste et à l'antagonisme, il y avait quelques élèves catholiques fervents qui sont entrés depuis à l'Oratoire; c'était donc une lutte de chaque jour, une dispute acharnée, le pêle-mêle politique, esthétique, philosophique, le plus violent. Les maîtres très-larges d'esprit, ou très-indulgents, laissaient volontiers courir devant eux bride abattue toutes ces intelligences émules ou rivales, et n'apportaient aucun obstacle, aucun *veto* aux questions controversées. On avait là, à côté de M. Dubois[1] (de la Loire-Inférieure), directeur en chef et administrateur de l'École, M. Vacherot, directeur plus spécial des études; on avait M. Havet, M. Jules Simon, M. Géruzez, M. Berger[2], maîtres de conférences. Ces messieurs, fidèles à leur titre, faisaient assez peu de leçons proprement dites, mais ils en faisaient faire aux élèves et les corrigeaient ensuite: on *conférait* véri-

---

1 P.-F. Dubois, founder and editor of the *Globe*. Sainte-Beuve fought a duel with him, exchanging two pistol shots but declining to be separated from his umbrella. "Je veux bien être tué, mais je ne veux pas être mouillé," is the traditional saying ascribed to him on the occasion.

2 Ernest Havet, editor of Pascal's *Pensées*, lectured on Greek, Jules Simon, educational reformer and for a short time *premier ministre*, on philosophy, Eugène Gérusez on French literature, and J.-F.-A. Berger on Latin literature.

tablement. Le maître assistait à la leçon de l'élève en manière d'arbitre et de juge du camp. Tel professeur de nos amis, à l'œil mi-clos et au fin sourire, un demi-Gaulois homme de goût[1], trouvait moyen de la sorte d'être à la foi légèrement paresseux et avec cela excitateur. Ce que nous connaissons de plus d'un de ces élèves, depuis lors célèbres, peut donner idée du piquant et de l'animation qu'offraient ces joutes véritables. Figurez-vous M. Edmond About faisant une leçon sur la politique de Bossuet devant des catholiques sincères qui s'en irritaient, mais qui prenaient leur revanche en parlant à leur tour dans la conférence suivante. M. Taine eut à faire une leçon, entre autres, sur le mysticisme de Bossuet. Le professeur en était quitte, toutes plaidoiries entendues, pour donner un résumé des débats, comme fait au Palais le président.

Ce résumé, on peut le croire, ne terminait rien: la cohue d'opinions subsistait; il y avait en ces jeunes têtes si doctes, si enivrées de leurs idées et si armées de la parole, excès d'intolérance, d'outrecuidance, c'était inévitable; on s'injuriait, mais on ne se détestait pas; les récréations, avec leur besoin de mouvement et d'exubérance physique, raccommodaient tout, et quelquefois le soir on dansait tous ensemble tandis que l'un d'eux jouait du violoncelle et un autre de la flûte[2].

C'étaient, somme toute, de bonnes et inappréciables années, et l'on conçoit que tous ceux qui y ont passé en aient gardé, avec la marque à l'esprit, la reconnaissance au cœur. Les avantages d'une telle palestre savante, d'un tel séminaire intellectuel, sont au delà de ce qu'on peut dire, et c'est ainsi qu'en doivent juger surtout ceux qui ont été privés de cette haute culture privilégiée, de cette gymnastique incomparable, ceux qui, guerriers ordinaires, sont entrés dans la mêlée sans avoir été nourris de la moelle des lions et trempés dans le Styx. A côté du bien et de l'excellent, quelques inconvénients sautent aux

---

1 "On a reconnu M. Gérusez." (Note by Sainte-Beuve.)
2 Taine, who was a good pianist, played Mozart and Beethoven trios with Rieder (violin) and Quinot (violoncello).

yeux et se font aussitôt sentir : on n'est pas impunément élevé dans les cris de l'École ; on y prend le goût de l'hyperbole, comme disait Boileau. On contractait nécessairement, dans cette vie que j'ai décrite, un peu de violence ou de superbe intellectuelle, trop de confiance aux livres, à ce qui est écrit, trop d'assurance en la plume et en ce qui en sort. Si l'on connaissait bien les Anciens, on accordait trop aussi à certains auteurs modernes, à ceux dont on s'exagérait de loin le prestige à travers les grilles ; on prenait trop au sérieux et au pied de la lettre des ouvrages qui mêlaient à l'esprit et au talent bien des prétentions et de petits charlatanismes ; on leur prêtait de sa bonne foi, de son sérieux, de sa profondeur ; il en reste encore quelque chose aujourd'hui après des années, même dans les jugements plus mûrs.

Légers inconvénients ! les avantages l'emportaient de beaucoup, et l'on sait quelle forte et brillante élite est sortie de cette éducation féconde, orageuse, toute française. Nul, en s'émancipant, n'y est resté plus fidèle que M. Taine et ne fait plus d'honneur à la sévérité de ses origines. Lorsqu'il sortit de l'École, en 1851, de grands changements pourtant, et qui étaient devenus nécessaires, s'accomplissaient ; mais on était passé, selon l'usage, d'un excès à l'autre ; on entrait en pleine réaction. Un honorable directeur le l'École, M. Michelle, était occupé à apaiser, à éteindre de tout son froid ce que le foyer des intelligences et des âmes mis en contact avec le souffle du dehors avait allumé au dedans d'ardeurs et d'incendies. Après avoir trop poussé et trop laissé faire, voilà qu'on se mettait à tout mortifier à plaisir. Il y eut dispersion, tout aussitôt, de la jeune génération brillante. Edmond About, plus avisé, s'en alla en Grèce et prolongea un stage animé, élargi et d'une variété amusante autant qu'instructive. Plusieurs allèrent en province ; d'autres donnèrent leur démission. M. Taine, pour toute faveur et après des interventions sans nombre, obtint d'être envoyé à Nevers d'abord, comme suppléant de philosophie, — il y resta quatre mois, — et ensuite à Poitiers, comme suppléant

de rhétorique; il y resta quatre autres mois. Les ennuis,
les misères, les petites tracasseries, on les supprime.
Revenu à Paris et comptant sur une classe de troisième
en province (ce qui n'était certes pas une ambition bien
excessive), il se vit nommé *chargé de cours* de *sixième* à
Besançon. Il n'y alla pas et demanda à être mis en
disponibilité. Est-ce la peine, pourrait-on dire, de fabri-
quer et de nourrir à grands frais de jeunes géants, pour
les occuper ensuite, non pas à fendre des chênes, mais à
faire des fagots? M. Taine aima donc mieux rester
à Paris étudiant; mais quel étudiant! Il se mit aux
mathématiques, aux sciences, surtout à la physiologie.
Il avait conçu, pendant son séjour à Nevers, toute une
psychologie nouvelle, une description exacte et appro-
fondie des facultés de l'homme et des formes de l'esprit.
Il comprit bientôt qu'on ne saurait être un vrai philosophe
psychologue sans savoir d'une part la langue des mathématiques, cette logique la plus déliée, la plus pénétrante
de toutes, et de l'autre l'histoire naturelle, cette base
commune de la vie; une double source de connaissances
qui a manqué à tous les demi-savants, si distingués
d'ailleurs, de l'école éclectique. Il se mit donc, durant
trois années, à pousser l'analyse mathématique (moins
pourtant qu'il n'aurait voulu), et à suivre assidûment les
cours de l'École de médecine, en y joignant ceux du
Muséum[1]. A ce rude métier, il devint ce qu'il est surtout
et au fond, un savant, l'homme d'une conception générale,
d'un système exact, catégorique, enchaîné, qu'il applique
à tout et qui le dirige jusque dans ses plus lointaines
excursions littéraires. Tout y relève d'une idée première
et s'y rattache; rien n'est donné au hasard, à la fantaisie,
ni, comme chez nous autres frivoles, à l'aménité pure.

Sa thèse sur La Fontaine, en 1853, fut très-remarquée:
la forme, le fond, tout y était original et jusqu'à paraître
singulier; il l'a retouchée depuis, et fort perfectionnée[2],

[1] " M. Taine m'écrit à ce sujet que je l'ai fait trop savant en mathéma-
matiques." (Note by Sainte-Beuve.)
[2] 2nd edition 1860.

montrant par là combien il est docile aux critiques, à celles du moins qui concernent la forme et qui n'atteignent pas trop le fond et l'essence de la pensée. Vers le même temps, il préparait pour l'Académie française son travail sur Tite-Live qui fut couronné en 1855[1]. Souffrant d'excès de travail, il dut faire une promenade aux Pyrénées, et ce fut l'occasion de ce *Voyage* écrit par lui, illustré par Doré, et où il se montrait lui-même un paysagiste du premier ordre. Il a, depuis lors, tout entier récrit et refondu ce *Voyage*[2]; comme il avait fait pour sa thèse de La Fontaine. Cet homme qu'on croirait si absolu quand on le lit est le plus doux, le plus aimable et le plus tolérant dans les rapports de la vie, même de la vie littéraire celui de tous les auteurs qui accepte le mieux la contradiction directe et à bout portant, je parle de celle qui est loyale et non hypocrite.

Il écrivait dès lors dans les revues et dans les journaux: à la *Revue des Deux Mondes*, un article sur la philosophie de Jean Reynaud, *Ciel et Terre*[3], signala son début; à la *Revue de l'Instruction publique*, il débutait par un article sur La Bruyère[4]; au *Journal des Débats*, par trois articles sur Saint-Simon[5].

Sa place partout était faite. Il ne modifie nullement sa manière selon les lieux et les milieux; il lui est presque indifférent d'écrire ici ou là: c'est la même philosophie, ce sont les applications diverses, les divers aspects d'une même pensée, ce sont les fragments d'un même tout qu'il distribue toujours.

Il se juge lui-même admirablement et avec une modestie charmante, et je résumerai presque ses pensées autant que les miennes, en disant:

[1] *Essai sur Tite Live*, 1856.
[2] *Voyage aux eaux des Pyrénées*, 1855; 2nd ed. 1858. These three books together with *Les Philosophes français du XIXe siècle* were reviewed by Sainte-Beuve in two articles (*Caus. du Lundi*, XIII.) which gave Taine great pleasure.
[3] *Nouveaux Essais de critique et d'histoire*.
[4] *Ibid.*
[5] *Essais de critique et d'histoire*.

D'une génération formée par la solitude, par les livres, par les sciences, il n'a pas reçu (comme nous autres plus faibles, mais plus croisés, plus mélangés) la tradition successive. Eux, ils ont dû tout retrouver, tout recommencer pour leur compte à nouveau. Cette habitude insensible des comparaisons, des combinaisons conciliantes, des accroissements par rencontre et par relation de société, leur a manqué; les nuances, les correctifs ne sont pas entrés dans leur première manière: ils sont tranchés et crus. La pensée est sortie un jour de leur cerveau tout armée comme Minerve, et d'un coup de hache comme elle. Par M. Guizot pourtant, qu'il a eu l'avantage de voir d'assez bonne heure, par M. Dubois aussi, M. Taine a reçu quelque chose de ces informations contemporaines qui redressent ou qui abrègent; mais cela n'a pas été fréquent ni assez habituel. Il est d'une génération qui n'a pas perdu assez de temps à aller dans le monde, à vaguer çà et là et à écouter. S'il a interrogé (et il aime à le faire), ç'a été d'une manière pressée, avec suite et dans un but, pour répondre à la pensée qu'il avait déjà. Il a causé, disserté, avec des amis de son âge, avec des artistes, des médecins; il a échangé, dans de longues conversations à deux, des vues infinies sur le fond des choses, sur les problèmes qui saisissent et occupent de jeunes et hautes intelligences: il n'a pas assez vu les hommes eux-mêmes des diverses générations, des diverses écoles et des régimes contraires, et ne s'est pas rendu compte, avant tout, du rapport et de la distance des livres ou des idées aux personnes vivantes et aux auteurs tout les premiers. Cela ne se fait pas en un jour, ni en quelques séances, mais au fur et à mesure, et comme au hasard: souvent le mot décisif qui éclaire pour nous une nature d'homme, qui la juge et la définit, n'échappe qu'à la dixième ou à la vingtième rencontre. La science, la campagne et la nature solitaire ont, en revanche, agi puissamment sur lui, et il leur a dû ses sensations les plus contrastées, les plus vives. Lorsqu'au sortir de cette fournaise intellectuelle de l'École normale il retournait dans ses Ardennes en automne, quelle brusque, profonde et renouvelante impression il en recevait! quel bain d'air libre et de salubrité sauvage! Il a souvent exprimé l'âme et le génie de tels paysages naturels avec des couleurs et une saveur d'une âpreté vivifiante. Au point de vue moral complet et de l'expérience, ce qui peut sembler surtout avoir fait défaut à ces existences si méritantes, si austères, et ce qui, par son absence, a nui un peu à l'équilibre, ç'a été de toutes les sociétés la plus douce, celle qui fait perdre le plus de temps et le plus agréablement du monde, la société des femmes, cette sorte d'idéal plus ou moins romanesque qu'on caresse avec lenteur et qui nous le rend en mille grâces insensibles: ces laborieux, ces éloquents et ces empressés dévoreurs de livres n'ont pas été à même de cultiver de bonne heure cet art de plaire et de s'insinuer qui apprend aussi plus d'un secret utile pour la pratique et la philosophie de la vie. Ils ont gagné du moins à cette abstinence de ne point s'amollir et se briser, comme d'autres, en leurs plus vertes années. Une grande et solide partie des jours ne s'est point passée pour eux, comme pour ceux des générations antérieures, dans les regrets stériles, dans les vagues désirs de l'attente, dans les mélancolies et les langueurs qui suivent le plaisir. Leur force active cérébrale est restée intègre. Ils avaient tout d'abord un grand poids à soulever; ils s'y sont mis tout entiers et y ont réussi; le poids soulevé, ils ont pu se croire vieux de cœur et se sentir lassés; le duvet de la jeunesse s'était envolé déjà; le pli était pris; c'est le pli de la force et de l'austère virilité; on l'a payé de quelques sacrifices. M. Taine, quand on a le plaisir de le connaître personnellement après l'avoir lu, a un charme à lui, particulier, qui le distingue entre ces jeunes stoïciens de l'étude et de la pensée: à toutes ses maturités précoces, il a su joindre une vraie candeur de cœur, une certaine innocence morale conservée. Il m'offre en lui l'image toute contraire à celle du poète qui parle "d'un fruit déjà mûr sur une tige toute jeune et tendre"; ici, c'est une fleur tendre et délicate sur une branche un peu rude.

II

Il me faut pourtant dire un mot de sa méthode et y revenir; je ne vise en ce moment qu'à le faire mieux connaître dans son ensemble et à discourir sur lui dans tous les sens. Une fois il lui est arrivé (car le talent prend tous les tons) de tracer un portrait d'une délicatesse infinie, un portrait de femme, celui de Mme de La Fayette[1] ou plutôt celui de la princesse de Clèves, l'héroïne du roman le plus poli du XVIIe siècle : il s'y est surpassé ; il a allégé sa méthode, tout en continuant de l'appliquer. Sa pensée générale, qui est fort juste, est qu'un tel roman ne pouvait éclore et fleurir qu'au XVIIe siècle, au sein de cette société choisie, la seule capable de goûter toutes les noblesses, les finesses et les pudeurs des sentiments et du style, et que rien de tel ne saurait plus se refaire désormais.

Je l'accorde volontiers et, en général, quand je lis M. Taine, je suis si entièrement d'accord avec lui sur le fond et le principal, que je me sens vraiment embarrassé à marquer l'endroit précis où commence mon doute et ma dissidence. Je demande donc qu'il me soit permis de le faire dans ce cas particulier, qui est un des plus agréables de sa manière, et à poser avec précision ma limite, puisque je me trouve y avoir dès longtemps pensé à part moi et pour mon seul plaisir. Nous en viendrons ensuite à l'ouvrage considérable qui doit nous occuper ; mais si, sur un point, je parviens à faire sentir ce que je concède pleinement à M. Taine et aussi ce que je désire de lui en plus et ce que je lui demande de nous accorder, j'aurai abrégé le jugement à tirer, qui ne serait guère partout que le même, à varier plus ou moins selon les exemples.

Après avoir montré avec beaucoup d'art et de finesse en quoi le langage employé dans *la Princesse de Clèves* est parfaitement délicat et comment il ressemble fort peu à ce qui, chez des poètes ou des romanciers spirituels

---

1 *Essais de critique et d'histoire.*

de nos jours, a été salué de la même louange; après avoir reconnu l'accord et l'harmonie des sentiments et des émotions avec la manière de les exprimer, et avoir donné plus d'un exemple des scrupules et des exquises générosités de l'héroïne jusque dans la passion, M. Taine ajoute en concluant:

Ce style et ces sentiments sont si éloignés des nôtres, que nous avons peine à les comprendre. Ils sont comme des parfums trop fins: nous ne les sentons plus; tant de délicatesse nous semble de la froideur ou de la fadeur. La société transformée a transformé l'âme. L'homme, comme toute chose vivante, change avec l'air qui le nourrit. Il en est ainsi d'un bout à l'autre de l'histoire; chaque siècle, avec des circonstances qui lui sont propres, produit des sentiments et des beautés qui lui sont propres; et à mesure que la race humaine avance, elle laisse derrière elle des formes de société et des sortes de perfection qu'elle ne rencontre plus. Aucun âge n'a le droit d'imposer sa beauté aux âges qui succèdent; aucun âge n'a le devoir d'emprunter sa beauté aux âges qui précèdent. Il ne faut ni dénigrer ni imiter, mais inventer et comprendre. Il faut que l'histoire soit respectueuse et que l'art soit original. Il faut admirer ce que nous avons et ce qui nous manque; il faut faire autrement que nos ancêtres et louer ce que nos ancêtres ont fait.

Et après quelques exemples saillants empruntés à l'art du Moyen-Age et à celui de la Renaissance, si originaux chacun dans son genre et si caractérisés, passant à l'art tout littéraire et spirituel du XVIIᵉ siècle, il continue en ces termes:

Ouvrez maintenant un volume de Racine ou cette *Princesse de Clèves*, et vous y verrez la noblesse, la mesure, la délicatesse charmante, la simplicité et la perfection du style qu'une littérature naissante pouvait seule avoir, et que la vie de salon, les mœurs de Cour et les sentiments aristocratiques pouvaient seuls donner. Ni l'extase du Moyen-Age, ni le paganisme ardent du XVIᵉ siècle, ni la délicatesse et la langue de la Cour de Louis XIV ne peuvent renaître. L'esprit humain coule avec les événements comme un fleuve. De cent lieues en cent lieues le terrain change: ici, des montagnes brisées et toute la poésie de la nature sauvage; plus loin, de longues colonnades d'arbres puissants qui enfoncent leur pied dans l'eau violente; là-bas, de grandes plaines régulières et de nobles horizons disposés comme pour le plaisir des yeux; ici la fourmilière bruyante des villes pressées, avec la beauté du travail fructueux et des arts utiles. Le voyageur qui glisse sur cette eau changeante a tort de regretter ou de mépriser les spectacles qu'il quitte, et doit s'attendre à voir disparaître en quelques heures ceux qui passent en ce moment sous ses yeux.

Admirable et agréable page! mais il y manque quelque chose. Pardon, dirai-je à l'auteur, votre conclusion est excessive, ou du moins elle ne dit pas tout; critique, vous avez raison dans ces éloges si bien déduits et motivés, tirés des circonstances générales de la société à ses divers moments; mais vous avez tort, selon moi, de ne voir absolument, dans les délicatesses que vous admirez et que vous semblez si bien goûter, qu'un résultat et un produit de ces circonstances. Il y a eu, il y aura toujours, espérons-le, des âmes délicates; et, favorisées ou non par ce qui les entoure, ces âmes sauront chercher leur monde idéal, leur expression choisie. Et si elles ont reçu le don en naissant, si elles sont douées de quelque talent d'imagination, elles sauront créer des êtres à leur image.

Je parle, bien entendu, dans la supposition, qui est la vraie, que le cadre de la civilisation ne sera pas entièrement changé, que la tradition ne sera pas brisée tout entière, et qu'il y aura lieu, même dans des sociétés assez différentes, aux mêmes formes essentielles des esprits.

Si vous nous transportez en idée dans des régimes entièrement différents, je ne sais plus que dire, bien que je croie toujours à la permanence d'une certaine délicatesse, une fois acquise, dans l'âme humaine, dans l'esprit des hommes ou des femmes.

Critique, il ne faut pas, pour un simple passage d'un siècle à l'autre, prendre si vite son parti de la perte de la délicatesse.

Ainsi vous nommez, à propos de *la Princesse de Clèves*, un roman de Balzac, *le Lys dans la vallée*, et vous convenez qu'on le trouve "grossier et médical" auprès de l'autre. Mais laissez-moi vous dire que vous supposez trop aisément que ces romans tout modernes, ces passages de dialogue cités par vous, sont acceptés ou l'ont été à leur naissance comme des types de délicatesse actuelle. Pour moi, j'avoue n'avoir vécu dans ma jeunesse qu'avec des gens que cela choquait, quoiqu'ils rendissent justice d'ailleurs aux auteurs en d'autres parties de leur talent. Je puis vous assurer que ces endroits, qui ne vous semblent indélicats que par comparaison avec *la Princesse de Clèves*, paraissaient, de mon temps, à la plupart des lecteurs, tout à fait indélicats en eux-mêmes. Nos balances, même en ce XIXᵉ siècle si différent des autres, étaient moins grossières que vous ne le supposez. Il est vrai que la bonne critique sincère et véridique ne se faisait et ne se fait peut-être encore qu'en causant: on n'écrit que les éloges. Cela prouverait seulement qu'il faut beaucoup rabattre des écrits, et que lorsqu'on dit en qu'on répète que la littérature est l'expression de la société, il convient de ne l'entendre qu'avec bien des précautions et des réserves.

"L'esprit humain, dites-vous, coule avec les événements comme un fleuve." Je répondrai *oui* et *non*. Mais je dirai hardiment *non* en ce sens qu'à la différence d'un fleuve l'esprit humain n'est point composé d'une quantité de gouttes *semblables*. Il y a distinction de qualité dans bien des gouttes. En un mot, il n'y avait qu'une âme au XVIIᵉ siècle pour faire *la Princesse de Clèves*: autrement il en serait sorti des quantités.

Et en général, il n'est qu'une âme, une forme particulière d'esprit pour faire tel ou tel chef-d'œuvre. Quand il s'agit de témoins historiques, je conçois des équivalents: je n'en connais pas en matière de goût. Supposez un grand talent de moins, supposez le moule ou mieux le miroir magique d'un seul vrai poète brisé dans le berceau à sa naissance, il ne s'en rencontrera plus jamais un autre qui soit exactement le même ni qui en tienne lieu. Il n'y a de chaque vrai poète qu'un exemplaire.

Je prends un autre exemple de cette spécialité unique du talent. *Paul et Virginie* porte certainement des traces de son époque; mais, si *Paul et Virginie* n'avait pas été fait, on pourrait soutenir par toutes sortes de raisonnements spécieux et plausibles qu'il était impossible à un

livre de cette qualité virginale de naître dans la corrup-
tion du XVIIIᵉ siècle: Bernardin de Saint-Pierre seul l'a
pu faire. C'est qu'il n'y a rien, je le répète, de plus imprévu que le talent, et il ne serait pas le talent s'il n'était
imprévu, s'il n'était un seul entre plusieurs, un seul entre
tous.

Je ne sais si je m'explique bien: c'est là le point vif
que la méthode et le procédé de M. Taine n'atteint pas,
quelle que soit son habileté à s'en servir. Il reste toujours
en dehors, jusqu'ici, échappant à toutes les mailles du
filet, si bien tissé qu'il soit, cette chose qui s'appelle
l'individualité du talent, du génie. Le savant critique
l'attaque et l'investit, comme ferait un ingénieur; il la
cerne, la presse et la resserre, sous prétexte de l'envi-
ronner de toutes les conditions extérieures indispensables:
ces conditions servent, en effet, l'individualité et l'originalité personnelle, la provoquent, la sollicitent, la mettent
plus ou moins à même d'agir ou de réagir, mais sans la
créer. Cette parcelle qu'Horace appelle divine (*divinæ
particulam auræ*), et qui l'est du moins dans le sens
primitif et naturel, ne s'est pas encore rendue à la science,
et elle reste inexpliquée. Ce n'est pas une raison pour
que la science désarme et renonce à son entreprise cou-
rageuse. Le siège de Troie a duré dix ans; il est des
problèmes qui dureront peut-être autant que la vie de
l'humanité même.

Nous tous, partisans de la méthode naturelle en littérature et qui l'appliquons chacun selon notre mesure
à des degrés différents, nous tous, artisans et serviteurs
d'une même science que nous cherchons à rendre aussi
exacte que possible, sans nous payer de notions vagues
et de vains mots, continuons donc d'observer sans relâche, d'étudier et de pénétrer les conditions des œuvres
diversement remarquables et l'infinie variété des formes
de talent; forçons-les de nous rendre raison et de nous
dire comment et pourquoi elles sont de telle ou telle
façon et qualité plutôt que d'une autre, dussions-nous ne
jamais tout expliquer et dût-il rester, après tout notre

effort, un dernier point et comme une dernière citadelle irréductible[1].

---

[1] For Taine's letter of thanks to Sainte-Beuve, which was written on the evening after the appearance of the article, see his *Correspondance*, II. 307–310. The reciprocal influence which the two writers had on one another is remarkable. The preceding *causerie* shews how the elder man was influenced by the younger. See also the article on the *Essai de critique naturelle* of E. Deschanel (*Nouv. Lundis*, IX.); A. Sorel, *Taine et Sainte-Beuve*, in *Études de littérature et d'histoire*; V. Giraud, *Essai sur Taine*, esp. pp. 180–182.

www.ingramcontent.com/pod-product-compliance
Ingram Content Group UK Ltd.
Pitfield, Milton Keynes, MK11 3LW, UK
UKHW042142280225
455719UK00001B/45